I ♥ Hong Kong

作者　王郁婷、吳永娟
執行編輯　賽璐璐
美術編輯　鄭雅惠、方慧穎
地圖繪製　張麗琴、方慧穎
校對　馬格麗
企畫統籌　李橘
總編輯　莫少閒
出版者　朱雀文化事業有限公司
地址　北市基隆路二段 13-1 號 3 樓
電話　（02）2345-1958
傳真　（02）2345-3828
劃撥帳號　19234566 朱雀文化事業有限公司
e-mail　redbook@ms26.hinet.net
網址　http://redbook.com.tw
總經銷　大和書報圖書股份有限公司
（02）8990-2588
初版五刷　2016.08
定價　299 元
出版登記　北市業字第 1403 號
ISBN　978-986-6029-94-3

◆感謝香港旅遊局及澳門旅遊局提供部份圖片

香港HONG KONG：
好吃、好買，最好玩
（2016-2017版）
/王郁婷、吳永娟著－初版
台北市；朱雀文化，2015〔民104〕
248面；15×21公分－（Easy Tour；27）
ISBN 978-986-6029-94-3（平裝）
1.旅遊 2.香港特別行政區
673.869　　104014293

About買書

●朱雀文化圖書在北中南各書店及誠品、金石堂、何嘉仁等連鎖書店，以及博客來、讀冊、PC HOME等網路書店均有販售，如欲購買本公司圖書，建議你直接詢問書店店員，或上網採購。如果書店已售完，請電洽本公司。

●●至朱雀文化網站購書（http://redbook.com.tw），可享85折起優惠。

●●●至郵局劃撥（戶名：朱雀文化事業有限公司，帳號19234566），

掛號寄書不加郵資，4本以下無折扣，5～9本95折，10本以上9折優惠。

王郁婷．吳永娟 著

- 港島線資深空姐和愛吃愛買香港通深入大街小巷
- 帶給你368+必吃必買必玩的香港在地好體驗！
- 只要少少的錢就能得到度假的滿足，誰能不愛香港？

朱雀文化

前言 I ♥ Hong Kong

多一點悠閒，多一點時間，給自己多一次的香港之旅

我發現香港似乎慢慢在變慢了，或許是來香港多次後不再只流連於尖沙咀、旺角、中環等擁擠的街肆，抑或許是整個世界的風格演變？香港近來悠閒多了、文青多了。個性咖啡館和雜貨鋪變多，年輕人或遊客在路上的走路速度不急了；所以本次的改版增加了**【特輯】文青漫步香港**：介紹幾個離鬧區不遠的小區——中環PMQ元創方、POHO 區，北角旁的大坑，以及舊市區深水埗裡的新風光。當你吃透了買夠了，不妨留點時間給它們，你會發現香港不一樣的風情，也會更想再來一次香港！

最受讀者喜歡的**【特輯】香港小別冊**，2016~2017**版新增了〈摩天輪、天際**100**，從空中看香港〉介紹最新的中環碼頭摩天輪、以及〈來香港吃星星，米其林餐廳大列表〉，讓前往香港的饕客們可以更輕易的一嚐美食**。香港這顆小小的明珠究竟有什麼魔力，讓我從學生時期到進入職場，每次都以滿滿雀躍之情前往呢？十幾歲的追星之旅，我前往紅磡體育館朝聖；二十幾歲的血拼之旅，我足跡遍及九龍和港島商場；三十幾歲的美食之旅，我以品嘗到各種小吃、甜點和飲茶為樂。原來香港，它是一個能讓我輕鬆玩、隨意吃、開心買，在各方面能得到滿足的好地方。

我常向周圍、尤其是第一次出國的朋友，推薦前往香港旅遊。原因在於辦理簽證手續方便、航程近，以及語言通。所以，即使只有3天的空檔、外語不甚流利、害怕時差擾人遊興，但只要是香港，都能盡情放鬆四處遊玩。此外，我建議大家以自由行的方式前往，不論是迪士尼樂園、文化藝術表演、賽馬活動、美食血拼之旅，都可依自己的喜好，隨性安排停留時間，讓行程更自由。

這本書中介紹的餐廳、購物商場和遊樂區，有些是大排長龍不可不去的名店（很多旅遊書都有寫了），但有些則是我自己比較偏愛的特色美食、小店，也許並非盡如每個人的意，但都頗有人情味，讓你能體驗到特殊的香港庶民風情。所以，趕緊安排幾天假期，和三五好友、情侶、家人，展開一場美妙的香港之旅吧！

王郁婷

地鐵路線圖

1 2 3

MRT System Map

烏溪沙 Wu Kai Sha
馬鞍山 Ma On Shan
恆安 Heng On
大水坑 Tai Shui Hang
石門 Shek Mun
第一城 CityOne
沙田圍 Sha Tin Wan
車公廟 Che Kung Temple
大圍 Tai Wai
馬場 Racecourse
火炭 Fo Tan
沙田 Sha Tin
大學 University
大埔墟 Tai Po Market
太和 Tai Wo
粉嶺 Fanling
上水 Sheung Shui
羅湖 Lo Wu
落馬洲(福田口岸) Lok Ma Chau (Futian Port)
康城 LOHAS Park
寶琳 Po Lam
坑口 Hang Hau
將軍澳 Tseung Kwan O
調景嶺 Tiu Keng Leng
油塘 Yau Tong
藍田 Lam Tin
觀塘 Kwun Tong
牛頭角 Ngau Tau Kok
九龍灣 Kowloon Bay
彩虹 Choi Hung
鑽石山 Diamond Hill
黃大仙 Wong Tai Sin
樂富 Lok Fu
九龍塘 Kowloon Tong
石硤尾 Shek Kip Mei
旺角東 Mong Kok East
紅磡 Hung Hom
太子 Prince Edward
旺角 Mong Kok
油麻地 Yau Ma Tei
佐敦 Jordan
尖東 East Tsim Sha Tsui
尖沙咀 Tsim Sha Tsui
柯士甸 Austin
奧運 Olympic
九龍 Kowloon
長沙灣 Cheung Sha Wan
深水埗 Sham Shui Po
荔枝角 Lai Chi Kok
南昌 Nam Cheong
美孚 Mei Foo
荔景 Lai King
葵芳 Kwai Fong
葵興 Kwai Hing
大窩口 Tai Wo Hau
荃灣 Tsuen Wan
青衣 Tsing Yi
迪士尼 Disneyland Resort
欣澳 Sunny Bay
東涌 Tung Chung
昂坪纜車 Cable Car
博覽館 Asia World-Expo
機場 Airport
杏花邨 Heng Fa Chuen
柴灣 Chai Wan
筲箕灣 Shau Kei Wan
西灣河 Sai Wan Ho
太古 Tai Koo
鰂魚涌 Quarry Bay
北角 North Point
炮台山 Fortress Hill
天后 Tin Hau
銅鑼灣 Causeway Bay
灣仔 Wan Chai
金鐘 Admiralty
中環 Central
香港 Hong Kong
上環 Sheung Wan
西營盤 Sai Ying Pun
香港大學 HKU
堅尼地城 Kennedy Town
荃灣西 Tsuen Wan West
錦上路 Kam Sheung Road
元朗 Yuen Long
朗屏 Long Ping
天水圍 Tin Shui Wai
兆康 Siu Hong
屯門 Tuen Mun

迪士尼線 Disneyland Resort Line
東鐵線 East Rail Line
港島線 Island Line
觀塘線 Kwun Tong Line
馬鞍山線 Ma On Shan Line
將軍澳線 Tseung Kwan O Line
荃灣線 Tsuen Wan Line
東涌線 Tung Chung Line
西鐵線 West Rail Line
機場快線 Airport Line
輕軌 Light Rail

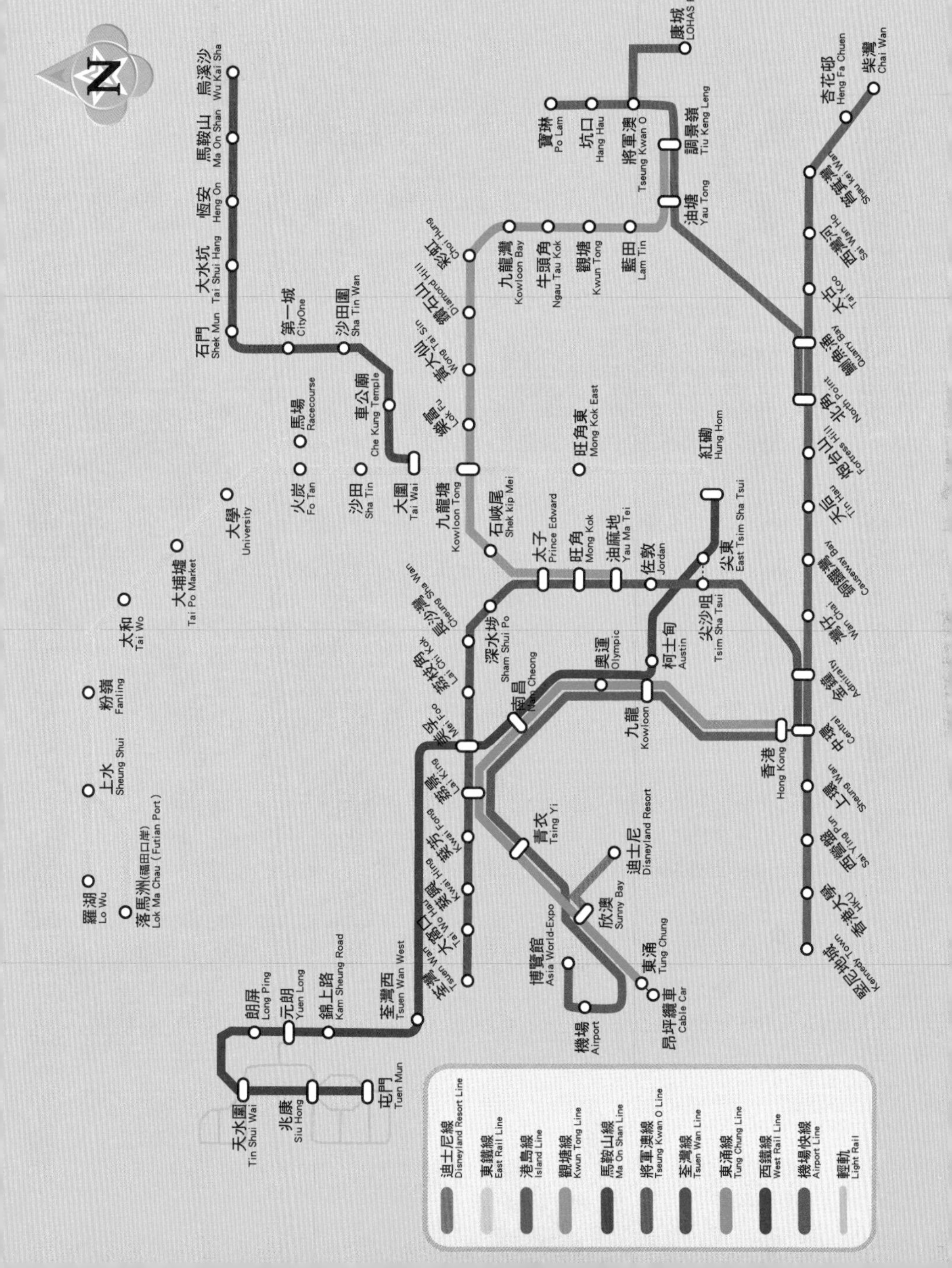

香港全圖

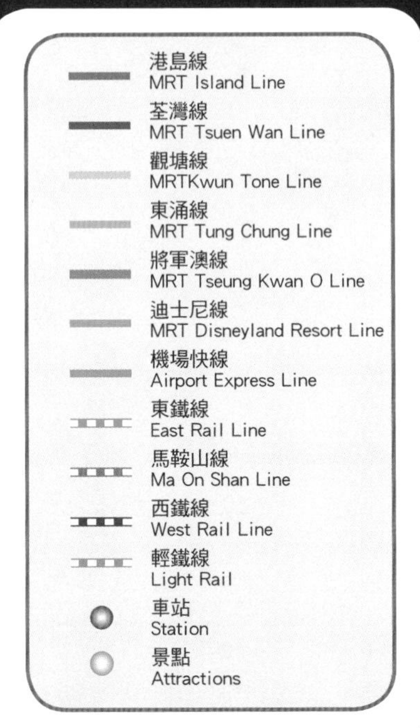

1 2
A
B
C
D

中國
后海灣
浮流山
天水圍
天水圍
兆康
屯門
屯門碼頭
博覽館
機場
赤鱲角
渝景灣
東涌
大嶼山
梅窩
大澳
昂坪360
天壇大佛
大嶼海峽

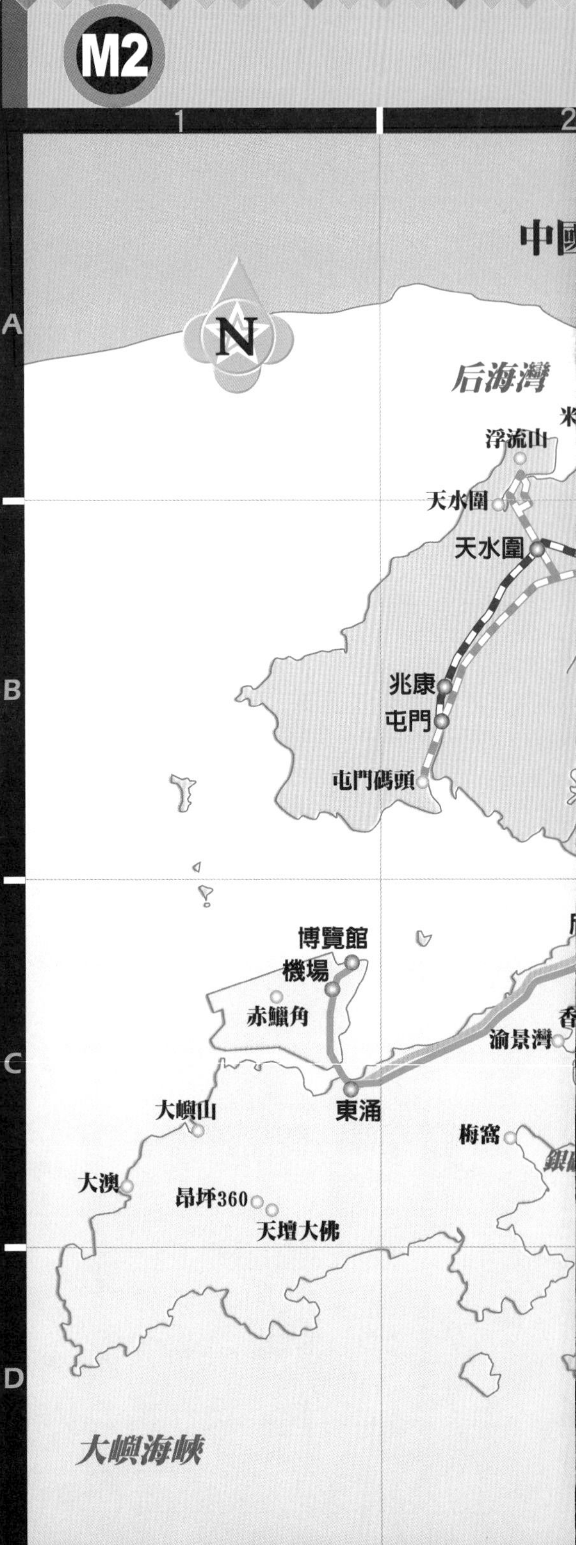

3
4
5
往廣州
深圳市
羅湖口岸
羅湖
上水
古洞
粉嶺
大鵬灣
林村許願樹
太和
大埔墟
錦上路
新界
烏溪沙
馬鞍山
恒安
大學
馬場
大水坑
火炭
西灣
大浪灣
石門
沙田
第一城
荃灣
沙田圍
大圍
西貢
車公廟
深井
荃灣西
車公廟
望夫石
青衣
黃大仙
青馬大橋
九龍塘
青衣島
美孚
彩虹
糧船灣海
馬灣
深水埗
九龍
九龍城
寶琳
南昌
迪士尼
樂園
旺角
紅磡
觀塘
油麻地
將軍澳
油塘
九龍
九龍灣
尖沙咀
紅磡
調景嶺
西盤營
維多利亞港
北角
鯉魚門
清水灣
香港大學
上環
天后
太古
堅尼地城
中環
金鐘
銅鑼灣
西灣河
艾美酒店
太平山頂
跑馬地
柴灣
香港島
香港仔
東龍洲
海洋公園
淺水灣
鴨脷洲
榕樹灣
索罟灣
赤柱
南丫島
蒲台島

尖沙咀

M3

- 最好買—購物商店 Shopping Centre
- 真好吃—飲食店 Restaurant
- 睡好覺—飯店／旅館 Hotel
- 地鐵 MRT
- 鐵路 Train
- 電車 Tramway
- 巴士總站 Bus station
- #A.B.C... 地鐵出口 MRT Exit
- 主題購物街 Theme shopping street

好吃

好買

最好玩

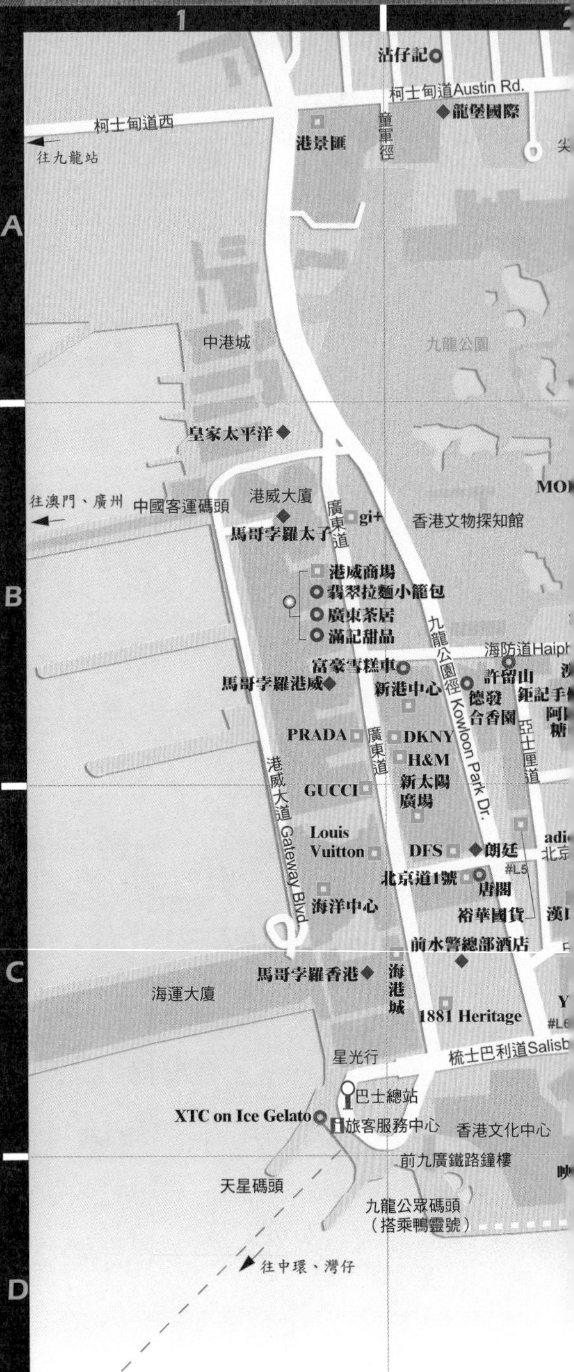

往旺角東站
安運道
紅磡 Hung Hom
柯士甸道Austin Ave.
松山道
展灝國際
柯士甸路Austin Rd.
山林道Hillwood Rd.
香港理工大學
暢運道Cheong Won Rd.
蘭香麵家
香港天文台
聖安德烈教堂
彌敦道Nathan Rd.
香港歷史博物館
科學館道Science Museum Rd.
仕德福山景
百利商場
東海商業中心
康莊道Hong hong Rd.
梳士巴利道
American Eagle
Uniqlo
翠亨邨
諾士佛台Knutsford Terrace
香港體育館
天文臺道
香港科學館
公和荳品
美麗華
帝樂文娜
Kimberley Rd.
九龍皇悅
漆咸道南Chatham Rd.S.
Granville Rd.
港晶中心
惠康超市
金巴利道
九龍華美達
加連威老道
君怡
金巴利街Kimberley St.
新文華商業中心
星座冰室
加拿芬道
加連威老道Granville Rd.
嘉蘭圃
利時
幸福中心
DFS
華懋廣場
The Mira
莎莎
國際郵件中心
The ONE
龍城
gi
百樂
I.S.O
施雅
南洋中心
尖東忌廉哥
日航
厚福街
太平館
甜蜜蜜
唯一
尖東廣場
卓悅
豪陞
查理布朗
華國
半島中心
海景嘉福
金馬倫道Cameron Rd.
富豪九龍
真寺
#B1
#B2
恭和堂
粵海
安達中心
天地圖書
曲奇四重奏
寶勒巷Prat Ave.
譚仔雲南米線
帝苑
#A1
#A2
堪富利士道
晉逸
好時沙嗲
帝國中心
雞記
加拿分道Carnarvon Rd.
赫德道
赫德道Hari Rd.
好時中心
麼地道Mody Rd.
尖沙咀 Tsim Sha Tsui
凱悅
#N1
海底隧道
翠華
加拿芬道
麗景
尖沙咀中心
K11
#N3
河內道
#D1
#D2
冠華中心
#C2
銀座梅林
美麗都大廈
PAUL LAFAYET
#P2
麼地道
#N4
#N5
#G
九龍香格里拉
麼地道
白蘭軒道
#P1
鹿鳴春
香宮
#C1
金域假日
緬甸臺
棉登徑
永安廣場
Jenny Bakery
一蘭拉麵
蘭芳園
尖沙咀東海濱平台花園
重慶大廈
彌敦道Nathan Rd.
梳士巴利道Salisbury Rd.
帝國
尖沙咀東部海濱花園
訊號山花園
西武
#L3
#F
#L1
喜來登
#K
尖東 East Tsim Sha Tsui
#J6
米蘭皮具
#J5
梳士巴利道Salisbury Rd.
#J
#J4
#J3
SOGO
太空館
梳士巴利花園
港藝術館
洲際
星光大道
N

佐敦·油麻地

1
2
3

雞仔嘜
#A1
#A2
YMCA
城景國際
東方街
砵蘭街
莎莎
碧街Pitt St.
新仙清湯腩
#B2
#B1
油麻地 Yau Ma Tei
#D
窩打老道 Waterloo Rd.
華潤堂
上海街 Shanghai St.
京士柏公園
氣象站
麗翔道
油麻地水果批發市場
永安號
義順牛奶
渡船街Ferry St.
石龍街Shek Lung St.
新填地街 Reclamation St.
文明里
CASA
#C
興記
廟街
海皇
彌敦道 Nathan Rd.
興記
熙龍里Hi Lung Lane
興記
鴉打街
卜維廉
澄平街 Ching Ping St.
東莞街Tung Kun St.
寶發
小廚
明記
雞雜粥
明愛白英奇
百老匯電影中心
永星里Wing Sing Lane
Kubick
海景絲麗
爵士花園
美都
眾坊街Public Square Street
天后廟
油麻地警署
街市街Market St.
玉器市場
加士居道Gascoigne Rd.
欣翔道 Yam Cheung Rd.
甘肅街Kansu St.
油麻地街市
恭和堂
文昌街Man Cheong St.
逸東
西貢街遊樂場
北海街Pakhoi St.
翠華
文蔚街
文成街 Man Sing St.
西貢街
新填地街
英記茶莊
永安百貨
彌敦
新聖地牙哥
文苑街
西貢街
萬年青
茂林街
加士居道Gascoigne Rd.
渡船街 Ferry St.
砲台街 Battery St.
Reclamation St.
saigon St.
諾富特
志和街 Chi Wo St.
文英街
偉晴街 Wai Ching St.
偉晴軒
男人街
西貢街
杏花樓
彌敦粥麵家
文匯街 Man Wui Street
寧波街Ning Po St.
吳松街 Woosung St.
白加士街 Parkes St.
長樂街
南京街 Nanking St.
上海街 Shanghai St.
朗逸
佐敦道Jordan Rd.
南京街
佐敦道Jordan Rd.
廣東燒味
#B1
#B2
裕華國貨
商務印書館
佐敦道Jordan Rd.
翠華
卓悅
#A
粗菜館
義順牛奶
德興街
麥文記
佐敦 Jordan
澳洲牛奶
庇利金街
#D
吳松街
上海街
廟街
覺士道 Cox's Rd.
九龍木球會
滙翔道Wui Cheung Rd.
官涌街 Kwun Chung St.
大良八記
白加士街 Parkes St.
#C2
#C1
#E
寶靈街Bowring St.
松記糖水
新樂
恆豐
德成街Tak Shing St.
廣東道 Canton Rd.
Shanghai St.
Temple St.
Woosung St.
Pilkem St.
#D
信德學校
九龍草地滾球會
聖地牙哥
莊士倫敦
柯士甸道Austin Road
柯士甸道Austin Road
山林道Hillwood Rd.
龍堡國際
N

旺角·太子

1 2 3

往石峽尾
往九龍塘
鴨寮街Apliu St.
長沙灣道
大坑運動場
花墟公園
界限街Boundary St.
界限街 Boundary St.
彌敦道 Nathan Rd.
砵蘭街 Portland St.
西洋菜北街
通菜街
花園街
洗衣街 Sai Yee St.
基堤道 Embankment Rd.
勵德街 Knight St.
三十六酒店
旺角大球場
公爵街Duke St.
汝州街
北河街Po Pap St.
基隆街
一點心
明園粥麵專家
雀鳥花園
大南街
白楊街
運動場道Playing Field Rd.
通菜街 Tung Choi St.
花園街 Fa Yuen St.
花墟道 Flower Market Rd.
園藝街
園圃街
紅白藍330
大記攤粉
#D #E
#A
太子 Prince Edward
太子道西Prince Edward Rd. West
柏樹街Cedar St.
荔枝角道Lai Chi Kok Rd.
豪園茶餐廳
旺角警署
太子道西Prince Edward Rd. West
帝京
嘉道理道Kadoorie Ave.
#B1
#C1
#C2
太子道西Prince Edward Rd. West
水渠道Nullah Rd.
花園街 Fa Yuen St.
洗衣街 Sai Yee St.
聯合廣場
#B2
旺角維景
新世紀廣場
上海街 Shanghai St.
西洋菜南街 Sai
義順牛奶
海記合桃坊
鴉蘭街 Arran St.
始創中心
#D
旺角東 Mong Kok East
廣東道
新填地街
弼街Bute St.
許留山
巴士總站
#C
郵局
金華冰廳
女人街
旦王
通達
民華
聯運街
弼街Bute St.
塘尾道 Tong Mi Rd.
砵蘭街 Portland St.
Yeung Choi St.
奇趣餅家
十八座狗仔
旺角道Mong Kok Rd.
八珍醬園
#B
花園街街市
Luen Wan St.
#B3
Choi St. South
妹記生滾粥品
快富街
點點心
好旺角麵家
旺角道Mong Kok Rd.
#B1
銀龍
富記粥品
#B2
亞皆老街Argyle St.
#A2 #A1
旺角中心
許留山
先達廣場
蛋卷皇后
#D2
大雙倦
黑布街
老點點心
竹筒飯
九龍維景
勝利道 Victory Ave.
梭椏道 Soares Ave.
太平道 Peace Ave.
旺角 Mong Kok
澳門翠苑餐廳
上海廚房
深井陳記燒鵝
#C1 #D1
#C2
#D3
波鞋街
星巴客
朗豪坊
#C4
銀龍
女人街
Chicago Sports
染布房街 Yun Po Fong St.
亞皆老街 Argyle St.
#C3
旺角街市
旺角熟食中心
美心
奶路臣街Nelson St.
泉章居
興發
自由道
窩打老道Waterloo Rd.
#E2
西洋菜南街 Sai Yeung
旺角電腦中心
#E1
朗豪酒店
雅蘭一期
莎莎
瓊華中心
培正道
明閣
西武
奶路臣街傳統市場
通菜街
山東街Shantung St.
黑布街
白布街
雅蘭二期
荷里活商業中心
稻香
太興
迎囍
山東街 Shantung St.
新填地街Reclamation St.
上海街 Shanghai St.
樂園牛丸大王
發記甜品
豉油街Say St.
許留山
仕德福
潮樓
花園街
煙廠街
甜牙牙
廣華街Kwong Wah St.
何文田街
何文田山道
Chic之堡
Choi St. South
海廷道 Hoi Ting Rd.
渡船街 Ferry St.
豉油街 Say St.
創興廣場
信和中心
銀城廣場
炳記牛牛
肥姐小食店
潮流特區
兆萬中心
Dundas St.
登打士街
海天堂
恆香
窩打老道Waterloo Rd.
登打士街 Dundas St.
砵蘭街
彌敦道 Nathan Rd.
家樂商場
上海街視藝空間
東華三院文物館
衛理道
東安街 Tung On St.
N
威美頓街 Hamilon St.
碧街Pitt St.
得如酒樓
#A1 #A2
YMCA
城景國際
碧街Pitt St.
莎莎
油麻地
往紅磡站

上環・中環

M6

最好買—購物商店 Shopping Centres
真好吃—飲食店 Restaurant
睡好覺—飯店 / 旅館 Hotel
地鐵 MRT
鐵路 Train
電車 Tramway
巴士總站 Bus station
#A.B.C... 地鐵出口 MRT Exit
主題購物街 Theme shopping street

1
2
A
B
C
D
西區公園
西區海底隧道
西消防街
海傍分區警署
中港道
中景道
巴士總站
干諾道西Connaught Rd. W.
德輔道西
Des Voeux Rd. W.
德成海味
修打蘭街
皇后街
咸利蘋街
李陞街
高陞街
Ko Shing St.
Queen St.
蓮香居
永樂街Wing Lok St.
文咸西街Bonham Strand W.
新街市街New Market
海安咖啡室
萬順昌
鄧海滿記
尚興
陳勤記
發興街
Queen's Rd. W.
皇后大道西
荷李活道公園
荷李活道
新街New St.
水坑口街
摩羅下街
皇后大道中
上環市政大廈
瑞記
338
中環麗柏
普仁街 Po Yan St.
磅巷 Pound Lane
太平山街
高街
般咸道
樂古道
摩羅上街
荷李活道Hollywood
四方街
樓梯街 Ladder St.
永利街
卜花公園
般咸道Banham Rd.
Breezy Path
堅巷
堅道Cain Rd.
羅便臣街Robinson Rd.
干德道Conduit Rd.
N

3
4
5
往澳門及中國
維多利亞港
港澳碼頭
7號碼頭
天星碼頭
8號碼頭
9號碼頭
摩天輪
10號碼頭
往九龍站
1號碼頭
往珀麗灣
2號碼頭
往愉景灣
3號碼頭
往南丫島
4號碼頭
往長洲
5號碼頭
往坪洲、梅窩
6號碼頭
往尖沙咀
7號碼頭
天星碼頭
澳門茶餐廳
信德中心
干諾道中Connaught Rd. Central
民光街
民光街Man Kwong St.
民寶街Pier Rd.
民吉街Man Kat Rd.
金融街
國際金融中心
(15、15C公路往山頂)
四季酒店
龍景軒
Caprice
上環Sheung Wan
永安百貨
維德廣場
美心
先施百貨
樓上改良XO醬
車仔麵世家
中遠大廈
新紀元廣場
Pierre Hermé Paris
VICTORIA'S SECRET
國際金融中心商場
中環碼頭巴士總站
民祥街
國際金融中心一期
國際金融中心二期
香港站停車場
生記清湯牛腩
生記粥品
羅富記
檸檬王
立苑
正斗
香港Hong Kong
港景街Harbour View St.
蘇杭街
皇后大道中
車仔麵世家
陳意齋
中環中心
交易廣場III期
HOMELESS
九記牛腩
蓮香樓
太興
金華燒臘
羅富記
勝香園
wun ying
九龍醬園
龍記
九如蘭桂坊
晉逸
元創坊
威記粥店
中環交易廣場巴士站
(往赤柱、淺水灣、海怡半島)
郵政總局
交易廣場I期&II期
春回堂藥行
麥奀
TOPSHOP
怡和大廈
玉葉
公利
沾仔記
蛇王芬
泰昌
擺花街
蘭芳園
羅富記
陸羽
永樂園
GAP
遮打大樓
大會堂紀念花園
COLATE RAIN
N CREATIONS
住好啲
COACH
黃枝記
翠華
中環Central
文華東方
快船廊
SOHO美食區
A&F
娛樂行
中建大廈
置地廣場
歷山大廈
皇后像廣場
舊中區警署
鏞記
CHRISTIAN LOUBOUTIN
DSQUARED²
twist
瑪莎
DIESEL
L'Atelier de Joel Robuchon
太子大廈
立法會大樓
置地文華
東亞銀行大廈
舊域多利監獄
D-MOP
Amber
COMME des GARCONS
HOODS HK
Maison Martin Margiel
LKF蘭桂坊
鴻星
藝穗會
BAPE STORE
新世界大廈
香港上海匯豐銀行
中國銀行大廈
迷你酒店
嘉軒廣場
皇后大道中
清真禮拜堂
堅道Cain Rd.
摩羅廟街Mosque St.
STARBUCKS×住好啲冰室角落
長江中心
天主教總堂
下亞厘畢道
上亞厘畢道
中區政府合署
長江公園
宏基國際
香港禮賓府
聖約翰教堂
花園道Garden Rd
雪廠街
畢打街
德己立街
威靈頓街Wellington St.
士丹利街
士丹頓街Staunton St.
伊利近街
奧卑利街Old Bailey St.
雲咸街
亞畢諾道
結志街
卑利街
鴨巴甸街Aberdeen St.
城皇街Shing Wong St.
永吉街Wing Kut St.
永和街Wing Wo St.
機利文街
機利文新街
域多利皇后街
利源東街
利源西街
砵典乍街
都爹利街Duddell St.
雪廠街Ice House St.
德輔道中
永樂街Wing Lok St.
急庇利街
禧利街
文華里
林士街
孖沙街
畢打街
美心
民耀街Mun Yiu St.
愛丁堡廣場
干諾道中Connaught Rd. Central
昃臣道

金鐘·灣仔(北角)

M7

好吃

港麗酒店下午茶………P.127
永華麵家………P.128
檀島咖啡餅店…P.129
留香葉………P.129
北角利強記雞蛋仔………P.131
金鳳茶餐廳…P.131
豪華咖啡茶廳P.131
蝦麵店………P.132
和昌大押……P.133
車仔麵之家…P.133
香港魚蛋皇…P.133
再興燒臘飯店P.134
泉記………P.134
三不賣野葛菜水………P.134
砵仔王………P.135
靠得住靚粥…P.135
華星冰室……P.135
利苑酒家……P.137
清真惠記……P.137
祥正飯店……P.137

好買

太古廣場……P.126
金鐘廊……P.126
灣仔電腦城……P.128
太原街玩具……P.130

最好玩

力寶中心……P.127
香港公園……P.127
茶具文物館…P.127
香港會議展覽中心………P.130
舊灣仔郵政局…P.131
藍屋………P.132

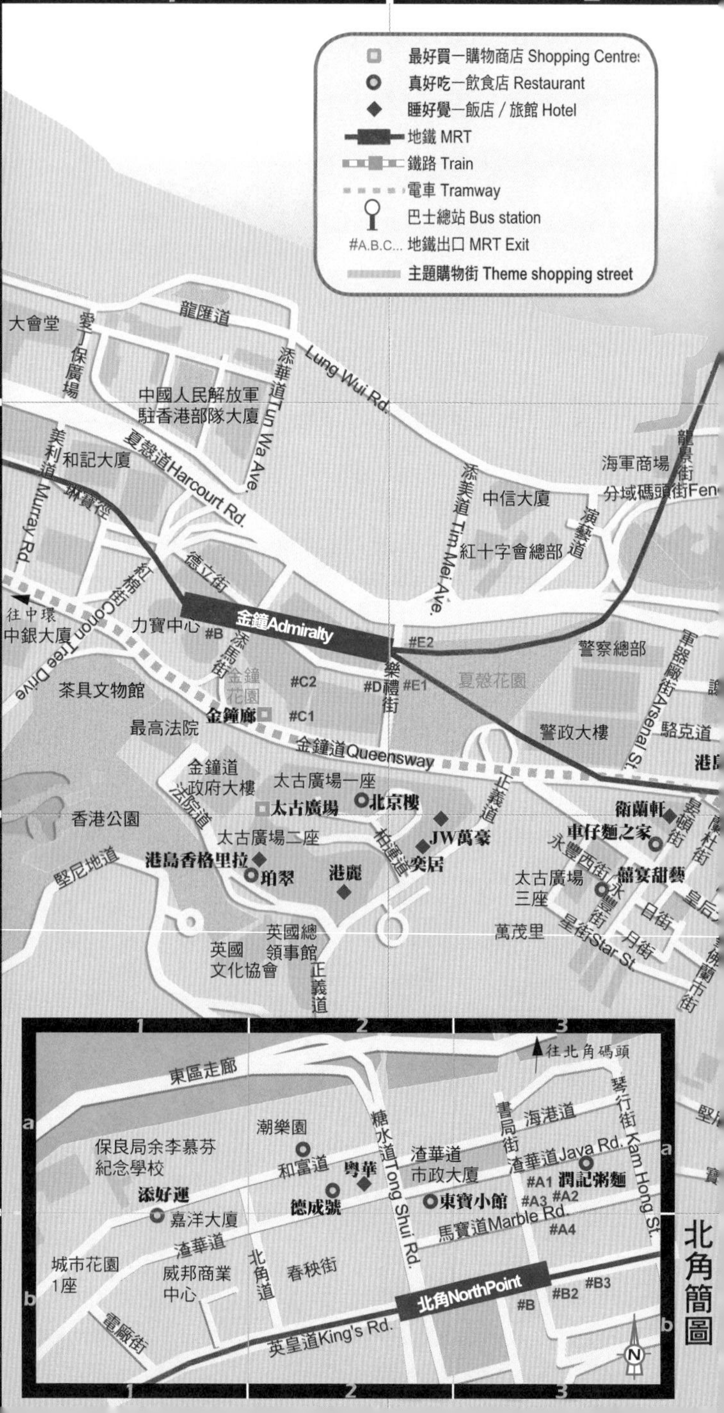

最好買一購物商店 Shopping Centres
真好吃一飲食店 Restaurant
睡好覺一飯店 / 旅館 Hotel
地鐵 MRT
鐵路 Train
電車 Tramway
巴士總站 Bus station
#A.B.C... 地鐵出口 MRT Exit
主題購物街 Theme shopping street
大會堂
愛丁堡廣場
龍匯道
添華道Tim Wa Ave.
Lung Wui Rd.
中國人民解放軍駐香港部隊大廈
美利道 Murray Rd.
和記大廈
夏慤道Harcourt Rd.
添美道 Tim Mei Ave.
中信大廈
紅十字會總部
演藝道
海軍商場
分域碼頭街
龍景街
德立街
紅棉路Cotton Tree Drive
往中環
中銀大廈
力寶中心
#B
金鐘Admiralty
#E2
添馬街
金鐘花園
#C2
#D
#E1
樂禮街
夏慤花園
警察總部
軍器廠街Arsenal St.
茶具文物館
金鐘廊
#C1
最高法院
金鐘道Queensway
警政大樓
駱克道
金鐘道政府大樓
太古廣場一座
太古廣場
北京樓
正義道
法院道
香港公園
JW萬豪
衛蘭軒
晏頓街
太古廣場二座
柏道
奕居
車仔麵之家
永豐西街
堅尼地道
港島香格里拉
珀翠
港麗
太古廣場三座
囍宴甜藝
日街
月街
星街Star St.
萬茂里
英國總領事館
英國文化協會
正義道
東區走廊
往北角碼頭
琴行街Kam Hong St.
潮樂園
保良局余李慕芬紀念學校
糖水道Tong Shui Rd.
書局街
海港道
渣華道市政大廈
渣華道Java Rd.
和富道
粵華
添好運
德成號
東寶小館
#A1
潤記粥麵
#A3
#A2
嘉洋大廈
馬寶道Marble Rd.
#A4
渣華道
城市花園1座
威邦商業中心
北角道
春秧街
北角NorthPoint
#B
#B2
#B3
電廠街
英皇道King's Rd.
北角簡圖

3
4
5
博覽海濱花園
金紫荊廣場
香港會議展覽中心新翼
博覽道
博覽道東Expo Drive E.
博覽道中Expo DriveCentral
往尖沙咀
往紅磡
灣仔渡輪碼頭
鴻興道Hung Hing Rd.
馬師道Marsh St.
運盛街
會議道Convention Ave.
萬麗海景
君悅
香港會議展覽中心
港灣道室內運動場
灣仔運動場
菲林明道Fleming Rd.
鷹君中心
海港中心
杜老誌道Tonnochy Rd.
告士打道Gloucester Rd.
港灣道Harbour Rd.
香港藝術中心
灣景
瑞安中心
鴻星
大家樂
電訊大樓
稅務大樓
灣仔政府綜合大樓
中環廣場
入境事務大樓
香港展覽中心
港灣道花園
灣景中心大廈
華潤大廈
新鴻基中心
喜記
橋底辣蟹
銅鑼灣辣蟹
堅拿道東
堅拿道西
王子
謝斐道Jaffe St.
史釗域道Stewart St.
灣仔警署
芬名
分域街Fenwick St.
盧押道Luard Rd.
柯布連道
六國
世紀香港
泉記
駱克道
軒尼詩道
往銅鑼灣
堅拿道東
寶靈頓道
Jaffe St.
謝斐道Jaffe St.
Lockhort St.
華美粵海
大家樂
香港魚蛋皇
328商場
強記飯店
利苑酒家
時代廣場
羅素街
人和荳品廠
灣仔維景
永華麵家
許留山
#A1
#C
#A2
軒尼詩道
298電腦
清真惠記
天樂里Tin Lok Lane
灣仔道
祥正飯店
霎東街
灣仔WanChai
#B1
#A4
豪華咖啡茶廳
三不賣
嘉得住
茂羅街
克街
華星冰室
利景
南洋
譚仔三哥米線
霎西街
耀華街
北角利強記雞蛋仔
灣仔電腦城
檀島
218
名樂居灣仔
巴路士街
綠屋
福臨門
#B2
#A5
#A3
修頓球場
修頓中心
大有商場
杭州酒家
砵仔王
腸粉皇
永祥街
日善街
華麗
香逸
聯發街
和昌大押
泰昌餅家
海皇
莊士敦道Johnston Rd.
英記茶莊
交加里
摩理臣山游泳池
摩理臣山道
祗月
The Pawn
留香葉
卓悅
石水渠街
囍宴 廚・藝
灣仔道
紀利華木球場
船街
大王西街
大王東街
汕頭街
廈門街
利東街
春園街
太原街
交加街
金鳳
天使
莎莎
記粥麵
摩理臣山遊樂場
香港足球會
馬會總部
灣仔道
賽馬會公園
灣仔街市
堅尼地道
堅尼地道
麗都
舊灣仔郵政局
皇后大道東
藍屋
景星街
慶雲街
石水渠街
吉安街
香港賽馬博物館
黃泥涌道Wong Nai Chung Rd.
跑馬地馬場
N

銅鑼灣

1 2 3

N

往尖沙咀
香港遊艇會
海底隧道
銅鑼灣避風塘
午砲
警官俱樂部
鴻興道Hung Hing Rd.
維園道Victoria Park Rd.
告士打道Gloucester Rd.
運盛街
信和廣場
世貿中心
景隆街
怡東
Tsumori Chisato
tout a coup
名店坊
百德新街
厚誠街
加寧街
i.t
JUICE
LCX
京士頓街
D-mop
adidas
A.P.C
FRAPBOIS
LOVE GIRLS MARKET
BEAMS
Anteprima-Plastiq
柏寧
I.S.O
維多利亞公園
Neway卡拉OK
澳門茶餐廳
太興
翠華
海皇
米蘭站
CHOCOOLATE
東角 Laforet
名店坊
金百利
蛇王二
義順牛奶
謝斐道
銅鑼灣辣蟹
銅鑼灣廣場 II
銅鑼灣廣場 I
SOGO
#C #D1 #D3 #D4 #D2 #E #B #F
東角道
記利佐治街Great George St.
銅鑼灣地帶
雙妹嚜
恒隆中心
皇室堡
往天后
馬師道 Marsh St.
告士打道
喜記
謝斐道Jaffe St.
橋底辣蟹
堅拿道東
堅拿道西
駱克道
太湖海鮮城
波斯富街 Percival St.
銅鑼灣Causeway Bay
利園山道 Lee Garden Rd.
希慎廣場
怡和街Yee Wo St.
榮記粉麵
糖街
Neway卡拉OK
駱克道Lockhart Rd.
消防局
軒尼詩道Hennessy Rd.
屈臣氏
大家樂
渣甸街
渣甸坊
文輝墨魚丸大王
南記粉麵
鵝頸橋（打小人）
巴士站
曲奇四重奏
登龍街
啟超道
上海一品香
邊寧頓街
伊榮街
富豪香港
珀麗
人和荳品廠
恩平道Yun Ping Rd.
白沙道
太平館
有利腐乳王
莎瑪
寶靈頓道 Bowrington Rd.
羅素街
人民公社
池記
公鳳
恭和堂
金雀
利園二期
JIA
LANSON PLACE
大快活
鵝頸市場
皇后飯店
富明街
蘭芳道
敬誠街
Pennington St.
強記飯店
時代廣場
勿地臣街 Matheson St.
cova
利園
利舞台
JFT
一品齋
木糠甜品屋
清真惠記
希慎道
East End Brewery
灣仔道
天樂里 Tin Lok Lane
霎東街
人和荳品廠
祥正飯店
智選假日
住好啲
喜喜冰室
新會道
開平道
新寧道
禮頓道 Lighton Rd.
丹麥餅店
霎西街
聽嫂
耀華街
渝酸辣粉
禮頓中心
禮頓道
南洋
華麗
皇冠假日
晉逸
日善街
愛群道
棉花路
摩理臣山道
紀利華木球場會
黃泥涌道
禮頓山
加路連山道
加路連山

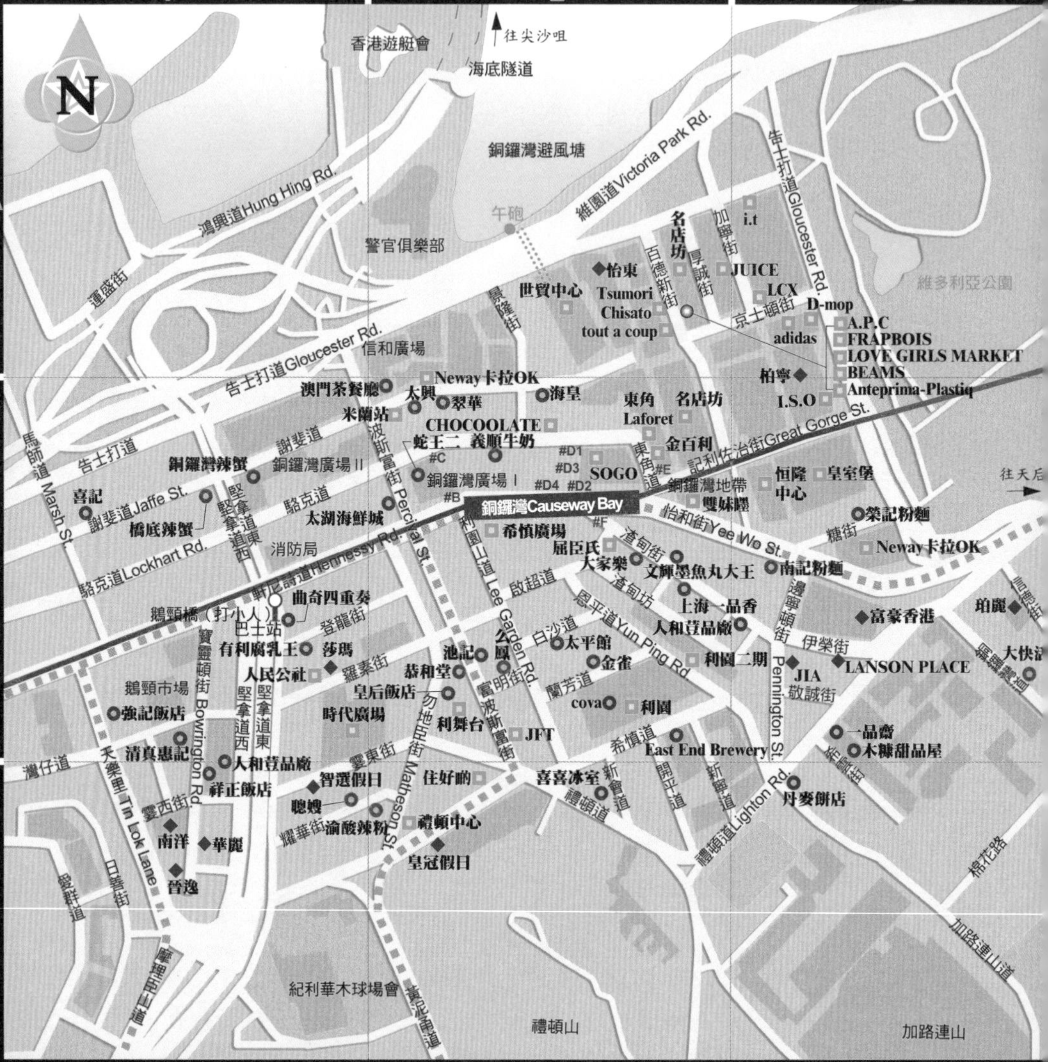

最好買－購物商店 Shopping Centres
真好吃－飲食店 Restaurant
睡好覺－飯店／旅館 Hotel
地鐵 MRT
鐵路 Train
電車 Tramway
巴士總站 Bus station
#A.B.C... 地鐵出口 MRT Exit
主題購物街 Theme shopping street

澳門

M9

1 2 3

中國廣東
珠海市
關口
友誼大馬路
望廈山
澳門半島
中國廣東
珠海市灣仔
白鴿巢(賈梅士)公園
望德堂坊
(進教園)
巴士總站
直升機停機坪
外港客運碼頭
大三巴牌坊
澳門十六浦索菲特
議事亭前地
漁人碼頭
新馬路
葡京
星際
南灣湖激光音樂噴泉
永利
海事博物館
媽閣廟
南灣湖
澳門美高梅金殿
巴士總站
西灣湖
東方文華
澳門旅遊塔
珠江口
友誼大橋
澳氹大橋
西灣大橋
觀光局
氹仔臨時客運碼頭
新世紀
澳門大學
新濠鋒
澳門格蘭
氹仔
澳門國際機場
氹仔村
大利來記
澳門銀河度假村
悅榕莊
大倉
銀河
新濠天地
皇冠度假
澳門君悅
Hard Rock
中國廣東
珠海市橫琴
澳門威尼斯人度假村酒店
四季
路氹城
路環
石排灣郊野公園
大熊貓館
澳門威斯汀
黑沙灣
竹灣
N

放大圖
1 2
a b
澳門博物館
大炮台
大三巴牌坊
大三巴街
鉅記手信
大三巴街
鉅記手信
果欄街
賣草地街
板樟堂街
伯多祿局長街
草堆街
禮記士多
營地大街
玫瑰聖母堂
黃枝記
議事亭前地
咀香園餅家
義順牛奶
新馬路
鉅記手信
香記肉乾
鉅記手信
市政廳
咀香園餅家
N

好吃、好買，最好玩

Concent 香港 Hong Kong

特輯 文青漫步香港—中環、大坑、深水埗細細走

九龍半島

尖沙咀/ 佐敦・油麻地/ 旺角・太子/ 又一城・黃大仙・觀塘・青衣・深水埗・沙田

香港島

澳門

關於香港的零零總總

特輯 香港小別冊

九　龍　半　島 | Kowloon Peninsula

九龍半島

尖沙咀·佐敦·油麻地·旺角
太子·九龍塘·黃大仙·深水埗

九龍半島尖端可以說是全香港最受觀光客青睞的地區。尖沙咀、佐敦、油麻地、旺角等地鐵站連結成一條時尚人氣聚集的動線。不要以為九龍半島只有購物和美食，這裡有文化中心、藝術館可增進你的藝術氣息，欣賞到更多世界級的展覽和表演，還可欣賞維多利亞港日景、夜色的星光大道，還有供遊人休憩的稀有市內綠地——九龍公園，享受城市中難能可貴的大自然。

尖沙咀

親眼見識香港庶民式的繁華，尖沙咀絕對是遊香港的首站。

尖沙咀以被稱做「金一哩」的繁華彌敦道做區分，以東稱做尖沙咀東，以西則為尖沙咀西。這一區聚集了許多購物商場、國際級酒店、大大小小的餐廳、攤販，在此一整天吃喝、購物，都不用擔心找不到想去的地方。

潮流必逛區：廣東道→漢口道→彌敦道

來香港就是要血拼，要血拼就不能錯過尖沙咀，從尖沙咀西邊的新港中心開始，數不盡的潮流名店、國際品牌在向你招手，快步走進店裡吧！到香港沒時間吃沒時間玩不心痛，買不到東西就太對不起飛機票了～

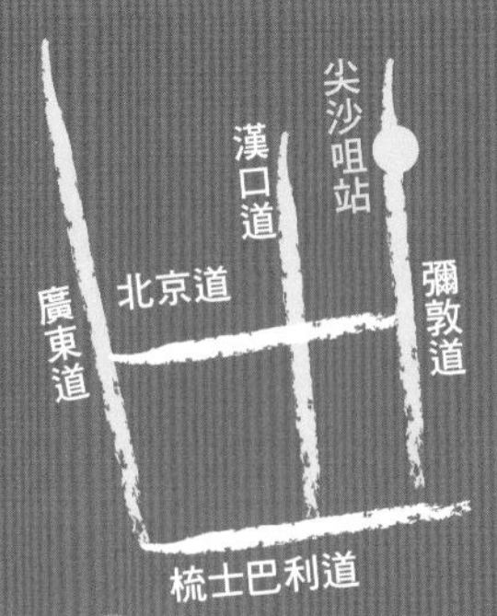

青春潮男潮女必逛品牌大本營

新港中心 M3B2

九龍尖沙咀廣東道30號　10:00～22:00

地鐵尖沙咀站A1、C1、C2出口

I.T、i.t的暢貨中心、PEACH JOHN THE STORE、Mercibeaucoup、Gomme

位於海港城對面的新港中心，面積雖不大，但只要一到週末假日，必定聚集了許多逛街的人潮。這裡的商店除了香港人喜愛的I.T、i.t品牌複合店、I.T. Sale Shop（詳細內容請見P.203）Tsumori Chisato、ISABEL MARANT、Mercibeaucoup、Fred Perry、Gomme、AAPE等品牌外，另有多家運動用品和日本進口玩意店，是年輕人的購物天堂。B1還有美食街，逛累了搭手扶梯到樓下即可飽餐一頓。

開心買

B1的大食代飲食區看起來和台灣的美食街相似，最大的不同在於，不論你想吃哪一家店的食物，都必須先到一個收銀台點餐付錢，再依收據到各家小店領取食物。

PEACH JOHN THE STORE

⌂ 新港中心2樓201和202號鋪
☎ 2110-1524
◷ 12:00～21:00

這是很受歡迎的日本內衣品牌！專賣女性睡衣、內衣和家居服飾，粉紅搭配黑色的店內裝潢。難得的是同時兼具少女甜美風和優雅淑女風，和美國維多利亞的秘密中PINK系列有幾分雷同。價格相當平易近人，包準女性們一進了店，就開始頭痛不知該買那件。店門口有兩台扭蛋機，試試運氣也許可以轉到精緻小禮。另一家店在銅鑼灣世界貿易中心P202。

CHOCOOLATE **M3B1**

⌂ 新港中心B02鋪
☎ 2375-3002 ◷ 10:00～22:00
地鐵尖沙咀站A1出口
黑、白簡潔設計的T恤

香港品牌也能穿出舒適好品味

帶有濃濃休閒風、成立時間不久的CHOCOOLATE，是香港近來頗受矚目當地男性服飾品牌。常見跨業結合的設計，之前曾與漢堡王、摩斯漢堡合作過。價格算便宜，材質厚實且耐穿，有花俏的設計，多為黑、白顏色或條紋圖案，但勝在簡單好搭配，相當實穿。CHOCOOLATE是男性品牌，自從推出後因受大眾接受，繼而有專為女生設計的WHITE CHOCOOLATE。

開心買

白巧克力在銅鑼灣SOGO後方、駱克道537號地舖、時代廣場、尖沙咀新太陽廣場、加連威老道63號和九龍塘又一城等地都有分店。

富豪雪糕車 M3B2

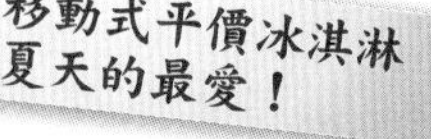

九龍尖沙咀的海防道和廣東道交叉路口附近

營業時間不定，依司機時間

地鐵尖沙咀站A1出口

$ 平價（每人約港幣20元以內）

雪糕、冰淇淋

在香港的鬧區街邊，常會看見一台專賣雪糕的流動攤販車，尤其在炎熱的夏天，總有許多逛街的路人邊走邊吃，希望吃了能消暑。雖然是流動攤位，但在某些固定地方，像尖沙咀海防道新港中心旁馬路上，就有一輛固定的攤位車，只要週末假日都會出現。逛街至這附近時，留意一下路邊，來支雪糕或奶味重、軟滑香濃的冰淇淋吧！

開心吃

富豪雪糕車沒有一定的營業時間，完全看司機的時間，所以可能早上10點，也有可能中午才開始。通常在有人潮的地方，像尖沙咀海防道新港中心旁馬路、尖沙咀和中環的天星碼頭、灣仔金紫荊廣場等處可看見。

中港城 M3A1

九龍尖沙咀廣東道33號

3119-0288

10:00～21:00

地鐵尖沙咀站A1出口

零食、土產食品

靠近九龍公園，有著金黃色建築外觀的中港城，也是一結合商場、酒店和辦公大樓的綜合大樓。中港城不若海港城中國際品牌雲集，這裡則集合了許多當地保健食品、土產、美容保養品及美食餐廳等商家，是添購禮品的好去處。

開心買

雖然香港到處都可看到優の良品、零食物語、東海堂等零食土產店，但中港城門口的店面較大，選購時，較其他超級鬧區的店面更可以好好細選需要的產品。

糖朝 M3B1

觀光客來港必食的高級甜品店

- 九龍尖沙咀漢口道 28 號亞太中心地庫 A 鋪
- ☎ 2199-7799
- 08:00～24:00(週一～四)
  08:00～23:00(週五)，07:30～24:00(週六)
  07:30～24:00(週日)
- 地鐵尖沙咀站A1出口
- $ 中價(每人約港幣50～100元)
- 原木桶豆腐花、紅豆沙、芝麻糊、楊枝金(甘)露、芒果布甸、蠔油蔥薑撈麵

楊枝什錦水果豆腐

楊枝甘露

叉燒撈麵

乾炒牛河

原為廣東道地標的糖朝已搬遷至漢口道，這家中式餐廳，店內高雅的裝潢和稍寬廣的空間，較不同於傳統擁擠的港式餐廳，用餐氣氛佳。這裡雖也有賣粥、麵和飯，但甜品才是許多觀光客來此必嘗的，像原木桶豆腐花、綿密的紅豆沙、香氣逼人的芝麻糊、酸甜適中的楊枝金露，都是合台灣人口味的甜點。

皮蛋瘦肉粥

原木桶豆腐花

揚州炒飯

開心吃

1. 此為遊客極多的觀光名店，用餐請耐心等候。
2. 每桌必點的原木桶豆腐花，因份量較大，足供3～5個人食用，可數人點一桶分食。建議大家在此或其他餐廳吃完飯後再點甜點為佳。

尖沙咀
路線1

廣東道→漢口道→彌敦道
潮流必逛區：

平價也能打造
時尚的瑞典品牌

H&M M3B2

九龍尖沙咀廣東道30號
3521-1171
10:00～22:30
地鐵尖沙咀站A1、C1、C2出口
設計師聯名商品、飾品

以平價、款式齊全、顏色多，受到全世界消費者喜愛的H&M。雖然台灣也已經有分店，但每個地區的採購不同，所以我喜歡到不同國家的H&M選購更多新鮮的款式。

廣東道旗艦店陳列比較簡潔，很容易找到貨品。中環店結束營業後，比較靠近市區的分店還有黃浦新天地和九龍站圓方。

新太陽廣場

重新打造的年輕族群
法日系商場

九龍尖沙咀廣東道28號
2735-8702
12:00～21:00，依商店營業時間略有差異
地鐵尖沙咀站E出口
twist店內品牌

交通方便，各類商品應有盡有的中型商場。集合了TWIST、D-MOP等複合店，以及年輕人喜愛的agnes' b、Bread n Butter等品牌。另外，也有許多可供逛街後略微休息的美食小店。

開心買

旁邊的DFS太陽廣場店是環球都有的精品免稅店，不要搞混了喔。

collect point

新太陽廣場B04- 05號舖
2992-0272
依商店營業時間略有差異
Rageblue水洗工作褲、HARE男裝

位於新太陽廣場中的collect point，專門販售日本品牌，如每星期都有新貨的HARE、風格多變的Rageblue，以及Jeansis、Lowrys farm和Heather等日系商品。這些品牌多為中價位，軍事、紳士、休閒、街頭風日系男裝，是追求流行男性可大開眼界挑選的好去處。

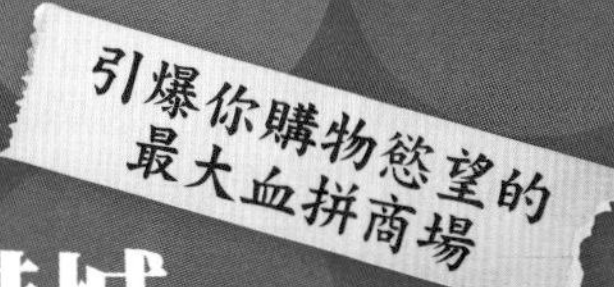

海港城 M3B1

九龍尖沙咀廣東道3～27號

2118-8666

10:00～22:00

地鐵尖沙咀站A1、C1、C2出口，尖沙咀天星碼頭

Q-pot飾品、7 for all mankind牛仔服飾、Page One書店、LCX Stores、N.Hoolywood

鄰近維多利亞港邊，位於熱鬧地段的海港城，是由港威商場（GW）、海洋中心（OC）、海運大廈（OT）和馬哥孛羅香港酒店商場（HH）和星光城（ST）組成，內有約600多家商店、50家餐廳，是尖沙咀地區最大型的購物商場。

商場中販售男女服飾、皮飾配件、運動用品、化妝品和Page One書店等，店家數量多到逛一整天都逛不完。其中很受大家歡迎的、45rpm、Baby Jane、moussy、Manolo Blahnik、Stella Mccartney、undercover、Zara等品牌都看得到，聞名於港的Joyce品牌複合店、LCX複合商場在這裡也都有設店，一網打盡歐、美等流行品牌。

翡翠拉麵小籠包

港威商場3樓3328號舖

2622-2699

10:00～23:00

中價（每人約港幣50～100元以內）

小籠包、乾隆粒粒炒年糕、麻辣口水雞、高力豆沙

以小籠包聞名的上海口味餐廳，也吃得到麵食、一般菜如和中式北方甜鹹點心。看見每桌必出現的小籠包，就知道很受歡迎，另推薦給喜歡吃重口味菜色的人乾隆粒粒炒年糕、麻辣口水雞，粒粒狀的炒年糕中加入了辣菜脯的配料，而口水雞麻得夠味。飯後來些高力豆沙，不會太油、太甜，值得一嘗。

開心吃

小籠包的皮比較薄，在夾取時容易皮破流出湯汁，建議讀者以筷子夾住小籠包最頂部的皺褶處，可減少皮破機率。

修飾體型的牛仔褲

7 for all mankind

海運大廈（OT）311

2736-0202

這個剛引進台灣不久、受到名人如卡麥蓉迪亞茲、安吉莉娜裘利喜愛的歐美頂級牛仔褲，不同於一般休閒率性風牛仔褲，設計著重在修飾體型和時尚華麗感。在這家專門店裡，喜愛牛仔褲的愛美女性，可以盡情挑到適合自己體型的商品，穿出曼妙好身材。

設計師操刀的
精美書店

PAGE ONE葉壹堂

海港城．港威商場3 & 4樓
3001A & 4001號舖
2730-6080
10:00 - 22:00 (週一～四)
10:00 - 22:30 (週五～日)

2014全新設計的Page One 海港城旗艦店，請來時裝設計師 Toby Yang規劃，以不同燈光和設計，為閱讀與生活帶來不一樣的體驗。

佔地兩層樓、面積近千坪，除了一般賣書的區域，店內還有花園、禮品部、家具部、文具部、餐廳和來自英國的烘焙名店Rose Bakery Caf'e。

特別的是，無論雜誌區、人文文學區、美術書區、兒童書區，每一區設計風格都各自不同，漫步其中，讓人享受到紙本書世界裡的美好。

Page One在台灣已經結束營業，如果想選購一些歐美的圖書或稍稍離開喧囂快速的香港，這裡都值得前來。

Q-pot

港威商場（GW）2342A&B
2118-8665
10:00～21:00

精緻的蛋糕、餅乾大家都嘗過，但不見得看過將這些點心模仿的維妙維肖的項鍊墜、手環和戒指吧？這個來自日本的品牌，將馬卡龍、巧克力餅乾、迷你鮮奶油蛋糕等點心，製成令人愛不釋手的少女可愛風飾品。真正的點心吃完就沒了，何不選個甜點飾品每天帶來好心情。

JOYCE

頂尖品牌複合式商店

港威商場GW G106
2367-8128
10:00～21:00

早年常聽人將JOYCE列為香港遊必到訪的行程，它是香港極具名氣的複合式商店，早在1980年代，就率先代理引進許多在香港，甚至亞洲未見的頂尖品牌商品。在這裡除了可以看到國際知名品牌服飾、美容保養類商品，另還有新銳設計師商品，細心挑選，說不定慧眼獨具能買到特色商品。

廣東茶居

港威商場3樓3303號舖　2613-9889
11:00～23:00　地鐵尖沙咀站
$ 中價（每人約港幣100～120元）
荔灣艇仔粥、雲吞麵、擂沙湯丸、瑤柱蛋白炒飯、流沙麻蓉包

開在港威商場裡的廣東茶居，賣的是中（港）式麵飯、點心和茶，精緻的裝潢走的是高級茶餐廳路線，座位頗舒適，是逛街途中吃中餐的好地方。若數個人一同前往，可在粥麵主食外加點港式小點心和茶水。料多實在的荔灣艇仔粥、瑤柱蛋白炒飯和流沙麻蓉包是個人最愛推薦。

開心吃

艇仔是「小艇」的意思，艇仔粥的料通常包含新鮮的碎魚肉、瘦肉、油條、蔥花，也有的店家，像海皇粥店賣的就有加入豬皮和魷魚，搭配滑潤粥底非常好吃。

LCX Stores

最潮最紅品牌集中地

海運大廈（OT）
3102-3668
10:00～21:00

由數個購物區構成的尖沙咀LCX，可以說是一個最紅品牌集中地，銅鑼灣名店廊也有分店。商品從服飾、皮件、配飾到化妝品、家飾品咖啡店等應有盡有。像日系奢華風的Rosebullet服飾、美國牛仔王牌Lucky Brand Jeans、當地品牌雙妹嚜化妝品。另在最裡面的設一「X-Plus」創意區，包含了趣味風設計的Homeless家飾、香港仔852、陀仔852、BROS和個人本土文化品牌等商品，自成一小格局。

尖沙咀 **路線1**

潮流必逛區：廣東道↓漢口道↓彌敦道

鉅記餅家 M3B2

來自澳門的知名手信鋪

九龍尖沙咀漢口道44號漢威大廈地下A舖

2311-2061

11:00～22:15

地鐵尖沙咀站A1出口 $ 平價

花生軟糖、杏仁餅、豬肉乾

以往常在香港街頭看到人提著大包小包鉅記餅家的袋子，就代表他剛從澳門觀光回來。現在不用專程去澳門，也能在香港買到這些手信（土產）了。招牌的花生軟糖、杏仁餅很適合邊品茶邊食用，是餽贈長輩的最佳點心之一，店裡試吃很大方，可逐一品嘗再決定要帶什麼伴手禮。豬肉乾也有特色，只可惜不能帶回台灣，以免在機場被沒收，建議在當地吃完。

adidas旗艦店 M3C2

亞洲最大adidas 現身尖沙咀

九龍尖沙咀漢口道17號

2730-0157

11:00～22:00

地鐵尖沙咀站C1出口

adidas by Stella Mccartney系列

三層樓高的醒目大看板很難讓人忽視，這是亞洲最大的adidas旗艦店。每層主打不同系列商品，幾乎所有系列都看得到，甚至像少見的adishe女性運動內衣、專為日本設計的Japanese Range系列。特別推薦名設計師操刀的adidas by Stella Mccartney系列，將運動服帶向時尚、功能化，雖然台灣也買得到，但這裡的款式較多，且價錢更親切。

德發牛肉丸與合香園 M3B2

傳統市場中的美味，CP值高

九龍尖沙咀海防道390號熟食檔

2376-1179

約09:00～13:00，週三休息（德發牛肉丸）
約09:00～14:00，週三休息（合香園）

地鐵尖沙咀站L5出口

$ 皆為平價（每人約港幣50元以內）

牛丸、牛丸米、咖央多、牛肉河粉

這兩家小攤位於海防道上熟食檔，也就是新港中心側門旁的菜市場中，因為是在市場較中間位置，如果想吃又怕市場雜亂的話，可以兩個人結伴前往。德發牛肉丸以牛丸聞名，口感極佳。合香園的牛肉河粉麵軟肉鮮嫩，價格又便宜，CP值很高，另外咖央多士也很受推崇。

吃得到重口味餐點
澳門飲食店

澳門茶餐廳 M3B2

- 九龍尖沙咀樂道25～27號
- 2366-8148
- 06:30～02:00
- 地鐵尖沙咀站A出口
- 平價（每人約港幣50元以內）
- 豬扒飽、皇子BB鴿、焗葡國雞飯、奶油豬仔飽

用澳門葡國雞圖案做標誌，融合了澳門和港式飲食口味的茶餐廳，經過裝修後店面變較寬敞，但熱鬧的用餐時刻仍需與人併桌。推薦充滿焗香的葡國雞飯、咖哩焗飯，以及肉嫩多汁的澳門豬扒飽，再來杯凍檸茶，吃飽喝足才有體力展開徒步之旅。

乾炒牛河

炒飯

開心吃

BB鴿就是體積較小的乳鴿；凍檸茶是冰檸檬茶，在香港餐飲店食用冰飲料通常會較熱飲貴港幣2～5元左右。

辣味肉丁

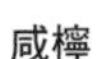
咸檸

尖沙咀
路線1

廣東道→漢口道→彌敦道
潮流必逛區：

阿四快餐 M3B2

九龍尖沙咀樂道21號地下
2311-6882
24小時
地鐵尖沙咀站A1出口
$ 平價
（每人約港幣50元以內）
公司三文治、咖喱豬扒飯

香港旅遊最需要的就是腿力，尖沙咀逛街走得很累，恨不得馬上填飽肚子時，這間平價的快餐店，是不錯的選擇。朋友推薦店裡的「公司三文治」，蔬菜、火腿和雞蛋，料多實在，再來杯飲料，絕對吃得飽，再繼續血拼之旅。

開心吃

什麼是「公司三文治」？這類三文治通常以大量蔬菜、肉和醬汁為材料，因份量較大，以往多是公司員工共同叫外賣分食。每家店的公司三文治餡料都不同，更能表現餐廳的特色。

九龍清真寺 M3B2

九龍尖沙咀彌敦道105號
11:00～18:00（週四）
15:00～18:00（週六）
地鐵尖沙咀站A出口

清真寺位在彌敦道和海防道交叉路附近，是香港規模最大的清真寺。它位於九龍公園旁，是以白色大理石為建築基礎。每當你經過柏麗購物大道時往旁邊看，就會看到一群群的回教徒聚集。這裡是1896年時為了印度英軍而設立的，但在1984年改建成現在的模樣，四根尖塔搭配一個圓頂的外型，裝飾上大量使用格子窗戶，非常具有異國風味。

柏麗購物大道 M3A2

露天商店悠閒漫步
大享掃街購物的樂趣

九龍尖沙咀彌敦道上
（九龍清真寺至柯士甸道前）

11:00～，依商店營業時間略有差異

地鐵尖沙咀站A1出口

LACOSTE、戶外休閒服飾

彌敦道上，從九龍清真寺起，一路至柯士甸道前的這一區域，集結了一間間的商家，就是有名的柏麗購物大道。這裡的商店多只有2樓，因路面寬敞，逛起街來心情更加愉悅。目前有LACOSTE、TOUGH、周生生珠寶、運動用品店、戶外休閒服飾店、裕華國貨、小飾品等店家，價格多屬中價位。

亞洲五大最佳地段
的血拼高點

國際廣場 i SQUARE M3B2

九龍尖沙咀彌敦道63-67號

2366-8148　11:00～22:30

地鐵尖沙咀站C1出口

TSHIRT STORE

原址是舊凱悅酒店的國際廣場iSQUARE，為一樓高31層的複和式商場，包括電影院、健身中心及食肆。值得注目的舖有來自北歐、全部用100%有機棉在歐洲製造的潮T專賣店TSHIRT STORE，設計簡約的港牌tcn:y、以及有著各種搞怪小東西的生活精品店LOG-ON。20～31樓的iTower由於位置較高，很多店舖都可看到尖沙咀的樓景和維多利亞港景色。但須在LB層或L3層轉乘升降機才能到達。

上海婆婆336

專攻年輕人的
上海菜

國際廣場605～606號舖　2806-1833

11:00～16:00，18:00～23:00

地鐵尖沙咀站C1出口　$ 中價（每人約港幣100～200元）

冰鎮醉黃油雞、小籠包、魚籽煙燻蛋

期望跳脫傳統上海餐廳裝潢保守、顧客較年長的印象，打造成潮流時尚的餐廳，同時更積極打入年輕人市場。店名的「336」象徵上海別墅的門牌號碼，也是上海話「謝謝儂」的諧音，店家希望能做好每一道菜來答謝顧客。招牌菜有冰爽的冰鎮醉黃油雞，品相漂亮，還有帶點淡煙燻味的魚籽煙燻蛋、超大蝦仁裹上鹹蛋黃拌炒的鹹香蝦球和皮薄美味的小籠包。

北京道1號名店街 **M3C2**

吸引人目光的特殊建築

九龍尖沙咀北京道1號
3417-3000
11:00～20:00，依商店營業時間略有差異
地鐵尖沙咀站C1出口
DIOR HOMME男性精品

位於尖沙咀心臟地帶的北京道1號，是一高29層樓的綜合商業大樓，從維多利亞港望過去，它的外型有如一艘帆船，曾獲得香港建築學會的設計大獎。低樓層聚集了DIOR HOMME、miumiu、Fendi、Ermenegildo Zegna、Cartier等世界名牌精品店，其中DIOR HOMME男性精品，是全球少見的獨立旗艦店，商品齊全，是時尚男性不可錯過的聖地。

1881 **M3C2**

九龍尖沙咀廣東道2號A
依商店營業時間略有差異
地鐵尖沙咀站E出口
國際精品

齊聚於維多利亞風格建築下的名品殿堂

前身為香港水警總部的1881，主要由前水警總部主樓、前馬廄、前時間球塔、舊九龍消防局和舊宿舍組成。維多利亞式的建築風格，讓人彷彿回到回歸前的香港。結合了飯店和ROLEX、IWC、Van Cleef& Arpels、KWANPEN等多家國際級精品。試想一邊逛著精品店，一邊還能在美麗的樓層中散步、參觀展覽館，多雅致呀！

集世界名牌於一處的時尚聖地

半島酒店名品廊 M3C2

九龍尖沙咀梳士巴利道
2920-8888
依品牌營業時間略有差異
地鐵尖沙咀站E出口
上海灘等國際品牌

半島酒店的1樓和地下樓，集合了Louis Vuitton、TIFFANY & Co.、CHANEL、HERMES、Christian Dior、Cartier、上海灘等國際名牌，其中80%以上的皮件和珠寶，對喜歡購買精品的人來說，可以說是購物天堂。而且這些店面因在酒店內，較其他商場的名店來得安靜，更可以好好選購。

半島酒店大堂茶座 The Lobby

正統英式下午茶

2920-2888
14:00～18:00下午茶時間
高價（每人約港幣278元+10%）

建於1928年的香港半島酒店，被喻為世界10大最佳飯店，飯店內餐廳、飲食店鋪都維持不錯的水準。其中，你更不能錯過半島酒店的大堂茶座，這個集合了情侶、文人雅士、觀光客的優雅餐廳，最有名的是它的下午茶。由於慕名而來的人實在太多，排隊的長列、喝下午茶的時間長也成了兩大特色。這裡推出的是正統的英國下午茶，高級的茶具、點心盤都是知名銀器品牌TIFFANY&Co.特別為其製作的。1人下午茶約港幣358元，2人則為港幣628元。如果你不想點整套的下午茶餐，也可以單點潛艇飽、特大號三明治或蛋糕、餅乾。

尖沙咀
路線2

北京道→梳士巴利道→星光大道
燈光美、氣氛佳區：

XTC on Ice Gelato M3C1

別處絕無，
香港之旅必吃冰淇淋！

九龍天星碼頭KP-01號舖
2368 3602
11:00～00:00
地鐵尖沙咀站E、J1出口
$ 平價（每球約港幣25元）
黑糖黑芝麻、藍莓起司、櫻花等口味的雪糕

雖然價格並不算便宜，但喜歡吃甜食、愛嘗鮮的人，絕對不要錯過這家吃得到奇妙口味雪糕的甜品店！當然一般正統的口味，像水果、朱古力（巧克力）絕對不會少，但像招牌的黑糖黑芝麻，以及獨創的藍莓起司、辣巧克力、日本麻糬和拖把杏仁等，都是別處嘗不到的新鮮口味。

鐘樓 M3D2

尖沙咀地區
法定古蹟

香港文化中心和天星碼頭間
09:00～23:00
14:00～19:00下午茶時間
地鐵尖沙咀站E、J、K、L3出口、天星小輪尖沙咀碼頭

鐘樓位於香港文化中心跟天星碼頭間，曾是連接歐洲與亞洲的西伯利亞鐵路舊九龍車站的總站，建於1915年，目前是香港九龍區的法定古蹟之一。這裡也是觀光客拍照的必選場景，更是當地情侶約會、拍照的好地點。鐘樓的四面都有鐘，直到目前為止，依然準確報時。

香港文化中心 M3C2

藝術大匯集
的藝術景點

九龍尖沙咀梳士巴利道10號
2734-2009　09:00～23:00
$ 依展覽有所差異
地鐵尖沙咀站E、J、K、L3出口、天星小輪尖沙咀碼頭

1989年正式啟用的香港文化中心，位於尖沙咀海邊，溜滑梯的屋頂早已成為海邊標誌之一，這裡是香港市民和觀光客吸收文藝資訊、看表演的好地方。劇院和音樂廳有時會有一些免費的表演。觀光客必到的餐廳映月樓，就是位於這裡的二樓。香港文化中心前有一條長長的樓梯，如果你走累了，可以坐在那吹吹海風歇歇腳休息一下。

映月樓 M3C2

可邊啖美食
邊飽覽維多利亞海港景致

九龍尖沙咀香港文化中心2樓

2722-0932

09:00～16:30、17：30～23：30

地鐵尖沙咀站E出口

$ 中價（每人約港幣80～100元以內）

港式點心

在維多利亞海港邊文化中心2樓的映月樓，樓下就是婚姻介紹所，許多新人登記完就近來此宴客，但這裡並非只有喜慶宴客菜，還有精緻的港式點心可供選擇。因為用餐風景佳、座位大，可舒服地邊吃邊眺望海邊景色。這裡的點心普遍上口味較清淡，像瑤柱韭菜餃、牛肉燒賣、叉燒包和魚翅餃等都是不錯的選擇。

蟹黃燒賣

牛肉丸

蝦仁腸粉

韭菜餃

魚翅餃

香港太空館 M3C2

吸收天文知識
的寶庫

九龍尖沙咀梳士巴利道10號　2721-0226

13:00～21:00（週一、三、四、五），10:00～21:00（週六、日）
聖誕節前夕、除夕開放至17:00，週二、農曆年初一、初二休息。

地鐵尖沙咀站E、J、K、L3出口、天星小輪尖沙咀碼頭

$ 詳情見香港太空館網站，週三免費

雞蛋形的建築外觀，很容易找到。太空館除了有天文、地理、動物相關的靜態展覽外，還有動態影片可以觀賞，每場約40分鐘。禮品店裡販售許多與天文有關的商品，像是天文月曆、星圖、太空館書籤等就很值得收藏。

開心玩

太空館的詳細門票價格和優惠，可參照網頁上的公布。

尖沙咀
路線2

北京道→梳士巴利道→星光大道
燈光美、氣氛佳區：

香港藝術館 M3D2

旅遊也可以很知性
來逛藝術館

九龍尖沙咀梳士巴利道10號 ☎ 2721-0116
10:00～18:00（週一、二、三、五、日），10:00～20:00（週六）
聖誕節前夕、除夕開放至17:00，週四、農曆年初一、初二休息
地鐵尖沙咀站E、J、K、L3出口、天星小輪尖沙咀碼頭
$ 展覽館各港幣10元

1991年落成的藝術館，主要展出中國古代文物、書畫和現代藝術品，以及香港當地藝術家的作品，同時也有國外名作的短期展覽。這裡的藝術館書店販售許多種類的書籍、禮品，很有特色，除自己收藏，也適合當禮物送人。位於金鐘的茶具文物館，是藝術館的分館。

崇光尖沙咀店 M3C3

超有親切感的
大型日系百貨

九龍尖沙咀梳士巴利道12號
☎ 3556-1212
10:00～22:00
地鐵尖沙咀站F出口
Francesco Biasia提袋、COCUE提袋、B2運動用品

開業已有25年的崇光百貨，是香港老字號的日系商場，熟悉的樓層分類和台灣的百貨公司相近，逛起來很有親切感。店面雖不若其他商場氣派，但品牌集中，短時間內就可以一覽各種商品。在台灣已少見的COCUE提袋、日本流行的tsumori chisato睡衣在這裡都可以找到，齊全的運動用品，更能找到少見的款式。

幻彩詠香江 M3D2

難得一見的美麗燈光秀

尖沙咀星光大道　08:00～08:18
地鐵尖沙咀站J出口、天星小輪尖沙咀碼頭

每晚08：00～08：18，準時開演一場炫麗燦爛的電子燈光秀，叫作「幻彩詠香江」。主要是由香港島和九龍兩邊的建築，串連起來一起呈現的燈光秀表演。雖然只有短短的8分鐘左右，但卻讓人彷彿參加了一場特殊節日才有的露天大型表演。記得一定要提早來到佔位子喔，否則可是搶不到好位子。

開心玩

香港島參加的建築物有國際金融中心IFC、中環中心、中銀大廈、中環廣場等；九龍參加的建築物則有半島酒店、朗豪坊、K11、北京道1號等。

星光大道 M3D2

觀光客必訪海濱長廊

位於九龍尖沙咀梳士巴利花園南端到新世界中心間的一段海濱長廊
地鐵尖沙咀站J出口、天星小輪尖沙咀碼頭

李小龍、成龍、張國榮……，只要是巨星、名導演，都可以在這裡看到他們的手印。星光大道是為了表揚香港電影界優秀演藝人員而設立的，是當地人平日休閒、更是觀光客必到訪的景點之一。在這條海濱長廊上，除了地上101人的星光手印、與電影有關的裝置藝術和紀念品店，還是眺望香港島摩天大樓、欣賞夜景的好地點。除了清晨外，幾乎一整天都擠滿了來自世界各地的觀光客。

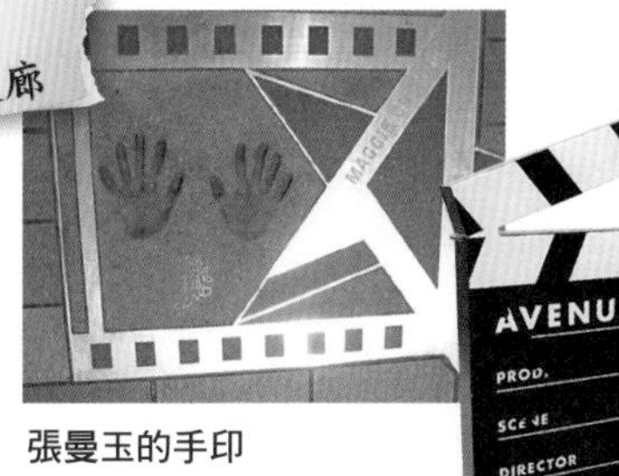

張曼玉的手印

開心玩

來到星光大道必定會看到許多的星光手印，你很容易發現某幾個明星的手印特別油亮，這是因為來到這的觀光客總喜歡將自己的手印在偶像的手印上，不用說，像劉德華、梁朝偉、張曼玉、周潤發的手印總是特別黑的發亮。

尖沙咀
路線3

懷舊與創新並陳區：

彌敦道→金馬倫道→加連威老道

這裡有最潮最IN的嶄新商場，也有歷史悠久、生意興隆的藥妝店，有一間間的好買商鋪，更有好吃的茶餐廳。這新舊交陳的尖沙咀東，請慢慢逛、細細看！

米蘭皮具 M3C3

看得到品質的皮革專門店

九龍尖沙咀彌敦道20號（喜來登酒店商場GF S02）

2724-0888　09:00～19:00

地鐵尖沙咀站E出口　綴有個人名字的水晶手機吊飾

老闆是一位曾在義大利學習皮革設計、製作，且擁有20年以上經驗的達人。這裡的商品如皮包、皮鞋、皮帶、小吊飾等都是真皮製作，樣式新穎，選擇較多，是送慣了食品土產以外值得推薦的伴手禮。水晶手機吊飾更是女性的最愛。

重慶大廈 M3C2

昔日森林擴展為嶄新商場

九龍尖沙咀彌敦道36-44號

依各店家有所差異

地鐵尖沙咀站E或F出口

活方廣場、新德里餐廳

建於1961年的重慶大廈已有50年歷史，這裡向來是歐美背包客群集的地方。也是 王家衛《重慶森林》的拍攝現場之一。其實17層樓、770多個單位不只有小型賓館，還包括東南亞餐廳、咖哩小食店及外幣找換店。咖哩餐廳以新德里餐廳最負盛名。大廈於2004年翻新增加「重慶站」及「活方」等獨立商場，「重慶站」有 大家樂、莎莎、國際萬寧，和近來熱門的Jenny Bakery珍妮曲奇餅舖。「活方」在地下1樓，以日式地下街商場模式經營，裡面包括馳名香港的老字號茶餐廳蘭芳園、米蘭站二手精品店。

Jenny Bakery珍妮曲奇餅 M3C2

九龍尖沙咀54-64號美麗都大廈地下24號舖

2813-8598　09:00～20:00

地鐵尖沙咀站E或F出口

$ 中價（每人約港幣100～150元）

4mix、杏仁薄片、鳳梨酥

發跡於赤柱的Jenny Bakery，以印有不同泰迪熊圓盒包裝聞名，打開盒蓋之後，牛油味及咖啡味整個撲鼻而來，遠遠得都聞得到。招牌餅盒4mix裡面包含了軟牛油、脆牛油、軟咖啡和燕麥葡萄乾四種口味，還有咖啡杏仁、腰果、杏仁、榛子、合桃、開心果、水果皮合桃和巧克力豆8mix口味，杏仁薄片也很受歡迎。老闆說每隔一段時間會換小熊圖案，很適合送禮和收藏。

全球第一個
購物藝術館

K11購物藝術館 M3B3

九龍尖沙咀河內道18號

3118-8070

約12:00～22:00（餐廳時間有所差異）

地鐵尖沙咀站D2、M2出口

基本生活百貨、Juicy Girl、Y3

包含了藝術、人文和自然等主體，號稱全球第一個購物藝術館，從商場大門外的裝置藝術、繪畫作品，即可感受到不同於一般以購物為主題的商場。這裡除了購物區、飲食區以外，更設有藝廊、表演廳、藝文活動等，是一全方位且多元化的大型商場。購物廊中，法國休閒品牌AIGLE、美式甜美風Juicy Girl、基本生活百貨等，都是時下流行的品牌。

銀座梅林

日本炸豬排名店
香港首家店

K11購物藝術館B124號舖

3122-4128　12:00～23:00

地鐵尖沙咀站D2、M2出口　$ 中價（每人約港幣100元）

吉列豬扒、豬扒三文治

這是日本頗有歷史的炸豬排專門店在香港開設的分店，店中餐點以炸豬排、豬排三明治為當然推薦。這裡的豬排外皮酥脆，肉軟且有肉汁，不會過於油膩，屬於清爽口味的炸豬排。不需特別到日本就能吃到道地的口味，是香港旅遊的另一收穫。

開心吃

吉列是指「炸」的意思，將肉沾裹上麵包粉後入油鍋炸到酥脆可口。中環IFC3樓也有分店。

Paul Layfayet

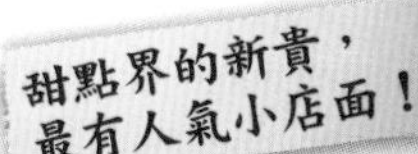

K11購物藝術館G23號舖

3586-9621　12:30~23:00

地鐵尖沙咀站D2、M2出口

$ 平價（每人約港幣50元以內）

拿破崙、法式蘋果塔、巧克力蛋糕 、法式焦糖燉蛋

位於尖沙咀河內道上的K11購物藝術館，是2009年底才新開幕的購物商場，其中也包含了數家餐館。這家Paul Layfet專售西式甜點，即使店面並不大，卻是近期很受歡迎的法式甜點糕餅舖，推薦拿破崙和法式焦糖燉蛋（Crémé Brûlée）想去吃吃看嗎？得有稍微排隊的心理準備喔！

雞記潮州麵食 M3B3

鹹檸檬七喜

九龍尖沙咀加拿芬道15號C地下

2301-2099　07:00～24:00

地鐵尖沙咀站D2出口

$ 平價（每人約港幣50元以內）

炸紫菜墨丸麵、蝦子油菜、生煎墨魚餅、黑豉油粗撈麵

在香港，賣潮州餐點的店不在少數。店內的黑豉油粗撈麵、墨魚丸是招牌。因加入了黑豉油而變油黑的粗撈麵，吃了一口實際不鹹，搭配一碗台灣少吃到的墨魚丸湯更是絕配。而炸墨魚丸、墨魚餅吃得到濃濃墨魚味，再來一杯店家推薦的鹹檸檬七喜，真是飽餐一頓。

豪隍點心 M3B3

酒店大廚
親自烹調的美味

蝦餃和墨西哥叉燒包

九龍尖沙咀厚福街3號華博商業大廈
地下2～3號舖　2722-6866

11:30～01:30（週日～四）
11:30～02:00（週五～六）

地鐵尖沙咀站B2出口

$ 平～中價（每人約港幣60～80元）

蒸腸粉類、蒜蓉芝士鮮蝦長春捲、墨西哥叉燒包

菜色齊全，可以吃到不少經典款點心。除了店家名點蒜蓉芝士鮮蝦長春捲、墨西哥叉燒包和蝦餃皇，還要特別推薦種類多的蒸腸粉，像是口感滑嫩的黃沙豬潤（豬肝）腸、和風鰻魚腸、森巴牛肉腸等，各具特色，一般店少有。另外和其他店不同，提供的是玄米茶，清香可去油膩。

小南國 M3C2

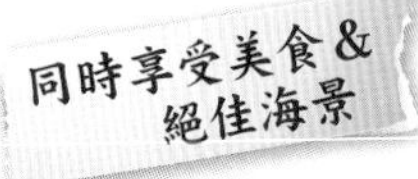

九龍尖沙咀北京道1號10樓

2527-8899　11:30～15:00　17:30～23:00

地鐵尖沙咀站L5出口　$ 中價（每人約港幣200～400元）

小籠包、雲吞雞

典雅的裝潢、用餐位置尚稱寬敞，尤其適合多人一起出來旅遊時用餐。除了享受創意上海菜，若剛好坐在窗邊的位置，還能一邊欣賞夜景，一邊用餐，實在值回票價，尤其晚上維港的燈光秀，彷彿置身節慶假日。

史奴比粉絲，
大人小孩都喜愛的卡通主題

查理布朗咖啡專門店旗艦店 M3B3
Charlie Brown Cafe

九龍尖沙咀金馬倫道58-60號國鈩大廈地下和1樓
2366-6315
08:30～23:30（週一～四、週日）
08:30～24:00（週五、六）
地鐵尖沙咀B1、B2站出口
$ 每個人約港幣70元
橙香至尊朱古力、榛子朱古力慕斯、法式焦糖燉蛋、提拉米蘇

從爬上樓梯看見兩旁史奴比人物的畫像和雕塑，到進入這家餐廳，第一個感覺是真的太太太可愛了，尤其是喜歡史奴比、查理布朗和其他卡通人物的人，一定要親身來嘗試。店內的所有裝飾都印有查理布朗的人頭，其他如飲食，像蛋糕、點心，甚至是咖啡上層，都有精緻的人物圖案，讓人捨不得吃掉他們。整間餐廳除了人物擺設可供粉絲們拍照，還有電視牆播放卡通影片，漫畫書或畫冊可供閱讀，是一個相當完善的主題餐廳。入店後先選擇餐點，站在點心櫃前，滿滿的卡通人物蛋糕總使人猶豫很久，付錢櫃臺旁還擺放了許多相關的小禮品，不看緊荷包絕對大失血！

利時商場 M3B3

香港版新宿
特色商品多

九龍尖沙咀嘉蘭園511號
10:00～22:00
地鐵尖沙咀站B2出口
SPERRY TOP-SIDER防滑鞋

和一般大型商場比起來，這裡僅算是4層樓的小商場，販售的商品多以店家親自選購的特色商品，以飾品、服飾、鞋類和二手衣等為主。其中已有70幾年歷史、深受喜愛水上運動的人喜愛的美國SPERRY TOP-SIDER防水防滑鞋、平底鞋，可在QUARTER店中買到。

尖沙咀
路線3

彌敦道→金馬倫道→加連威老道
懷舊與創新並陳區：

厚福街文具店 M3B3

在地人購買文具用品的好去處

⌂ 九龍尖沙咀厚福街
◷ 11:00～20:00 💡 地鐵尖沙咀站B2出口
💬 學生文具用品

海綿寶寶筆盒
喜羊羊和灰太郎筆盒

厚福街是一條既小且很短的街道，街口一邊是加拿芬道，另一頭則沒有出路。在這一條小小的街道中，有幾家如蘇記、昌平等文具行，專門販售鉛筆盒、筆類、紙類等各式文具和事物用品。因屬於批發商店面，物品種類多且價格便宜，是一般香港市民最常購買文具、事物用品的地方。更是香港在地朋友的大推薦。

甜蜜蜜甜品專門店 M3B3

客似雲來座無虛席的甜品小店

⌂ 九龍尖沙咀厚福街5-6號地下2號舖
☎ 2311-6078 ◷ 12:00～24:00
💡 地鐵尖沙咀站B2出口
$ 平價（每人約港幣50元以內）
💬 心太軟、焗火山芝士木糠布甸、焗酥皮豆腐花、朱古力梳乎里

位於小巷中、有著不起眼門面的這家甜品專門店，不注意看很容易就錯過了。這家店以賣自創甜品和餐點為主，但大多是來吃甜品的人。只夠2個人面對面而坐的小桌子，充滿了歡樂聲。明星級甜品則有「心太軟」、「芝士木糠布甸（布丁）」和「橙香梳乎里（舒芙蕾）」，其中「心太軟」外層是稍脆的巧克力蛋糕，一切開就會有暖暖的巧克力醬流出，是最受歡迎的甜點。

龍城大藥房 M3B3

顧客絡繹不絕的化妝保養品超市

⌂ 九龍尖沙咀加連威老道28號 ☎ 2367-9274 ◷ 10:30～22:00
💡 地鐵尖沙咀站B1出口 💬 面膜、小林吸汗貼、牛乳之足

位在加連威老道上的龍城大藥房，並非一般你所想到的傳統藥房。店內販售的是日系和歐美系各品牌的化妝品，價格不止比專櫃便宜，甚至比莎莎或卓悅化妝品店還便宜，因此，店裡幾乎一整天都人潮洶湧。如果你也想前往購買，建議在中午以前客人較少時比較從容。市面上流行的牛乳之足去腳皮膜、吸汗貼這裡都買得到。

開心買

這裡的東西因為較便宜，加上川流不息的結帳顧客，所以一律採現金交易，無法刷卡。

The ONE M3B2

集合購物、飲食及娛樂於一身的綜合商場

九龍尖沙咀彌敦道100號

3106-3640 11:00～22:00

地鐵尖沙咀站B1出口

位於彌敦道及加拿分道、加連威老道交界，樓高29層，包括商場、食鋪和戲院等。較特別的商舖包括潮牌Masterplece及I.T旗下的Chocoolate、Camper。還有Automobili Lamborghini、Bla Bla Bra、L'Rosace、Vivitix等。20樓粵菜餐廳「迎」，有全面落地玻璃設計，可鳥瞰尖沙咀。21樓WOOLOOMOOLOO西餐廳，可以找一個晚上來看「幻彩詠香江」，相當璀璨。

曲奇童話 M3B3

奶油味重，酥鬆口感

九龍尖沙咀堪富利士道8D

2889-2799 11:00～21:00

地鐵尖沙咀站D2出口

$ 平～中價（每人約港幣60～120元）

海鹽牛油餅乾、蝴蝶酥

這家店的餅乾奶香重，偏向酥鬆，推薦的口味是黑芝麻亞麻籽、海鹽牛油、咖啡夏威夷果仁和蝴蝶酥，可購買袋裝或盒裝產品。店裡用的旋轉木馬圖案的餅乾盒很受歡迎，建議自由搭配餅乾連盒帶著走。

太平館餐廳 M3B3

懷舊西餐，上一代的美味回憶

九龍尖沙咀加連威老道40號地下

2721-3559 11:00～24:00

地鐵尖沙咀站B2出口 $ 高價（每人約港幣100～150元以內）

瑞士雞翼、瑞士汁炒河、焗梳乎厘（舒芙蕾）

太平館餐廳是一家老字號的西餐廳，聽朋友說最有名的是「瑞士雞翼」這道菜，是這家店首創。這家店有著傳統西式餐廳的裝潢，用餐環境清幽，也是下午茶不錯的選擇。焗梳乎厘（焗舒芙蕾）也很有名，份量較大可夠2人食用，因現做需花費時間可先提早點。

開心吃

「瑞士汁」並非起源自瑞士，而是香港當地的一種醬汁，以糖、豆豉油和香料調配成的稍甜醬汁，因「sweet」和「swiss」音類似，所以有人稱作瑞士。

gi商場 M3B3

香港當地原創品牌大本營

九龍尖沙咀加連威老道34～36號

3188-5273 依商店營業時間略有差異

地鐵尖沙咀站B2出口 爆笑港式伴手禮、風格飾品、水晶

gi位於加連威老道、樓高4層的gi商場，傳說是藝人周星馳投資的。這裡聚集了年輕人喜愛的潮流商品，大多是由國外進口材料，在香港加工製成的創意作品。包括了飾品、美甲美妝、創意T恤、髮飾、服飾、藝品和日本精品等，頗受香港年輕人歡迎。每層樓店舖數多，新奇商品無奇不有。另在廣東道80號糖朝甜品旁有一家分店gi+。

歐、美、日時尚精品到
當地潮流品牌這裡通通有

美麗華商場 M3A2

- 香港九龍尖沙咀彌敦道132號
- 2315-5546
- 11:00～22:00
- 地鐵尖沙咀站B1出口
- Uniqlo、SLY、Y3

位於彌敦道和金巴利道交叉的黃金鬧區，今年已重新整修完成的美麗華商場，是彌敦道上最大的商場。商場面積大，聚集了時下受年輕人歡迎的服飾、運動用品品牌。其中位於1樓的i.t複合式商店，店內多是台灣人喜愛的品牌，常有折扣，可撿到不少便宜。大樓門口的agnès b專櫃前是等人的好地方，若與朋友分開逛街或不小心走散，可相約在此會合。

開心買

商場雖大，但並非方形設計，有些品牌躲在不明顯處，建議進大門後先取一份樓層簡介參考，以免找不到路。

6ixty8ight

美麗華商場1樓1010～1012號舖
2376-1678
11:00～20:00

如果你喜歡買貼身衣物，千萬別錯過這家集甜美、可愛和流行風的「6ixty8ight」。這些一眼看過去款式琳瑯滿目，重點是價格平易近人的貼身衣物，絕對讓你挑得過癮，買得心滿意足。店中還有五件特價、花車特價的划算價格，不妨多留點時間細心選購。

Uniqlo

選擇多、價格便宜

美麗華商場2006號舖
2367-8887
11:00～22:00（週日～四和國定假日）
11:00～23:00（週五～六和國定假日前一天）

來自日本的國民品牌Uniqlo，因價格便宜、顏色款式新穎而受歡迎。雖然台灣已有Uniqlo商店，但香港的選擇較多且價格便宜，是血拼的好地方。除了一般休閒服飾，推薦每季與當紅設計師合作的特別款服飾，以小錢就能享受到頂級設計和質感，相當划算。

翠亨邨

近距離接近「香港美食最大賞」得獎餐廳

美麗華商場食四方五樓
2376-2882
11:30～23:30
地鐵尖沙咀站B1出口
高價（每人約港幣150元或以上）
梅子乳鴿、甫魚炒飯、羊城特辣炒、網油肝花卷

梅子乳鴿

曾數次獲得香港美食最大賞金獎的翠亨邨餐廳，裝潢有氣派，吃得到正宗的港式料理，建議幾個朋友一起來吃，更可品嘗多道菜，像2002年的「美食之最大賞」的得獎菜甫魚炒飯、羊城特辣炒，招牌菜網油肝花卷、梅子乳鴿也都是不錯的選擇。另也有飲茶點心可供食用。

尖沙咀
路線3

彌敦道→金馬倫道→加連威老道
懷舊與創新並陳區：

充滿個性小店的年輕族群商場

百利商場 M3A3

九龍尖沙咀漆咸道南89～105號
14:00～21:30
地鐵尖沙咀站A2、B1、B2、D1、D2、P3出口
潮流玩具、飾品、配件

百利商場是由一間間小店組成，店面不大，和西門町的萬年商場類似。每家店販售的商品都是店家從國外帶回，通常是僅此一件的特色商品。由於這裡較靠近尖沙咀東邊，距離鬧區有一段距離，因此店租較便宜，吸引許多想開店的年輕人在此開設個人小店，曾孕育出不少本地新銳設計師。

開心買

如果從彌敦道上地鐵A2、B1出口方向走過去，必須步行過好幾條路，若行程較緊湊，建議直接走P3出口出來到達路面會比較快。

隱藏在小街巷裡的美味麵家

蘭香麵家 M3A3

九龍尖沙咀柯士甸路15號地下
3173-8158
08:00～03:00
地鐵尖沙咀站B2出口、地鐵佐敦站C1出口
$ 平價（每人約港幣50元以內）
牛柏葉撈麵、雞腸雲吞麵

雖位於尖沙咀地區，但位置較靠近佐敦的蘭香麵家，是一門面不甚起眼的小店，但卻有不少忠實的客戶。這裡的麵有家常的口味，但配料卻是牛柏葉（我們說的牛百葉）、雞腸、豬腳、大冬菇等少見的食材。我喜歡吃乾麵，特別點了店中有名的「牛柏葉撈麵」，清脆的牛柏葉搭配港式撈麵、醬料，另有一番美妙滋味，還有雞腸麵（較肥）等，推薦給敢吃內臟的人。

開心吃

蘭香麵家的地址是在柯士甸路，注意柯士甸路和柯士甸道不一樣，千萬別走錯了。

星座冰室 M3A3

隱藏在舊大樓內的有名老店

九龍尖沙咀金巴利道16-20號香檳大廈地庫（B1）36號舖
2724-4408
08:00～21:30（週一～六）
地鐵尖沙咀站B1出口
$ 平價（每人約港幣50元以內）
茄牛通、蕃茄炒蛋一丁、蕃茄豬扒公仔麵

位在舊大樓的B1，花了一些時間才找到老舊字體招牌，傳統的店內擺設，可以感覺得出已有40多年的歷史！當地友人介紹來此一定要點蕃茄湯頭的「茄牛通」（蕃茄牛肉通心粉）、蕃茄醬汁相當濃純，蕃茄炒蛋一丁（出前一丁的麵）或豬扒公仔麵（炸豬排泡麵）。

開心吃

這家店在大樓的地下一樓，剛走下去會以為來到收攤的菜市場，記得往裡面走到最後幾攤，幾個人一起去較壯膽。

一蘭拉麵 M3C3

九龍尖沙咀棉登徑8號
地庫B舖及地下入口大堂

2369-4218

24小時營業

地鐵尖沙咀站N5出口
中價（每人約港幣100～150元）

天然豚骨拉麵、手信

豚骨拉麵

這是來自日本福岡的一蘭拉麵第二家海外分店，從開店起幾乎每天來客絡繹不絕。尖沙咀店是全球最大的店，店中設有「味集中counter」，就是座位和座位之間有隔板，可專心品嚐的私密吃麵空間，以及和「一蘭屋台」，類似路邊攤小食兩個區域。當然除了鎮店的天然豚骨拉麵之外，也很推薦釜醬汁豚肉燒等下酒菜和抹茶甜點、脂解美茶等。另外，更別錯過蔥花杯墊、中文版湯碗等限量手信商品。另一家分店位於銅鑼灣謝斐道440-446號地下F-G號舖。

全球一蘭
最大分店

開心吃

1.當點了的沙嗲上桌之後，親切的老闆會告訴你要趁熱趕緊吃才會好吃。

2. 白飯或雞油飯的份量都很多，可以2個人點一份白飯，其他點沙嗲等菜色，較能嘗到不同料理。

咖哩牛腩

好時沙嗲 M3B4

香港的異國風
美味小吃

九龍尖沙咀麼地道63號
好時中心144～148室（1樓）

2739 -9808

12:00～22:00

地鐵尖沙咀站P2出口

中價（每人約港幣50～100元）

串燒、叻沙、海南雞飯、甜品

位在尖沙咀地鐵站P2出口好時中心裡（我們的2樓，位於角落），是家專賣星馬料理的飲食店，很受香港人的歡迎。除了招牌的海南雞飯外，一群朋友最常來吃品嘗各式串燒、別於台式和港式，加入特殊香料的蘿蔔糕，以及重口味的巴東牛肉、叻沙、印尼炒麵。食物的份量算大份量，適合3、4個朋友一起食用。

沙嗲

偶像演唱會
熱門場所

香港(紅磡)體育館 M3A5

🏠 九龍紅磡暢運道9號

☎ 2355-7234

⏲ 售票時間為每天10:00～18:00，若當晚有節目，則延長至節目開始後30分鐘。

💡 東鐵、西鐵紅磡站；搭乘地鐵於九龍塘站轉九廣鐵路，終站就是紅磡火車站，體育館就在旁邊。

$ 票價依活動調整

1983年正式啟用的香港體育館(簡稱紅館)，外型為倒金字塔型，令人印象深刻。因位於紅磡暢運道，所以又稱為「紅磡體育館」。想去紅館看偶像演唱會，如果旅費充足，可以選擇體育館附近的都會海逸酒店，看完演唱會後就可以悠閒走回飯店。但由於離尖沙咀鬧區有一大段距離，需搭乘飯店免費巴士或計程車外出。

開心玩

想去紅磡體育館看偶像的表演，體驗大場館的魅力嗎？可先上網查詢每月的活動。

一天都逛不完的
超大血拼商場

圓方商場 M2C3

🏠 九龍尖沙咀柯士甸道西1號，九龍站上

☎ 2735-5234

⏲ 10:00～22:00

💡 機場快線九龍站

💬 Luella、Nespresso咖啡機器

Vivienne Westwood

圓方廣場2077號舖
2196-8508
11:00～22:00

走英國龐克風、常有搞怪新作出現的Vivienne Westwood，這幾年在台灣年輕人中特別受到歡迎，其中尤以土星系列logo的手提袋、皮夾、零錢包、手機吊飾最為人知。香港的Vivienne Westwood商品很齊全，圓方這裡的專櫃以各系列手提袋，以及帽子、隨身配件居多，而且折扣低，值得選購。

建在九龍機場快線站上，2007年底才開幕的圓方商場，並不僅是一般血拼商場，而是同時集購物、娛樂、飲食和休閒、飯店於一地的新型態商場。偌大的商場可分為金、木、水、火和土5區：其中金區可看到許多國際品牌和美食，像Luella、MULBERRY、KAREN MILLEN。木區有健康和美容商品，像ANTEPRIMA、Jill Stuart、Vivienne Westwood和植村秀、Bobbi Brown等。水區則為服飾和高級餐廳，如DIESEL、兩隔壁的H＆M與Zara、總是大排長龍的麵包店La Création de Güte，以及利苑等餐廳等。火區是運動用品、甜點、童裝和娛樂相關商品等。土區則以男性服飾、珠寶手錶、家飾品等為主。場地相當大，購物之前一定要記得拿張商場簡介表。

充滿個性小店的年輕族群商場

Luella

圓方廣場2084～85號舖
2196-8368
10:00～22:00

喜歡英國品牌Luella的人，在國內很難買到全系列齊全的商品，不過，在圓方商場裡，Luella店裡各色及不同款式的手提包，讓人有更多不同的選擇。是這個品牌愛好者或喜愛浪漫女生風皮件的人絕對要去逛的。

佐敦·油麻地

棋盤小格的街道，保留了老香港人的生活風貌。

佐敦、油麻地不若尖沙咀的熱鬧繁華，也不像旺角的人聲鼎沸，靜靜地保留了傳統在地的食、住和商業特色。這裡大多是平民化的餐廳和美食中心，久經歲月的老店，價格不高，但美味卻不扣分，值得嘗試。

恆豐酒店商場 M4D2

地鐵站出口上的購物小天地

九龍佐敦彌敦道222號
2311-8222
12:00～，依商店營業時間略有差異
地鐵佐敦站D出口
名品眼鏡店、流行飾品小店

位於地下鐵佐敦站上，不僅交通方便，即使颱風下雨，也能不被淋濕風吹而快樂購物。每一層賣場多是小小間獨立的店面，每家店面相互緊鄰。以名品眼鏡店、各類流行鞋店、女性服飾，以及日本進口精品店為主。其中還有特別的舞衣舞鞋訂製店，是香港鬧區中少見到的。

莊士倫敦廣場 M4D2

集商店、餐廳、戲院於一身的綜合商場

九龍佐敦彌敦道219號
12:00～，依商店營業時間略有差異
地鐵佐敦站C1出口
豐澤電器

位在彌敦道和柯士甸道交叉口附近的熱鬧區域，行經彌敦道一定看得到它，是一棟集合了商品小店、餐廳、電影院的複合式商場。B1整層都是豐澤電器的店面，販售各種電器用品。不過建議大家在購買時，需考慮到電壓的問題再選購。

開心買

台灣目前一般電器通用的電壓是110伏特，香港則為220伏特。但有些電器商品在製作時設計的電壓範圍較大，讀者在選購時請先詢問店員。

40多年歷史的平民美食

麥文記麵家 M4C2

九龍佐敦白加士街51號地下
2736-5561　12:00～24:30
地鐵佐敦站A出口
平價（每人約港幣50元以內）
鮮蝦雲吞麵、豬手麵、水餃

香港人說：佐敦有雙寶一粥一麵，粥是彌敦、麵就是麥文記。已經有40多年歷史的麥文記麵家，時常入選媒體評選的美食店。招牌是雲吞麵，大小適中的雲吞包裹著實在的整隻蝦，細細的蛋麵很有特色，湯汁清淡易入口，適當的份量更是一餐剛剛好。其他的牛腩麵、南乳豬手麵、淨雲吞等，也都是店內名菜。

顧客絡繹不絕，口味極受好評！

澳洲牛奶公司 M4D2

九龍佐敦白加士街47號地下
2730-1356
07:30～23:00（週四公休）
地鐵佐敦站A出口
平價（每人約港幣50元以內）
炒蛋厚多士、蛋白燉鮮奶、火腿通粉、炒蛋多士

總是川流不息的客人和停在門口的車子，讓想拍一張店門口紀念照的人始終找不到好時機，可見很受大家的喜愛。菜單不多，早餐時刻通常只有一種，可看牆上餐牌，可選擇煎蛋（太陽蛋）或炒蛋，麵類多是通粉（通心粉）。煎蛋炒得香滑柔嫩，可夾入烘底（上下都有烘烤）多士（吐司）一起食用。當然，這裡最有名的還是燉奶，如果胃還有空間，建議來一碗。

開心吃
這裡的客人太多通常要併桌，飲料則是在主餐差不多吃完時才會送上。

腿蛋治烘底

火腿通粉

來自澳門的
牛奶甜品大王

港澳義順牛奶公司 M4C2

🏠 九龍佐敦庇利金街63號
☎ 2730-2799
🕒 08:00～24:00
💡 地鐵佐敦站A出口
$ 平價（每人約港幣50元以內）
💬 雙皮奶、薑汁燉奶

豬扒飽

雙皮燉奶

去過澳門大三巴的人，一定對議事堂前地的義順牛奶公司不陌生。在澳門總是人多到擠不進去，不妨到香港的分店品嘗。以新鮮牛奶製成的冷熱雙皮奶、加入薑汁的薑汁燉奶，以及燉蛋都是人氣甜品。口感滑嫩、甜度剛好的冰雙皮奶則是我每次來必吃的小點心，另有巧克力燉奶和咖啡燉奶等口味可選擇。

開心吃

另在九龍太子西洋菜南街244號、九龍油麻地彌敦道513號、銅鑼灣駱克道506號等地都有分店。

香港最大連鎖
平價化妝品店

卓悅化妝品 M4C2

🏠 九龍佐敦道23號新寶廣場地下3號舖
☎ 2332-0868
🕒 10:00～23:30
💡 地鐵佐敦站C1、C2出口
💬 各類保濕、補濕面膜和再生液

目前在香港有20幾家連鎖店面，販售的商品包含化妝品、護膚品、香水、保健產品、護髮和個人護理產品等，幾乎所需的日常用品在這都找得到。開架式的陳列，讓人方便比較選購。另外，常有某些商品的特價促銷，運氣好時低價就能買到很多東西。店中的瘦身商品種類之多也讓人大開眼界。

富貴人家必購
金光閃閃伴手禮

彌敦道上金飾店 M4C2

🏠 九龍佐敦彌敦道
🕒 約11:00～21:00
💡 地鐵佐敦站E2出口
💬 年輕款式的飾品

「中國人實在很愛黃金！」相信很多人和我有一樣的想法。在九龍的彌敦道上，道路兩旁一家家專售黃金飾品的店面，像周生生、周大福、六福等老字號金飾店，金光閃閃的商品令人目不暇給。店中的金飾品款式多、設計新穎，是可保質、自用或送長輩的最佳禮物。

廣東燒味餐廳 M4C2

價格平民化的大眾燒臘餐廳

九龍佐敦南京街3號
2780-1818
08:00～02:30
地鐵佐敦站A出口
平價（每人約港幣50元以內）
燒臘、四寶飯、乾炒牛河、咍咕（稍苦的可可）

哈咕

香港到處都是燒臘餐廳，從高檔餐廳到低價格的茶餐廳，可見燒臘料理的受歡迎程度。位於佐敦的這家廣東燒味餐廳，是一價格便宜大眾化的燒臘餐廳。燒鴨、燒雞、叉燒肉等，單點配白飯就能吃下一大碗。喜歡嘗試各種菜色的人，可以點四寶飯，可同時吃到多種叉燒。除了叉燒類，還有乾炒牛河、星洲炒貴刁、伊麵等可供選擇。

乾炒牛河

松記糖水 M4D2

佐敦白加士街23號地下
2736-7895
12:00～01:30（週一～五）
12:00～02:00（週六）
地鐵佐敦站A出口/地鐵油麻地站C出口
平價（每人約港幣50元以內）
幻彩明珠、Sunday、summer、CK酥

幻彩明珠

一到夏天總令人想來碗冰涼的甜點。松記糖水是間老字號的冰品店，店內五顏六色的冰品都是店家自己設計的。多以新鮮水果搭配冰淇淋、西米露、仙草凍、奶和巧克力等，變化出多種冰品。店內最有人氣的幻彩明珠，是由大珍珠、山粉圓、仙草凍和芒果等水果組成，加入鮮奶美味一絕。喜歡吃冰淇淋的人，更推薦Sunday、summer、哈囉這些有著趣味名字的冰品，讓你開心吃冰趕走暑氣。

開心吃

第一次興沖沖跑來想吃碗冰品，沒想到星期天竟然沒開門，大家千萬別在這天前往，敗興而歸。

彌敦粥麵家 M4C3

懷舊味濃厚的粥麵老店

九龍佐敦西貢街11號
2771-4285
07:30～23:30
地鐵佐敦站B1出口
平價（每人約港幣50元以內）
香滑豬潤魚片粥、豬潤肉丸粥、牛肉魚片粥、金牌粥

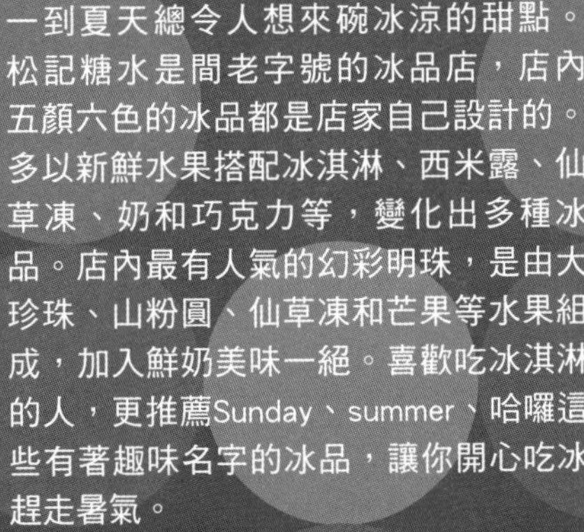

雖不起眼的店門口時常讓人忽視，但許多老饕都推薦這家店。這裡的粥粥底較細且綿密，搭配各種新鮮的魚片、牛肉或豬潤（豬肝）一起食用，餡料柔嫩不老，再加入油條，不論男女一碗都相當飽足。另也可試試這裡的麵，像甫魚麵（甫魚就是將扁魚乾研磨成細魚碎）、撈麵等。

天后廟 M4B2

守護大海和漁民的道教寺廟

九龍油麻地廟街眾坊街

09:00～18:00

地鐵油麻地站C出口

又名「榕樹頭天后廟」，香港最多的就是天后廟，這間則是九龍地區規模最大的天后廟。廟內正殿有一個個大型漩渦狀的香，聽說這些香能夠點燃10天，當香點完，祭拜的人就能達成心願，每天總有許多當地居民前來祭拜。晚上這附近有很多算命攤，測字、面相、塔羅牌都有，吸引不少觀光客。

廟街 M4B2

燈火通明的男人商品市集

九龍廟街文明里到甘肅街這一段

傍晚後才熱鬧

地鐵佐敦站A2出口/地鐵油麻地站C出口

煲仔飯、夜市小吃

因為早期是香港有名的煙花之地，又叫男人街。起自文明里到甘肅街，穿過天后廟的這條細長路上，一到傍晚入夜，小小燈泡齊亮，來往遊客擠得水洩不通。廟街中除了販售男士服飾或生活日用品、色情光碟和小冊子，還有算命測字攤、戲曲表演等，兩邊道路則有許多小吃店面或路邊攤，常吸引外國遊客來此尋寶，體驗不同的香港在地文化。

寶發小廚 M4B2

宵夜聚會的好去處

九龍油麻地廟街29-35號富昌大廈地下A舖

2882-1707

18:00～02:00

地鐵油麻地站C出口

$ 平中價（每人約港幣50～150元）

煲料理、熱炒

靠近熱鬧的廟街，所以營業到深夜，很適合三五好友逛街之後的宵夜場所。店中菜色以港式煲料理、炒蟹、熱炒小菜、下酒菜等為主。晚上十點半以後算宵夜時段，客人最多。小店內或店外都可以用餐。

夜晚逛完女人街、廟街之後，又不想那麼早回飯店的話，來這裡吃個宵夜和小菜，補充體力，明天再繼續旅程。

玉器市場 M4B2

遊客最愛，
代表中國的老玩意兒

九龍油麻地甘肅街和炮台街交界
10:00～15:00
地鐵油麻地站C出口
翡翠、玉器小飾品、手機吊飾

以前叫「玉器街」，原是在廣東街上以一個個攤販的形式做生意，攤位較凌亂，後來經過香港政府的整合規劃，將所有攤販聚集在同一個區域內，並改名為「玉器市場」，目前約有450家店。除了玉器，同時也可買到翡翠、珊瑚、瑪瑙等珠寶飾品，其中以保平安的翡翠、玉飾最受歡迎。這些小攤吸引了許多喜愛中國文物的歐美、日韓觀光客前來挖寶，假日更是熱鬧非凡。逛時要特別注意小攤販販賣的玉飾品良莠不一，需仔細挑選。這種市集有個好處，就是可以討價還價，殺到雙方都滿意的價格才成交。

開心玩

假日的玉器市場顧客相當多，記得多注意個人隨身攜帶的物品，現金交易時更要提防四周，才能買的安全又開心。

開心吃

若覺得涼茶太苦，店內桌上有糖粉，可加入些許後再飲用。另涼茶有中藥成分，建議孕婦或正服食西藥的人不要飲用。

恭和堂 M4B2

來碗港式特製涼茶
清涼退火精神好

九龍油麻地吳松街15號
2388-7635
10:30～23:30
地鐵油麻地站C出口、地鐵佐敦站A出口
$ 平價（每人約港幣50元以內）
龜苓膏、二十四味茶、雪梨茶

創業已經有100年的恭和堂，是一家歷史悠久的涼茶舖。由於早年香港一般市民從事勞動工作的人多，來碗涼茶或二十四味茶，還可解渴清熱，是極平民化的飲食。若是在炎熱的夏天來港旅遊，建議喝杯涼茶，若剛好長了青春痘，可試試超苦的二十四味茶。此外，這裡還有店家祖傳的龜苓膏，如不習慣淡淡的中藥味，可加上些許蜂蜜食用。

龜苓膏

二十四味茶

興記菜館 M4B2

九龍油麻地廟街14、15、19、21號、鴉打街48號
2384-3647
18:00～01:00
地鐵油麻地站C出口
$ 平價（每人約港幣50元以內）
北菇滑雞煲仔飯、咖哩牛腩煲仔飯、滑雞臘腸煲仔飯、蠔餅

位於熱鬧的廟街裡，傍晚以後才開始營業的興記菜館，專賣各式煲仔飯，受歡迎到店面越來越大，才容得下每晚來此品嘗的客人。開在廟街裡，每晚一桌桌大啖煲仔飯的人，彷彿來到了傳統香港電影裡的路邊餐廳。點了煲仔飯通常得等上15分鐘，當飯上桌時，慢慢打開蓋子後記得先倒入豉汁攪拌後再食用。另外，蠔餅和東風螺等可下酒的小菜也很好吃。

煲仔飯

上海街日常用品店 M4A2

九龍油麻地上海街（眾坊街至窩打老道間）
依商店營業時間略有差異
地鐵油麻地站C出口
餐具、廚具、刀具

旅遊購物不一定都是買服飾、食品，也許也可以買買具當地特色的生活用品。上海街上聚集了許多頗有歷史、有的甚至是幾代都在這開店的老店鋪，已成香港人生活中不可缺的物品。像陳枝記老刀莊的菜刀、光榮飲食業的餐具、梁永盛名香的線香等，儼然已成另一個購物區。

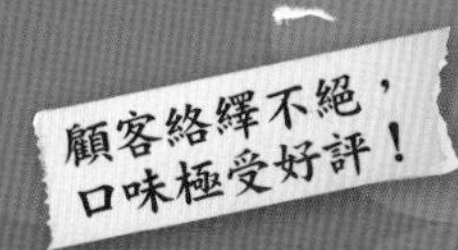

美都餐室 M4B2

九龍油麻地廟街63號
2384-6402
10:00～21:45
地鐵油麻地站C出口
$ 平價（每人約港幣50～80元）
焗豬扒飯、焗排骨飯、奶茶

如果你想體驗一下舊日香港的飲食氛圍，那位於廟街裡的美都餐室，一定不可以錯過。走進這家已有60年歷史的餐室，古舊的收銀機、格子磚塊地板、天花板的老式電風扇，如同走入時光隧道。特別推薦以蛋炒飯為底的焗排骨飯、焗豬扒飯，雖然需等上一段時間才吃得到，但上桌後的香氣絕對讓你未吃先流口味。

焗排骨飯

開心吃
焗飯的份量較多，建議2個人一起食用，可再加點小菜和飲料，吃得飽又省錢。

明記雞雜粥 M4B2

50年歷史
馳名雞料理

九龍油麻地永星里1號
2332-9818
11:00～00:00
地鐵油麻地站C出口
$ 平價（每人約港幣50元以內）
雞什粥、豬膶腸粉

已經有50年歷史的明記雞雜粥，是喜歡吃雞肉、雞雜、雞內臟的人，不能錯過的平價小吃店。雖然菜單上看得到豬肝粥、魚粥，但最受歡迎的還是雞什粥。雞什粥是在生滾的粥裡面加入了雞肉和雞心、雞肝、雞腎等內臟，再混合著雞油的香味而成。最特別的是，不論粥裡想加入多少樣配料（雞內臟等），都是相同價格，相當划算。另一道豬膶腸粉更是必點美食，滑嫩的腸粉裹著煮得恰到好處的豬肝，更是台灣吃不到的喔！

連鎖粥品店，美味不打折

海皇粥店 M4A2

九龍油麻地彌敦道479A

2385-6732

06:00～01:00

地鐵油麻地站C出口

平價（每人約港幣50元以內）

艇仔粥、及第粥等生滾粥、炸兩

生滾粥是指先煮好粥底，再將新鮮的海鮮、肉類等食材放入粥裡面煮至熟，是極為普通的港式飲食之一。海皇粥店是一家專賣生滾粥品的連鎖店，因店都開在大街上，對觀光客來說較容易找到。我喜歡這裡的艇仔粥，煮至不見米粒狀、不黏糊的白粥底，加入新鮮魚料、豬皮，吃來鮮美順口，搭配炸兩一起食用更佳。

開心吃

炸兩是以腸粉皮包裹住油條，切成小塊後沾著特製醬汁，撒上些許蔥花一起食用，在粥品店中常見到，是專屬香港的特色食品之一。

油條

艇仔粥

奶茶

永安號 M4A2

老街裡的良木生活雜貨店

九龍油麻地上海街345號
2332-2443
10:00～18:30（週一～六）
11:00～16:30（週日）
地鐵油麻地站C出口
木質小餐具

位在上海街這條老街上的永安號，是家專賣純木質器具、擺飾的小店，也是許多日本觀光客來港旅遊最愛購買伴手禮的店家之一。進店門口就能聞到一股木香，老闆選用不同的上好木頭做成生活用品，像碗盤、匙筷、小木盒，以及大型的招牌、爐子、店內菜卡等。我喜歡這種樸質的小器具，給用慣瓷器的都市人另一種來自大自然的選擇。

開心買

上海街是九龍地區的老街，1873年此處因設立油麻地警署而稱作差館街（差館是廣東話中警察局的意思），直到1909年才改成一般人所熟知的上海街。

新仙清湯腩 M4A2

清湯腩、咖哩專門店

九龍油麻地砵蘭街37號
2332-6872
11:00～24:00
地鐵油麻地站B2出口
平價（每人約港幣50元以內））
清湯腩河粉、咖哩牛腩

位於小小的砵蘭街上，加上店內燈光昏暗，一不小心就很容易路過而錯過美食。店內的清湯腩跟咖哩牛腩是鎮店之寶，肚子很餓的話可以兩種都試試。點餐時，店家除了會貼心的詢問牛腩的肥瘦程度，如果點湯麵，也會將蔥花放在湯匙上，讓客人自由選擇是否加入麵中，調配自己的口味。

清湯腩河粉

旺角・太子

如置身新宿，滿街年輕人、熱力四射的不夜鬧區。

這裡是香港年輕人、學生最愛的購物天地。大型的朗豪坊商場和一堆小型商場，滿足年輕族群的購物慾望。觀光客則因熱鬧的女人街、金魚街而愛上這裡，路旁各小店面中的特色商品，更是讓人樂而忘返，沈醉在旅遊樂趣中。

旺角最大型購物商場
讓你逛不盡買不完

朗豪坊 M5C1

九龍旺角亞皆老街8號
3520-2800
11:00～23:00
地鐵旺角站C3、E1出口

15層高，有著巨石外牆的朗豪坊，可以說是旺角區內最大型的購物商場之一，也是這一區的地標。商場大門口的特殊裝置藝術和空地，是年輕人們最喜歡相約碰面的場所。商場內的商品品牌大多以年輕人為主要客群，像1樓顯眼的H＆M、Lesportsac、9樓的「CO-OP」，其他的D-mop Select Shop、i.t等都是年輕族群的天下。2樓則有西武百貨，是熟女選購化妝品的好地方。8樓有電影院，各樓層則分散有平價的美食區，供顧客逛街疲倦之餘，可以上樓補充體力繼續再逛。另外，商場內有2條全港最長的室內通天梯，可從4樓直達8樓和12樓。

西武百貨

朗豪坊L1 10-28、L2 10-19店鋪
2269-1888　品牌齊全的化妝品

集合了超過50個國家品牌的化妝品、男女和童裝、晚禮服、鞋類、配件和首飾等，雖不若一般印象中的百貨公司大，但商品齊全。

CO-OP

朗豪坊L916店鋪
3580-1092　特色T恤

由一個香港本土自創品牌515 STUDIO設計的分店，品牌本身的理念是把香港和中國的生活溶入T恤中；許多令人懷念且莞爾有趣的圖案，讓身穿這些衣服的人多了些趣味感。

BABY CAFÉ

明星開店，
用餐氛圍佳

朗豪坊11樓30號舖
2111-1169　12:00～23:30
$ 中價（每人約港幣100～200元）
法式燒春雞配紅酒汁、黑松露炒蛋多士

菜色以西式餐點、沙拉和飲品為主。店內裝潢以黑白取勝，燈光偏暗，充滿情調，女性好友或情侶都很適合。當然店中佈置許多Angelababy的相片，如果是她的粉絲一定要來朝聖。

洗衣街星巴克概念店 M5C2

九龍旺角洗衣街89-91號偉基樓1樓及2樓
2789-8710
08:00～23:00（週一～四、日）
08:00～24:00（週五～六）
地鐵旺角站D3出口
$ 平價　裝潢設計

咖啡店中體驗香港本地文化

不讓中環都爹利街的星巴克專美於前，這家位在庶民風旺角洗衣街的星巴克概念店也是一家經過特別設計的店，散發陣陣懷舊氣息。為了讓顧客能欣賞香港的在地文化、藝術、電影、攝影等，邀請在地品牌住好啲、藝術家又一山人聯手打造了這個文藝空間。

由一樓拾級而上，樓梯壁面上龍飛鳳舞的字，是有「九龍皇帝」之稱的街頭塗鴉大師曾灶財的字，一上樓映入眼前的則是一面由麻將牌排成的「樓上好戲」作品。店內裝潢勝於食物，黑板上的畫、牆壁上貼著的海報、宣傳單、餐牌，有如置身隨處可見的香港街頭。逛街累了嗎？何妨到這兒來喝杯咖啡，享受一下難得的懷舊、悠閒氛圍。另外，牆上貼著免費wi-fi上網的紙張，但有時間限制喔。

澳門翠苑餐廳 M5C1

九龍旺角上海街557號旺角熟食中心2樓8、9號舖
3514-4348
07:00～21:00
地鐵旺角站C3出口
$ 中價（每人約港幣50～100元）
葡式咖哩牛腩農夫飽、金牌凍咖啡

隱身在熟食中心的澳門美食

朗豪坊後面的旺角熟食中心，裡面有數家小食攤組成的熟食中心。其中的澳門翠苑茶餐廳，專售澳門料理，推薦的葡式咖哩牛腩農夫飽、羅宋湯，再來杯老闆推薦、吃得到可可粉的凍咖啡。農夫飽麵包外酥硬，內搭醬汁和肉類食用，份量較多，建議2個女生合點一份，外加飲料就能吃得很飽囉。

咖哩牛腩農夫飽

上海廚房 M5C1

大眾美食街裡的上海家常菜

九龍旺角上海街557號旺角熟食中心2樓1號舖
約07:00～01:00
地鐵旺角站C3出口
$ 平價（每人約港幣50元以內）
獅子頭、椒鹽排骨

別看上海廚房小小的攤，販售的菜種類齊全。主要是上海式家庭菜，像獅子頭、椒鹽排骨、小籠湯包等，其中像拳頭般大的上海獅子頭，汁多料足，搭配上海菜飯，不油不膩、鹹淡適中。

椒鹽排骨

品項多，選擇超多的人氣甜點店

發記甜品 M5C2

九龍旺角豉油街27號地下

2332-8919　12:30～03:00

地鐵旺角站E2出口

$ 平價（每人約港幣50元以內）

焗香蕉酥皮捲、楊枝甘露、芒果黑糯米、糖不甩

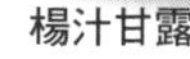

楊汁甘露

鮮芒果紫米露

發記甜品是香港有名的甜點連鎖店，其中這家分店更是位於旺角最熱鬧地區，平常人潮很多，營業時間到很晚。這裡的甜品選擇多，冷熱一應俱全。酸甜的楊枝甘露、香濃椰汁味的黑珍珠義大利涼粉、料多實在的鮮芒果紫米露都是我的最愛，另外純中式的糖不甩，類似我們的花生麻薯，口感略有差異，仍不失美味。

黑珍珠義大利涼粉

開心吃

超愛吃楊枝甘露的我，幾乎到每一家甜品店都要來一份。不論是滿記甜品的芒果丁或發記甜品的芒果塊，甚至是便利商店賣的鴻福堂無芒果塊楊枝甘露，酸酸甜甜的，只有香港才吃得到啦！

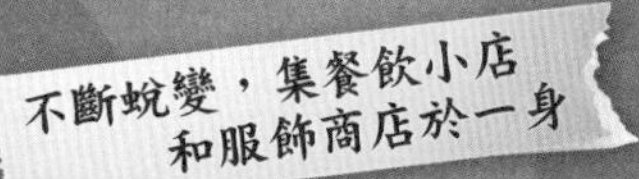

雅蘭中心 M5C2

九龍旺角彌敦道639號

依商店營業時間略有差異

地鐵旺角站E1出口

大家樂、發記甜品

經過整修後的雅蘭中心分為一、二期，兩棟大樓比鄰而建，是一複合式的綜合大樓。低層樓面雖有服飾店面，但整個中心內以各種餐廳和飲品店為主。像稻香集團的稻香超級漁港、迎囍大酒樓、飲料店星巴克、譚魚頭、一壽司和意粉屋等，較高高樓層內則是辦公室或運動休閒中心。

迎囍大酒樓

蝦餃

雅蘭中心2樓201號舖

2308-1668

07:00～24:00

旺角地鐵站E1出口

粉果、蝦餃

在同一棟大樓，和隔壁的稻香超級漁港屬於同一個飲食集團，平日多為喜慶宴客的好去處。如果是二、三個人去，又不是太餓，建議可以來幾樣點心搭配茶，就可以吃得很飽。這裡的茶點基本款，像粉果、蝦餃、燒賣或是粥品，都有不錯的水準。但若剛好在用餐時間前往，由於餐廳大客人多，記得要有點耐心等待上菜喔！

粉果

稻香超級漁港

雅蘭中心二期3樓B舖

2390-0882

07:00～02:00

地鐵油麻地站C出口

$ 中價（每人約港幣50～100元）

菠菜肉餃、鴛鴦雙潮、珍珠雞、蝦餃、鳳爪排骨

飲茶、粵菜、海鮮料理應有盡有

位於旺角雅蘭中心二期大廈中，是一集團式的飲食餐廳，是香港的酒樓，也經營婚禮喜宴。除了一般的廣東菜、海鮮料理等，通常不少人會來這裡吃飲茶。尤其假日的早上門庭若市，看報、聊天 或家族聚會等等，非常熱鬧。採取先點好菜再統一上菜的方式，點心分成大、中、小點和特點，以大點、特點的價格最高，像魚翅灌湯包這種就是比較貴的點心。兩個人通常點6盤點心，別看它一小盤而已，若加上一壺茶，很容易就飽！推薦鴛鴦雙潮、蝦餃、鳳爪排骨等點心。

開心玩

這家店也有火鍋、海鮮或廣東菜等，但價格會比單純吃飲茶點心來得貴，約港幣100～150元。

海天堂 M5D2

九龍旺角登打士街35號A舖
2388-7055
10:00～24:00
地鐵旺角站E2出口
平價（每人約港幣50元以內）
龜苓膏、五花茶

老字號龜苓膏專賣店
來港必嘗

外表看似我們的仙草凍，嘗起來帶有中藥味的龜苓膏，是香港的特產，各家商店的配方略有不同。大多具有清熱解毒、解暑退火、利濕的功效，可搭配蜂蜜、糖水食用，是來香港旅遊一定要嘗的美味。除了涼茶店、茶樓和糖水店外，在超市也能買到罐裝的龜苓膏，中藥味較沒那麼濃。

潮流特區 M5D2

九龍旺角彌敦道580號A
3123-2085
約10:00～22:00
地鐵旺角站E2出口
日系商品、B10的ADLIB

位在旺角彌敦道和登打士街交叉處，約有100家商店。商場中多為小型店面，以販售年輕人喜愛的日系品牌、街頭潮流服飾，以及動漫、公仔等為主。這裡商家的潮流敏銳度佳，建議喜歡走在流行最前線的人不要錯過。另外，B10的ADLIB是當地品牌，短褲、服飾和帽子值得推薦。

開心買

話說潮流特區雖然地址是在旺角區，但實際上以步行來看，也可從地鐵油麻地站A2出口步行。除非你是打算逛旺角區，否則從油麻地站下車往下走較省時。

兆萬中心 M5D2

西門町有萬年大樓
旺角則有兆萬中心

九龍旺角西洋菜街1號
2666-9216
12:00～，依商店營業時間略有差異
地鐵旺角站E2出口
公仔玩具、日本最潮服飾、2樓超人玩具

在假日擁擠的旺角街區，街道兩旁的逛街人潮，常使人一不留意就錯過了兆萬中心的入口。兆萬中心是由一家家小店面所組成，和台北西門町的西門新宿和萬年大樓相似，專售日本、歐美（較少）流行服飾、玩具、公仔，以及時下最流行的進口商品。因物品多為店家從國外攜回，數量稀少而價格較高。但對於能在第一時間購得流行新貨，或者尋覓已久物品的人來說，不啻是最佳的尋寶購物地點。其中的玩具交易所區，各商家櫥窗內陳列的玩具逸品，即使不買也讓人大開眼界。

堅持傳統製作，口味多款好選擇

蛋卷皇后 M5B2

九龍旺角染布房街19號地下A舖
2219-6818
12:00～21:00（週一～五）
11:00～21:00（週六～日）
地鐵旺角站D2出口
平～中價（每人約港幣50～150元）
鮮奶油雞蛋卷、家鄉鮮雞蛋卷

這家店是將老一輩的手藝傳承下來，第二代繼續開發製作，研發出多種不同口味，例如鮮奶油、家鄉原味、鮮椰汁和兩款鳳凰卷。蛋味香濃，入口酥鬆，令人著迷的傳統滋味。目前商品有分1磅、2磅裝。因為蛋卷易碎，建議手提，不過鳳凰卷因為有加入肉鬆，過台灣海關時可能會被沒收，得特別留意。

人潮絡繹不絕的甜品小店

甜牙牙 M5C2

九龍旺角廣華街3號百利達廣場4號舖地下
2171-4913
14:00～01:00（週一～四），
14:00～01:30 （週五～六）
旺角地鐵站E2、D2出口
平價（每人約港幣50元以內）
窩夫、雪花冰

旺角是美食之區，其中光是甜品店就聚集不少。這家以可愛牙齒圖案為LOGO的甜牙牙，位在旺角較裡面，雖然店面小卻總是來客不絕。店中各種口味的窩夫（鬆餅）、雪花冰都是招牌必選。香脆口味的窩夫搭配任何配料都很適合，我自己則喜愛香蕉朱古力口味的窩夫。如果很多人一起去的話，還可以試試店裡面的九層窩夫。

炳記牛牛 M5C2

首選焗飯、焗意粉

九龍旺角通菜街59號德發大廈地下B舖
2781-2119
11:30～24:00
地鐵旺角站E2出口
平價（每人約港幣50元以內）
蛋白燉牛奶、巴黎汁雞扒焗飯、芝士三文魚焗飯

店面類似常見的茶餐廳。看到菜單上牛魔王、豬八戒、雞明星的菜名，不覺莞爾一笑。店裡最受歡迎的，莫過於各式焗飯或焗意粉，像巴黎汁雞扒焗飯、芝士三文魚焗飯、比目魚焗飯等，香氣與份量十足，套餐還有份沙拉和飲品。

一間間小小店面
新奇物品無限多

信和中心 M5C2

九龍旺角彌敦道580號
約12:00～20:00
地鐵旺角站E2出口
限量運動商品

信和中心同樣也是一家家小店面組合而成的商場，此處多販售VCD、明星雜誌和照片、運動鞋等商品。因許多服飾、鞋類並非代理進口的商品，往往物品都存在些許價差，建議除非只有此處有得買，否則還是稍微比價再購買為佳。

假日年輕人聚集
的潮流商場

瓊華中心 M5C2

九龍旺角彌敦道628號
12:00～，依商店營業時間略有差異
地鐵旺角站E2出口
運動用品、鞋類

旺角的瓊華中心，和另一間兆萬中心，都是很受年輕人歡迎的綜合小型商場。一間間店面，大多販售潮流服飾、飾品和Cosplay（角色扮演）服飾，特別款式的運動商品也很受歡迎，像3樓的Hot Channel和2樓的Head Coach，都看得到年輕人喜愛的夢幻商品。喜歡Cosplay和Lolita蘿莉塔風的人，3樓的Lolita In Touch:thup、U15號舖的sprider，都是尋寶好地方。

雜誌、電視節目
大力推薦的街頭小食店

肥姐小食店 M5D2

九龍旺角登打士街55號4A舖
14:00～23:00，或當天賣完為止
地鐵旺角站E2出口
平價（每人約港幣30元以內）
地鐵旺角站E2出口

台灣路邊到處都有滷味攤，香港也有類似的攤子，只是並非隨處可見。旺角裡的肥姐小食店（以前叫肥媽小食店），就是專賣內臟、海鮮類滷味的高人氣路邊小食攤。較受一般顧客歡迎有生腸、雞腎，我個人則喜歡墨魚。一串串的滷味搭配芥末醬、辣椒醬食用，雖然有點不習慣，但嘗過後覺得很對味且清爽。還有這裡是以紙包裝，如果不想當場食用，建議可自備塑膠袋。

商品種類多
睜大眼睛仔細尋寶去

銀城廣場 M5C2

九龍旺角西洋菜街2A號
約12:00～20:00
地鐵旺角站E2出口
平價（每人約港幣50元以內）
3C商品

旺角區店面租金昂貴，許多小店選擇開在商場中的2樓以上。銀城廣場中則包括了服飾、飾品、3C商品、手機美髮用品，以及泳裝、樂器或特賣物品等，商品種類眾多，吸引年輕族群前往。

不膩口的脆皮鮮蝦腸、餡料足的晶瑩鮮蝦餃、加速哇沙比的創新鹹水餃和酸到好處的牛柏葉等等。如果點真係菠蘿包時，記得剛上桌時內餡非常熱燙，千萬別一口吞下。另外，由於排隊人龍絡繹不絕，建議大家避開一般的用餐時間，可以縮短等待時間。店家營業到約凌晨2點，是逛旺角時不錯的宵夜選擇。

粉果

滋味蜂巢糕

點點心點心專門店 M5B2

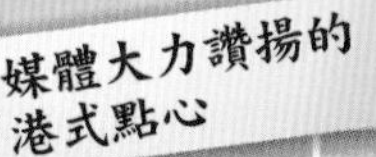

- 九龍旺角通菜街112號
- 2309-2300
- 11:00～02:00
- 地鐵旺角站B2或D2出口
- 平價
- 真係菠蘿包、彩絲牛柏葉、脆皮鮮蝦腸、滋味蜂巢糕、洛神脆脆奶凍

別看只是一家小小店面，這家專賣港式飲茶點心的店，可是榮獲得紐約《NEWSWEEK》2012年度全球101家最佳食府，以及《TimeOut Magazine 》2011年度最佳點心店的殊榮，難怪門外總是大牌長龍，好在店門口有叫號燈，即使聽不懂店員用廣東話叫號，也能看得懂。喜歡甜點的人，可試試匠心獨具，真的包了菠蘿餡的真係菠蘿包、黑唐味濃的滋味蜂巢糕。而喜歡港式鹹點的人，則可嘗嘗香脆

晶瑩鮮蝦餃

脆皮鮮蝦腸

真係菠蘿包

彩絲牛柏葉

開心吃

除了旺角店之外，另外，在九龍佐敦文英街23號（佐敦店）、香港灣仔天樂里7號（灣仔店）還有2家店，可視方便前往。

Chic之堡 M5C2

如火柴盒般的迷你商場

- 九龍旺角彌敦道608號1～3樓
- 11:00～23:00
- 地鐵旺角站E2出口
- 小飾品、古著

建築外型如一長型火柴盒，位於豉油街行人徒步專用區上的Chic之堡，約有100家小店，是一個專售年輕族群喜愛流行商品的超小型商場。這裡如同台北的頂好商場般，麻雀雖小的店面中，隱藏著各式各樣的日本流行商品、服飾、飾品和進口雜誌、公仔、娃娃等，等著識貨的你去發掘。

荷李活商業中心 M5C2

電器購物、餐飲美食好去處

- 九龍旺角彌敦道610號
- 依商店營業時間略有差異
- 地鐵旺角站E2出口
- 豐澤電器

這是一大棟複合式的商業中心，裡面除了一般公司的辦公室，其他還包括了豐澤電器分店、不時舉辦的嬰兒用品、服飾大減價特賣會。另外，幾家香港知名的餐廳，如稻香集團、潮樓等，都能在此品嘗得到。

奶路臣街傳統市場 M5C1

旺角區最大型的傳統露天市場

- 九龍旺角奶路臣街附近
- 約早上～16:00
- 地鐵旺角站C3出口
- 西洋梨等水果

過了朗豪坊，在奶路臣街和廣東道交叉口附近，有一個傳統的露天市場。這個市場面積較大，是當地居民購買生鮮水果、肉類的必來之地。尤其一攤攤活跳跳的瀨尿蝦、大閘蟹、各種魚類，更讓人大開眼界。每到星期假日，顧客之多擠得水洩不通。香港的水果種類不若台灣多，但一般而言並不會太貴，可買一些比台灣便宜的櫻桃、西洋梨或熟食回飯店享用。

Chicago Sports M5C2

香港第一間賣Visvim鞋子的店

- 九龍旺角奶路臣街17號1樓
- 2398-1267
- 12:00～
- 旺角地鐵站C3出口
- 特別版運動鞋、Visvim鞋

Visvim鞋因陳冠希穿著而帶動流行，而這家店是香港第一間賣Visvim鞋子的店，因此成為許多潮男常光顧的店之一。此外，還有販售如New Balance、adidas、Converse、NIKE等運動品牌，當然也可以在這裡看到不同於一般店面販售的特別版運動鞋。

超人氣，
排隊人潮多

民華餐廳 M5B2

九龍旺角通菜街153～159號
2392-4880
08:00～23:00
地鐵旺角站B3出口
平價（每人約港幣50元）
沙嗲牛肉公仔麵、西多士、魚湯魚蛋、雲南米線

這家店除了有一般茶餐廳的粉麵菜，還有像糯米雞、燒賣和牛肉丸這類點心可選。食物份量不少，很餓的話可以選常餐，厚多士、炒蛋、粉麵和飲料都有。此外這裡的厚多士加煉奶，推薦給愛吃甜食者，飲料則有好立克、凍檸茶、港式奶茶，都是極佳的選擇。用餐時人非常多，最好能避開這段時間。

西多士

魚湯魚蛋河粉

十八座狗仔粉 M5B2

馳名狗仔粉，
湯汁濃厚

九龍旺角通菜街139號地下B舖
9339-9558
24小時
地鐵旺角站B2出口
平價（每人約港幣50元以內）
狗仔粉、火鴨翅

滑嫩有口感的狗仔粉（類似粗短條的米苔目），加入濃醇混濁的特製湯底已夠樸實美味，再加入菜脯、豬油渣、蝦米、冬菇和蔥花等配料，攪拌後一起吃風味極佳。店中另外的招牌火鴨翅，吃得到鴨肉細絲的香氣，羹湯濃而不會太鹹。而小食如魚蛋、燒賣等一樣好吃。

老點點心竹筒飯 M5C2

口味創新的
港式點心店

九龍旺角染布房街12-14A號依利大廈地下A號舖
2398-9992
11:00～02:00
旺角地鐵站E2、D2出口
中價（每人約港幣50～70元）
各式小點、竹筒飯

光看名字還以為是竹筒飯專賣店，其實賣得是各種港式小點心，不過點心的口味都很創新，口味也不錯。

開心吃

每道菜的份量不會太多，很適合2～3人嚐鮮。其中層層薑汁糕、海蝦竹筒飯、斑蘭葉口味的馬拉糕、小漢堡等一般店家較少見，很值得一嚐。飯後來碗甜點椰汁西米露，最能解吃完肥牛肉口中不散的辣味。

口味獨特的庶民小食

旦王 M5B2

九龍旺角弼街72號
10:00～01:00
地鐵旺角站B2出口
平價（每人約港幣50元以內）
重慶酸辣粉、韓國墨魚仔

吃多了飯麵粥，何妨換個小攤食物嘗嘗。旦王位在熱鬧的旺角，小小的店面卻擺滿了各種熟食，像咖哩魚蛋、燒賣、螺肉、魷魚、墨魚，站著就能吃，馬上填飽肚子。這裡的招牌莫過於重慶酸辣粉，以紅地瓜做的QQ粉條搭配獨特麻辣醬汁、花生和榨菜等，吃過一定難忘，第一次吃的話建議點小辣口味即可。

馳名燒鵝燒臘店 正餐宵夜都好吃

深井陳記燒鵝粉麵茶餐廳 M5C1

九龍旺角新填地街427-427A
2381-6161
約07:00～00:30
地鐵旺角站C3、C4出口
平價(每人約港幣50元以內)
深井燒鵝、燒鵝飯、鵝脾飯

位在旺角鬧區，這家專賣燒鵝、燒臘的茶餐廳，營業的時間很長，從早餐到宵夜幾乎都推出不同菜色，讓喜愛吃的人有更多的選擇。第一次來的人建議可以點招牌深井燒鵝，它的表皮很香又酥脆，怕吃肥肉的人可以點半肥半瘦。如果2～3人來吃，建議可點一份燒鵝一起吃，如果只有一個人來，怕吃不完，可以點燒鵝飯或鵝脾飯，飯後再來杯凍檸茶，讓你立刻解油膩。

絕無僅有，一眼望去都是運動用品店

波鞋街 M5C2

九龍旺角亞皆老街和花園街附近
11:00～21:30
地鐵旺角站D3出口
限量球鞋、adidas折扣服飾

位於亞皆老街和山東街中的花園街段。廣東話中的「波鞋」，是指運動鞋、球鞋的意思。這一區因聚集了數十家專售運動鞋和運動用品的專賣店，所以又叫「波鞋街」，是旺角區年輕人必逛之地。除了adidas、CONVERSE、NIKE等品牌專門店，還有集數品牌於一店的複合店。這裡可以找到不易見的限量鞋款，也有折扣高的過季商品，但因每家店即使同一品牌物品也不見得相同，所以最好記得欲購買物品店家的位置，以免價比三家後卻找不到原來店的地址。

女人街 M5B2

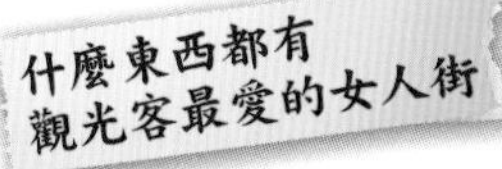

九龍旺角通菜街
約17:00～22:00
地鐵旺角站D3出口
圖案特殊的T恤、港劇DVD商家

地鐵旺角站D3出口上來，東側位於通菜街、數條街道平行的這一區就是女人街，類似我們的夜市，從傍晚時分起所有店家都開店做生意。雖然販售的商品種類繁多，但其中多以價格便宜的女性的服飾、髮飾配件、鞋襪、日用品、玩具為主，每晚因大量的遊客而人聲鼎沸，是各國觀光客不會錯過的好去處。這裡因有數條小街道，通常很容易迷失方向走不回來，所以如果看中某樣商品，詢價後建議直接購買。

開心玩

女人街愈晚愈熱鬧，建議在附近吃過晚飯後再前往。這裡因街道較窄，加上逛街的人潮洶湧，四處都較擁擠，難免有扒手的蹤跡，讀者需特別注意隨身物品和金錢。

戲劇VCD、DVD專賣店 M5B2

女人街中　18:00～
地鐵旺角站D3出口　懷舊港劇TVB的DVD

女人街中有數家專售港劇DVD、VCD的商家，無論是那一家小店，看見整面牆上擺放無數最新和懷舊的劇集，連小時候迷戀的劇集都還找得到，喜愛看港劇的人在這裡鐵定大失血。因為現金交易，可得小心節制荷包了！

大隻佬麵家 M5C2

辣牛筋與雲吞，
水準之選

九龍旺角黑布街97號
2363-2838　11:30～22:30（週一～六），週日休息
地鐵旺角站D2出口　$ 平價（每人約港幣50元以內）
雲吞麵、辣牛筋撈河、炸醬撈麵

相較於其他旺角地區的粉麵店，這家店內用餐環境算寬敞。喜歡吃辣的人，那店中招牌辣牛筋撈河絕對要挑戰。牛筋軟嫩易嚼，湯汁會讓人辣上癮。口味清淡者不妨來碗蝦肉雲吞麵，餡料比例爽口，單吃或者加麵都順口。另外再推薦炸魚皮，這道小食可是台灣少見的美食喔！

馳名鹽焗雞清淡好味

泉章居 M5C2

九龍旺角奶路臣街33號依利大廈2樓和地下E號
2396-0672
11:00～23:45
地鐵旺角站E2、D1出口
中價（每人約港幣60～100元）
鹽焗雞、冬瓜盅

如果是一群好友或一家人來玩，旺角的泉章居是不錯的選擇。如同海鮮餐廳般的裝潢，非假日時段較不需排隊，逛完旺角最適合來此休息大飽一頓。鎮店名菜莫過於鹽焗雞和冬瓜盅，偌大的冬瓜盅一上桌，平平無奇的外表，沒想到意外的美味。我很喜歡喝湯，加上其中香菇、肉類等料，清淡中帶點鮮甜，難怪每桌都有這道菜。另外的鹽焗雞、梅干扣肉雖不是多特別的口味，但足以滿足味蕾。

開心吃

如果只有兩人卻很想嘗嘗，建議可以點雙人精選套餐，份量足夠價格適當。另在銅鑼灣的軒尼詩道489號銅鑼灣廣場一期7～8樓也有店。

門口永遠停滿車的小粥店

富記粥品 M5B2

九龍旺角花園街104～106號
2385-1230
07：30～23：30
地鐵旺角站D2出口
平價（每人約港幣50元以內）
滑牛粥、燒鵝飯、瑤柱及第粥

位於旺角，但在熱鬧街區另一邊花園街的富記粥品，專販售港式粥品，無論什麼時候去，門口永遠被食客或小巴士擋住，小小的店門口旁邊就是煮粥區。這裡的粥粥底濃稠適中，料新鮮，適合單人食用。另外，這裡不過於油膩的燒鵝飯也是我的最愛，建議也可搭配小小一盤的酸梅醬一起食用。

開心吃

香港的粥店多半有「及第粥」這道粥品，它是以豬肉丸、豬粉腸、豬肝等豬內臟加上生滾的白粥底煮成的粥，趁熱食用更能吃到食材的鮮嫩。

好旺角麵家 M5B2

老字號麵類滾粥選擇多

九龍旺角洗衣街123號地下
2393-9036
11:00～24:00
地鐵旺角站D2出口
平價（每人約港幣50元以內）
招牌炸醬撈麵、雲吞炸醬撈麵

這是一家老字號的傳統餐飲店，在旺角逛街時，常看見它的招牌。這裡專賣港式麵類（淡黃色鹼水麵）和粥品，招牌菜是搭配了黑色肉醬的炸醬撈麵，可分細麵和寬麵兩種（招牌炸醬撈粗就是寬麵）。肉醬較偏甜口味，但搭上鹼水麵恰到好處。其他如台灣少見的南乳豬手（豬腳）河粉，也值得一試。

銀龍粉麵茶餐廳 M5B2,C2

24小時營業
再晚都有熱食可吃！

九龍旺角通菜街118號

2380-2566 24小時

地鐵旺角站B1出口 $ 平價（每人約港幣50元以內）

XO醬雞柳炒公仔麵、乾炒牛河、辣椒膏炒公仔麵

搭配最晚的飛機抵達香港時，通常有許多飲食店已經關門了，這時還肚子餓怎麼辦？如果你住在油尖旺地區（油麻地、尖沙咀、旺角）的飯店，位於旺角鬧區的這家24小食茶餐廳，是不錯的選擇。正如一般茶餐廳，這裡勝在餐飲選項多，從公仔麵、炒牛河到粥類、茶餐廳特有的飲品，讓你在深夜仍能吃到熱騰騰的料理。

開心吃

雖說香港鬧區的治安不錯，幾步路就一個警察，但若在深夜仍在外走動，記得要與朋友結伴同行，且盡量走在大馬路邊較安全。

八珍醬園旗艦店 M5B2

現代化的
老字號調味料店

九龍旺角花園街136A

2394-8777 10:00～21:00

旺角地鐵站B2、B3出口 $ 平價（每人約港幣50元以內）

八珍梅、甜蛋散、醬油、八珍甜醋

位於旺角市政大廈熟食中心對面的八珍醬園，是一專售各式醬汁、調味料和蜜餞類的老字號店，旺角店是在2002年改建成旗艦店，幾乎八珍的所有商品都可在這裡買到。其中的八珍甜醋和香醋，帶點酸甜或特殊香味，甜醋可做糖醋排骨、煎豬排、燜煮豬腸等菜，是台灣少見的調味料。只限新春期間有售的八珍蘿蔔糕則是香港人過年排隊也要買的年節美物。

奇趣餅家 M5B2

香港人兒時記憶
的傳統點心店

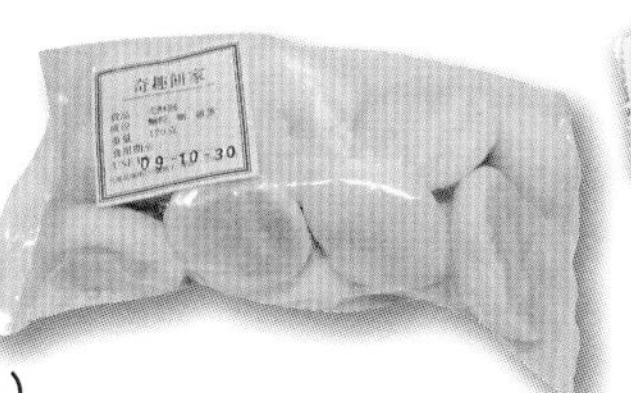

光酥餅

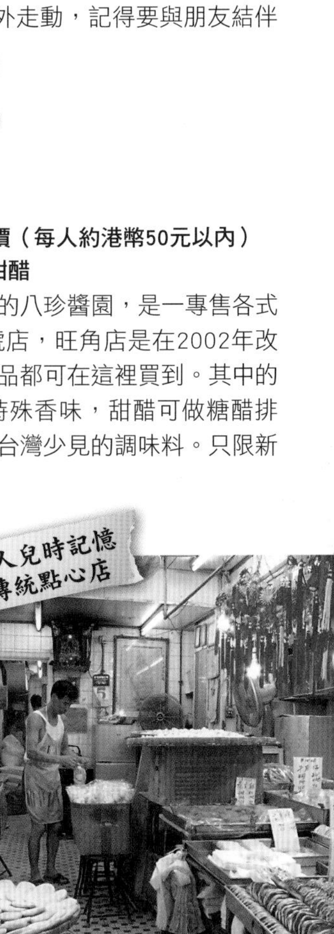

九龍旺角花園街135號

08:00～20:00

地鐵旺角地鐵站B3出口

$ 平價（每人約港幣50元以內）

光酥餅、棋子餅、雞仔餅

這家店位在花園街傳統市場裡，樸實的店面內放了各式各樣的傳統餅類點心。朋友說店內的光酥餅是他從小吃到大的點心，白白胖胖像小餐包般的圓餅，口感扎實。其他如棋子餅、雞仔餅、香蕉糕、鮑魚酥和牛耳仔等，也是店內受歡迎的點心，大多可單個購買，建議每一種都可買少許嘗試。

始創中心 M5B2

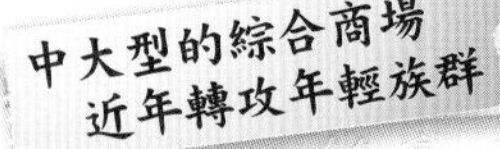

九龍太子彌敦道750號

9727-7000 12:30～22:30

地鐵太子站B2出口

自家箱場、Footstep plus、zembia

鄰近地鐵旺角站和太子站，是一交通便利、包含了8層購物商場和2層美食區的綜合型商場。除了中西美食外，販售的商品以影音、男女潮流服飾、鞋類用品、手錶首飾、品牌化妝品、電器和寢室用品等為主，應有盡有，而且還時常舉辦酬賓活動，可買到物美價合理的商品。D2號舖的格子舖「自家箱場」、2樓233-236號舖的「Footstep plus」、210-211號舖的「zembia」，都是特別吸引年輕人的店面。

妹記生滾粥品 M5B2

九龍旺角花園街市政大廈熟食中心4樓11～12舖

2789-0198 06:30～15:00

地鐵旺角站B2出口 $ 平價（每人約港幣50元以內）

魚腩牛肉粥、爽魚片、豬膶粥、皖魚片粥

及第粥

吃過還想再來的
港式生滾粥店

港式生滾粥是非常一般的港式飲食，和台灣粥最大的不同之處，是放入較多肉、海鮮等新鮮食材，讓你在吃綿密粥底的同時，還搭配鮮美好料。香港的有名粥店極多，其中我每次來港遊玩必訪的是位於旺角的妹記生滾粥品。位在一棟熟食中心的4樓（2、3樓就像一般傳統市場），沒有大肆裝潢的桌椅，但親切的老闆和新鮮的生滾粥，絕對吃得盡興滿意。除了粥品以外，也推薦來一小盤爽魚片，沾著醬汁食用，清脆爽口，熱粥似乎沒那麼燙了。

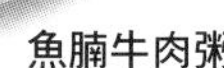
魚腩牛肉粥

開心吃

妹記位在花園街市政大廈熟食中心的4樓，這裡是一棟傳統市場，4樓專賣熟食類，經由大樓外的手扶梯進入。2、3樓的新鮮水果，價格不高，值得品嘗。要留意妹記只營業到下午3點喔！

爽魚片

從流行冰品到
傳統甜點選擇多樣

海記合桃坊甜品 M5B2

九龍太子西洋菜南街232號
2399～7937 13:00～01:00
地鐵太子站B2出口
平價（每人約港幣50元以內）
法式燉蛋、燉奶、沙沙合桃糊、芒果雪花冰

以販售料多實在的傳統甜品，如合桃（核桃）糊、芝麻糊、杏仁糊出名。其中加入合桃碎的是沙沙合桃糊，更得到鍾愛老口味甜品者的擁護。另外販售台灣知名的雪花冰，可試試芒果、芝麻雪花冰。而法式燉蛋類，我偏好雲尼拿（香草）口味的，搭配表面一層帶有焦香的焦糖一起食用，不會過甜不膩口，難怪是新一代的人氣甜點。

麻雀雖小什麼
都有賣的茶餐廳

金華冰廳 M5B2

九龍太子弼街47號地下
2392-6830 06:30～23:30
地鐵太子站B2出口
平價（每人約港幣50元以內）
波蘿油包、豬扒包、雞尾包、蛋塔

波蘿油包

門口櫃子裡排放著剛出爐的波蘿油包，總能吸引顧客。這家店面老舊、店內稍微擁擠的飲食店，最有名的是夾上了厚厚一塊奶油的波蘿油包。我們在上午時間前來，滿店的客人好不容易擠到了靠近廚房的小餐桌。除了波蘿油包、蛋塔這類甜食外，豬扒包、雞尾包或通心粉、麵類都有，正如香港傳統茶餐廳般，麻雀雖小卻備齊了各項飲食。如果時間不夠，建議外帶波蘿油包、蛋塔。

聯合廣場 M5A1

潮流玩意大本營
美食餐廳也不少

九龍太子彌敦道760號
2380-2000 12:00～，依商店營業時間略有差異
地鐵太子站B2出口 盒子百貨、女性化妝品

這間小型商場內除多販售最新流行服飾、運動鞋外，另有女性化妝品，以及最近在香港開始聚集人氣的「盒子百貨」（格子舖），像1樓131舖的「B for Box盒子百貨」、103B舖的「Myfirst」，商品量和種類都很多，更新速度也快，不停推出的新商品讓人大開眼界。另外，還有多家中西式餐廳，可當作歇腳的好去處。

金魚街 M5B2

一包包透明袋
一條條美麗金魚

九龍旺角通菜街和弼街交叉口附近
10:30～22:00 地鐵旺角站A3出口
可愛水族箱

看過電影《新不了情》的話，對一幕女主角袁詠儀和男主角劉青雲逛街時，手裡提著的一小袋金魚戰利品一定印象深刻，但始終不了解為什麼香港人特別喜歡買金魚、熱帶魚？在這裡就有一小段路上有數家專賣金魚的商店，店家習慣將金魚放在小小的透明袋中，一袋袋掛在門口旁的牆上，這種陳列方式看來相當壯觀，也可方便顧客直接選購。

開心買

為什麼香港人特別喜歡買這些裝在塑膠袋裡的金魚呢？某個朋友告訴我，是因為將金魚放在塑膠袋有「袋金」的意思，就是把金錢放入自己的口袋，才能財運旺旺來。

鄰近旺角東鐵站
交通便利的大型商場

新世紀廣場 M5B2

九龍旺角太子道西193號
2397-0790 10:00～22:00
地鐵旺角站B3出口、港鐵旺角東站出口
書店、雜誌屋

位於港鐵旺角東站出口的新世紀廣場，是一個與車站結合的商場，共有7層樓，室內挑高空間的大型購物廣場。圓形的商場分成A、B、C、D4區。總共200多間的店面，包含了服飾店、電影院、中西美食餐廳、親子活動區，以及家飾品、伴手禮、電器和書店，可以說集合了食、衣、住、行各項功能。其中5樓D區的有一美食廣場，可以看到中午時許多學生來此用餐。

九龍最大鮮花集散市場

花墟道 M5A2

九龍太子花墟道
依店家有所差異
地鐵太子站B1出口

花墟道可以説是九龍地區最大的鮮花集散市場，每天清晨或是鮮花運送來時，是這裡交易最熱鬧的時候。花墟道裡約有50家的店鋪，除了賣香港本地或外地的新鮮花卉、花種子、盆栽、假花和裝飾品等等，每年的新年及農曆新年前幾天都是花墟街最繁忙的日子。

有別於熱鬧喧囂茶樓
的精緻飲茶店

一點心 M5A2

九龍旺角運動場道15號京華大廈地下1～2號舖
2789-2280
11:00～24:00（週一～五）
10:00～24:00（週六、日）
地鐵太子站A出口
$ 平價（每人約港幣50元以內）
鮮蝦菜苗餃、北菇棉花雞、馬拉糕、黑椒牛仔骨

並非開在超熱鬧街道上的一點心，經過特別的裝潢，感覺有點像精緻簡餐店，為用餐氣氛大大加分。這家店賣的是港式料理，但特別推薦這裡的美味小點心。清淡的鮮蝦菜苗餃、潮州蒸粉果、馬拉糕在師傅的巧手下更讓人垂涎三尺，別處少見的北菇棉花雞、還有我最喜歡的重口味黑椒牛仔骨、咖哩鮮魷魚等，更是下飯的美味小菜。

以攤粉、甜糕點
出名的傳統小食店

大記攞粉 M5A1

九龍太子基隆街10號地下
2787-1398
11:00～22:30
地鐵太子站C2出口
平價（每人約港幣50元以內）
鯪魚球攞粉、鮮炸墨魚捲攞粉、桂花糕

大記是家專賣「攞粉」和「甜糕點」的店，外觀上，攞粉和以米製成的米苔目相似，但攞粉的口感較嫩滑，加上搭配各種不同的湯頭和配料，像鯪魚球攞粉、墨魚捲攞粉、豬頸肉攞粉，甚至還有雞酒味的，都有別於一般清淡口味的台灣米苔目。這裡的甜糕點口味多，從常見的紅豆、綠豆到特有的眉豆、薑汁蕃薯、雪耳紅棗，但我還是最喜歡清香爽口的桂花糕。

潮流玩意大本營
美食餐廳也不少

雀鳥花園 M5A3

九龍旺角園圃街
07:00～20:00
地鐵太子站B1出口

中國自古文人雅士就喜歡賞鳥、養鳥，直到今天，愛鳥的人仍不在少數。在雀鳥公園這邊，許多人帶著鳥籠慢走，到處都是清脆的鳥叫聲，有股時間流逝變慢的感覺。經過政府重新整理，許多鳥攤集中在園圃街，規劃出一個雀鳥公園。附近有一些賣鳥籠的店家、販售各種鳥類和鳥飼料的攤位，雖不能買隻鳥回來，但精美的鳥籠，也可買回做裝飾品，其中尤以紫檀製鳥籠為高級品，價格偏高。

花少錢也能吃到
米其林級的美味

添好運點心專門店 M5A1

九龍深水埗福榮街9-11號地下
2788-1226
10:00～22:00（週一～五）
09:00～22:00（週六、日）
地鐵旺角B2站出口
平價（每人約港幣50元以內）
酥皮焗叉燒包、黃沙豬膶腸粉、芝士蝦卷、潮洲蒸粉果、陳皮牛肉球

旺角店已遷至大角咀海庭道奧海城商場二期G72號A-C鋪，可試試也入選了「香港澳門米芝蓮（米其林）指南」一星級餐廳的深水埗店。不大的店面每天都坐滿了顧客，大家似乎因為排太久了，加上價格便宜，幾乎都點了滿桌點心想慰勞自己。特別推薦外皮酥肉餡入味不膩口的焗叉燒包、外面少見的豬肝餡黃沙豬膶腸粉，以及皮薄餡多的潮洲蒸粉果和蝦餃。

九龍&新界其他好去處

鬧區以外的商場，避開人潮的另一選擇！

九龍地區除了尖沙咀、佐敦、油麻地、旺角和太子等人多較熱鬧的地區，其他地方也有不少商場，對於四天三夜或三天兩夜的香港之旅，九龍塘、黃大仙、深水埗等不算太遠的地區，很適合前往，也不必受長時間坐車之苦。

又一城 M2C3

靚衫美鞋，購物環境佳的國際級購物商場

九龍九龍塘達之路80號

2844-2222

11:00～21:00

地鐵九龍塘站C出口

葉壹堂書店、MARKS＆SPENCER百貨、UNIQLO旗艦店、香港唱片行

位於香港城市大學對面，地鐵九龍塘站出口直達的又一城，集合了服飾、鞋類、珠寶等頂級商品，以及禮品、書店等生活精品，電影院、溜冰場等娛樂場所，還有多家美食餐廳。場內什麼都有，甚至全家大小在這裡逛一整天都可以。當中受大家歡迎的有葉壹堂書店、MARKS＆SPENCER百貨、UNIQLO旗艦店、兒童玩具店等，一次滿足全家大小的購物慾望。

開心買

和許多香港大型商場一樣，從地鐵站出口到又一城是一條長長的通道，這樣即使下大雨、颱風，因不需走在路面，即使不帶傘也不會淋濕，難怪人說香港真是購物的天堂。

Hyoma

又一城LG2-30號舖i.t店中
2265-7050
11:00～21:00

這是個可愛的日本品牌，以男女圓臉娃娃、兔子和熊貓為主角，設計出多樣T恤、手提包、襪子和雨傘等商品，成人童趣是最大的特色。目前Hyoma的商品是由i.t代理，在每個i.t店中都能買到。

ANTEPRIMA WIREBAG

又一城LG1-03號舖
2265-7368
11:00～21:00

由日本人荻野泉以金屬線編織製作而成的手提包WIRE BAG，因受到許多女性的歡迎，所以在原來服飾店中，開始販售WIRE BAG這條線的商品。又一城的這家店中，齊聚了最新設計的包款，因是專門店款式較多，選擇性更多，而許多與其他品牌合作的限量產品，在這也買得到，難怪常看到香港女星人手一個限量包，不需羨慕，你也可以擁有。

Hollister Co.
by Abercrombie & Fitch

又一城UG-03號舖
2265-5000　約1100～21:00
地鐵九龍塘站C出口　$ 中平價

最受美國和亞洲年輕人喜愛的休閒服飾品牌Abercrombie & Fitch，它的副牌，以青春休閒風格為主的Hollister Co.，選擇在大型購物商場又一城裡開設亞洲第一家旗艦店。商品服飾分為男、女裝、飾品、鞋類和配件等，走的是海灘休閒風，同時也反映在店內外裝潢上。店內昏暗，店外電視牆上不時播出海灘景色，伴隨浪潮聲，乍看還以為來到加州南部的海灘。

開心買

目前台灣沒有這個品牌，很多人都有在網路上買到假貨的經驗。喜愛這個青春品牌的粉絲們現在只要趁著到香港旅遊就能買到正品囉，而且還會打折喔！

黃大仙祠 M2C3

九龍黃大仙竹園村2號嗇色園
07:00～17:30
地鐵黃大仙站B2出口

1921年黃大仙祠從廣州遷移而來，嗇色園黃大仙祠是目前是全香港最大、最有名的道教寺院。香港有句順口溜「黃大仙有求必應」，就可以知道黃大仙在港人心目中的地位，據説一年將近有300萬人來此參拜，過年時更是熱鬧非凡，總要動員警力來協助疏通人群。廟外有一整排賣拜拜食品、用具的店家，大紅且金光閃閃，常見許多觀光客在此拍照。聽説這裡求的籤很靈驗，不妨求支籤後花點小錢請人解籤，透過黃大仙網站的解籤服務，當然也可以買一本黃大仙解籤書自己參考。附近的算命攤特別多，精通粵語、中文、英文、日文，如果有需要可以找個有緣的算命師來解籤。

信眾多
香港最著名的道教寺院

開心玩

香港當地寺廟的拜拜方式跟我們有許多不同之處，最特別的就是他們習慣在地上鋪一張報紙，然後將香插在貢品上面，並把它放在地面上祭拜。

黃大仙中心 M2C3

黃大仙廟
參拜後的好去處

九龍黃大仙正德街103號
3168-0080
09:00～20:00
地鐵黃大仙站D3出口
雞仔嘜、大眾書局

1983年落成的黃大仙中心，位於黃大仙廟旁。商場中的店家以食品餐飲為最多，像市區內常見的海天堂、許留山、大家樂、美心MIX、聖安娜餅屋、A-1 Bakery、紹香園等，這裡通通有，而且人潮不若市區多，可以不排隊品嘗。另有雞仔嘜服飾、眼鏡行、文具行、超級市場，是較屬於生活機能型的商場。參拜完黃大仙廟後，建議可以來此消磨時間。

青衣城 M2B3

市區外的血拼好去處

新界青衣青靜路33號

2449-9013

09:00～20:00

機場快線清衣站、地鐵東涌線青衣站

服飾、玩具

建在東涌線青衣站的上方，是一海洋概念的大型主題購物商場，包含了食衣住行各類約150家商店和電影院、美容沙龍，即使待在裡面一整天，吃喝玩樂都能完全包辦。由於距市區有段距離，而且靠近機場，許多觀光客會在離港前，順便到青衣城再血拼一下。近期新增加了瑪莎百貨、港式餐廳潮樓和一些運動品牌，這裡空間寬敞，不必像在市區般人擠人，逛街、吃飯也能很悠閒、輕鬆。

營業時間最長入夜後的最佳逛街商場

apm M2C4

九龍觀塘觀塘道418號創紀之城5期

3148-1200

11:00～02:00

地鐵觀塘站A2出口

Fred Perry EARTH MUSIC & ECOLOGY agnès b. DÉLICES

apm位於觀塘地鐵站上面，商場的名字是結合了「am（白天）」和「pm（夜晚）」，希望逛街購物能不受時間限制，而取了這個有趣的名字。看見營業時間到凌晨2點，對愛逛街的夜貓觀光客來說，實在是不可多得的好去處。這裡除了一般耳熟能詳的男女服飾外，還有很多家美食小店、伴手禮零食店、名牌糖果店、玩具扭蛋店、書店等，店家數量多，一天根本逛不完。

鴨寮街跳蚤市場 M2C3

睜大眼睛仔細挑選的平民挖寶區

九龍深水埗鴨寮街

12:00～24:00

地鐵深水埗站C2出口

二手市場攤

鴨寮街又稱「電器街」，是一個相當發展已久的地區。這幾年經過旅遊發展局的整頓介紹，漸漸成為知名的觀光地區。在這個傳統的跳蚤市場裡，你可以看到許多二手物品，像古舊錢幣、新舊電器、電子玩意、遊戲機和黑膠唱片、鐘錶等，只要你想得到的東西，這裡大多都找得到，是許多在地人和觀光客喜歡尋寶的地方。不過，因這裡販售的物品多以二手為主，購買時需多加比較，價格方面，也可和店家殺價。

開心買

1. 這裡的電子器具較多水貨，為免購買到無保障的水貨，可向店家要求操作說明書。
2. 這裡沒有冷氣，尤其夏天人潮洶湧，逛街前需有天熱的心理準備。同時因人多，要小心個人物品的存放。

名列香港前三大購物中心的超級商場

新城市廣場 M2B3

新界沙田沙田正街17-18號
2684-9175
10:00～22:00
東鐵線沙田站
史諾比開心世界（一期）、Vivienne Westwood Anglomania概念店（一期）

位於新界中心，面積之大可以稱得上是香港前三大購物中心的新城市廣場，是由新城市廣場一期、三期和新城市中央廣場組成。一期中包含了多家服飾、百貨公司和生活用品店。

其中3樓平台有深受大家歡迎、全亞洲第一個戶外遊樂場「史諾比開心世界」，Vivienne Westwood Anglomania全球唯一Anglomania概念店，7樓則有美食餐廳。三期中則集合了多家兒童服飾、玩具店和一田百貨。新城市中央廣場中則有多個家飾品品牌。若前往沙田馬場的回程，建議前來參觀。

開心買

沙田馬場的賽馬活動，是香港人日常生活中的一大休閒活動，對於台灣人來說很新鮮。建議你先前往沙田馬場試試運氣，回程再順便來逛新城市廣場，行程規劃較順。

史諾比開心世界

新城市廣場一期3樓平台
10:00～22:00

可愛的開心世界中除了有史諾比相關商品販售外，另有好幾個小區域，如史諾比大屋、花生校園、獨木舟探趣、壘球遊樂場、花生大道和史諾比休憩廊等組成。

車公廟 M2B3

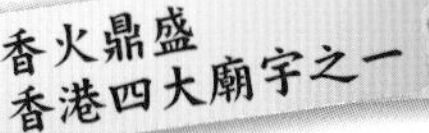

九龍沙田大圍車公廟道7號

07:00～18:00

東鐵大圍站轉搭馬鞍山線，在車公廟站下車，沿路標指示可到達。

位在新界大圍、已有400多年歷史的車公廟，和上環文武廟、黃大仙廟、西貢的佛堂門大廟並稱香港的四大廟宇，祭祀南宋猛將車公。尤其在農曆過年、車公誕或是連續假日，來這參拜的人特別多，甚至得動用到警力為維持，並規劃好專門的參拜路線。車公廟附近有許多販售貢品、風車的小攤，都集中在一起，方便信眾購買。

開心玩

到車公廟參拜的人，多會購買可轉運、帶來好運的風車。據説只要轉動風車，就能去除厄運、帶來好運氣。許多人都是早上去車公廟參拜，然後再順便前往沙田馬場賭馬。尤其是在假日或過年期間，甚至會有免費巴士，專程載人到沙田馬場。

史諾比、查理布朗和其他花生人物等數十個卡通人物像，都是大人、小孩爭相拍照的地方，獨木舟遊園讓小朋友們樂此不疲。選個豔陽高照的好天氣來此，絕對能帶給你旅遊好心情。

香　港　島｜Hong Kong Island

香港島

上環·中環·金鐘·灣仔·銅鑼灣
天后·北角·柴灣·淺水灣·赤柱

香港島是香港第二大島嶼，排於大嶼山之後。島上西由堅尼地城一直伸展至小西灣。北面與九龍半島相隔著維多利亞港，由3條過海隧道和3條過海鐵路銜接兩岸，其中還有天星小輪行走。

上環、中環、金鐘、灣仔、銅鑼灣等景點一字排開，像一顆顆璀璨珍珠點綴在維多利亞港邊，閃閃發亮，香港島的熱鬧美景，正等待著你來一一探訪。

上環

傳統文化、買賣吸引人潮，舊日繁華重現。

從殖民地時期起就開始發展的區域，有觀光客喜愛的荷李活道古董街、德輔道西海味街、高昇街藥材街，以及古蹟商場西港城等。在吃的方面，多以老店餐廳為主，蓮香樓、九記牛腩、勝香園都是一位難求的老饕愛光顧食堂。

永安百貨 M6B3

擁有百年歷史的古董百貨公司

香港上環德輔道中211號
2852-1888　10:00～19:30
地鐵上環站E3出口　兒童和嬰兒用品、特色伴手禮

已有百年歷史的永安百貨，是香港知名的老百貨公司，而位於上環的這家店是總店。座落在德輔道西這條大街，加上又是地鐵站附近，絕佳的地理位置吸引不少附近居民或觀光客。這裡販售的以生活類商品居多，其中的母嬰用品、兒童用品、玩具商品更較其他商場來得多。禮品廊陳列出的禮品，讓你省去買伴手禮的煩惱。

文華里印章街 M6B3

快速取件、質感優的手工印章

香港上環文華里
12:00～22:00
地鐵上環站A1、A2出口
手工印章

印章是每個人生活中必備的事務用品，擁有一個質感刻工佳的印章相當重要。位於上環地鐵站附近的文華里，雖然街不長，但卻是以手工刻印聞名的傳統街區。在這刻印章通常當天晚上就可取件，適合短期停留的觀光客。可先選購自己喜歡的玉石材質，再選擇字體。

上環信德中心 M6A2

飽覽維多利亞港風光
來往港澳碼頭的必經商場

- 香港上環干諾道中200號
- 商場約11:00～21:00，碼頭則為24小時
- 地鐵上環站D出口
- 二手名牌商品、茶餐廳

如果要從香港島方面搭船前往澳門，上環信德中心港澳碼頭是最佳的選擇。不過在前往購買船票之前，或者從澳門搭船回來感覺疲倦，可以在這裡稍作休息。信德中心的地下～3樓大多是連鎖餐廳、咖啡店或茶餐廳、糖果零食店和二手名牌商品店等。另外，還有數家澳門娛樂事業的服務諮詢櫃台，方便詢問相關旅遊情報。大樓南面的地下有行人專門通道，可直通上環地鐵站，進入市區相當方便。

滿街都是海味店
貨比三家不吃虧

德輔道西海味街 M6A1

- 香港上環德輔道西
- 09:30～19:00
- 地鐵上環站A出口
- 乾鮑魚

德輔道西是上環的主要道路之一，尤其在皇后街和正街的這一段，因這裡早期是海味的集散地，一條路上聚集多家販售乾鮑魚、干貝等海味，以及珍貴中藥材的店面。雖然香港其他地方也都有海味店，但這裡因多家商店聚集，競爭下價格較有彈性，且顧客可以多逛數家店後再做選擇，貨比三家不吃虧。

高昇街藥材街 M6B1

珍貴中藥的
最佳購買處

- 香港上環高昇街
- 09:30～18:00
- 地鐵上環站A出口
- 中藥材

位在德輔道西海味街旁的高昇街，是一條圓弧形的街道，因開設多家中藥店而有「藥材街」之稱。這一帶也是中藥材的批發地，價格較一般市中心鬧區來得實惠，加上店中多有懂中藥材知識的店員可詢問，建議購買前，先詢問清楚再購買為佳。

開心買

某些店家有售如鹿角等的珍貴藥材，但切勿購買可能觸犯法律的保育類動物。另外，在中藥材和中藥成藥上，中藥材以每種0.6公斤為限，合計共12種。而中藥成藥每種12瓶（盒），但總數不可超過36瓶（盒），完稅的價格也不可超過新台幣1萬元。有興趣的讀者可先至財政部台北關稅局網站查詢。

車仔麵世家 M6B2

香港上環蘇杭街82號
2543-5231
11:00～21:00，14:30～18:00（下午茶時段）
地鐵上環站A2出口
平價（每人約港幣50元以內）
魚蛋、豬腸等小食

難自由搭配，任你選擇

車仔麵是香港50年代開始有的麵，當時店家會推著一台飲食車，車內一格格裝著蘿蔔、豬血、魚丸等滷味，通常店家會把這些滷味排在麵飯上給顧客食用。這家具濃厚香港風味的車仔麵專門店，小食種類多，像魚皮餃、紅腸、墨丸，你可依自己喜好選擇小食和店家特製的醬汁，搭配伊麵、烏冬、公仔麵和飯等，絕對能飽食。

體驗懷舊氛圍的老字號茶餐廳

海安咖啡室 M6A2

香港上環干諾道西17號
2540-6340
07:00～16:30(周日及國定假日休息)
地鐵上環站C出口
平價（每人約港幣50元以內）
公司三文治、咖啡、西多士、煲檸樂

這家店的前身是1952年就營業的海安冰室。朱紅色的靠背椅、鐵湯匙和塑膠碗盤、樸實簡單的菜單，進入店中，讓人有種穿越時光回到從前的錯覺。這裡的飲食多屬傳統口味，像可做早餐或下午茶的三文治、加蜂蜜的西多士（吐司）、蛋塔，還有香港人喜歡吃的火腿通粉、餐肉公仔麵等，飽餐一頓絕對沒問題，更是喜歡舊日風情的人不可錯過的老店。

開心吃

煲檸樂又叫檸樂煲薑，就是把可口可樂和薑一起煮，再加上檸檬。是香港人感冒時常喝的熱飲。

菠蘿油包

絕無僅有，享受在法定古蹟商場內的購物樂趣

西港城 M6B2

香港上環德輔道中323號

10:00～19:00，大部分商家在週日或國定假日休息

地鐵上環站B、C出口

80M巴士專賣店、玩具專賣店

位於干諾道中和摩理臣街的交叉口，原是香港郵政局，已有數十年的歷史，是受政府保護的法定古蹟。1991年改建後的大門和廊柱，典雅的愛德華式紅磚建築外觀，是香港眾多商場中獨樹一格的設計。西港城中聚集了一間間的商家，大多是附近的老字號商家，以巴士飛機模型、可口可樂商品等各類收藏品、懷舊物品、縫紉相關器具布料行居多，都算是有特色的小店。

開心買

西港城附近有許多專賣髮飾、衣襪的小攤，雖非百貨公司內的高檔貨，但勝在商品種類多，加上價格平易近人，更能感受到平民街區的購物樂趣。

80M巴士專賣店

西港城G18號地舖

2851-3643

10:00～21:00

雙層巴士是香港人最常利用的兩大交通工具之一（另一是地鐵），早已完全融入一般居民和觀光客的生活中。這家已有數間連鎖店面的80M巴士專門店，就是一家專賣香港各時期巴士、雙層巴士的專門店，是巴士蒐藏迷必光顧的店。另外，還看得到國泰、港龍等多家航空的模型、玩偶或周邊商品，航空飛機迷們有閒不妨來此選購。尖沙咀天星小輪碼頭也有分店。

瑞記咖啡 M6B2

奶茶稱霸、咖啡稱皇的小攤平民美味

香港上環皇后大道中345號市政大廈2樓CF17號舖

2850-8643

05:30～18:00

地鐵上環站A2出口

$ 平價（每人約港幣50元以內）

玉泉樽仔凍奶茶、蔥花蛋牛包

開在上環熟食中心內的瑞記咖啡，就很像香港任何熟食中心大樓裡的一個小攤，沒有裝潢，只擺了幾張桌椅，但卻有價格便宜好喝的飲品、小食和高樓商業區少見的人情味。牆面上貼著「奶茶稱霸、咖啡稱皇」的紙條，那一定得點瓶裝的樽仔凍奶茶或熱奶茶了！蔥花蛋牛包的蔥花和鹹牛肉搭配的剛剛好，這裡還有我最愛的牛肉公仔麵，吃得飽又價格便宜。

萬順昌 M6B2

有別於傳統製法
的古樸伴手禮

香港上環永樂街199號萬順昌大廈
2545-1190
08:00～18:00（週一～五），08:00～17:00（週六），週日休息
地鐵上環站A2出口
平價（每人約港幣50元以內）
陳皮梅、化梅

走入上環，不論是路旁的建築、庶民化的茶餐廳，都能感受到濃濃的懷舊氣息，連零食也是一樣。製作方法與傳統乾果店略不同的萬順昌，賣的果仁、乾果、蜜餞，在老一輩香港人間享有盛名，即使一顆話梅價格不便宜，仍能吸引許多顧客樂於品嘗。吃膩了巧克力、高級點心的人，不妨試試這些港味零食。

開心吃

萬順昌和鄧海滿記都開在同一條街上，傍晚也都很早就歇息了，而且週日也沒有營業，想購買的人一定要注意時間，不然會白跑一趟。

一顆乾果蜜餞
品味舊日的香港

鄧海滿記 M6B2

香港上環永樂街175號地下
2544-6464
08:00～17:30（週一～五），08:00～15:30（週六），週日休息）
地鐵上環站A2出口
平價（每人約港幣50元以內）
陳皮梅、陳皮化核應子、芒果乾

在香港到處充斥進口糖果店的同時，兒時最愛的零食——蜜餞乾果店仍舊存在。位於上環的鄧海滿記，是一家以販售陳皮梅、化核應子、芒果乾等蜜餞為主的老店。早年親戚朋友們從香港旅遊歸來，一定會帶一包陳皮梅作伴手禮，即使到了今天，這類蜜餞還是送禮的不二選擇。它獨特的家鄉味，甚至在美國許多華人超市都買得到，撫慰了海外香港人的思鄉之情。

到此大啖
正宗潮洲菜

尚興潮州海鮮飯店 M6B2

香港上環皇后大道西29號地下
2854-4557、2854-4570
11:00～01:00
地鐵上環站A2出口
中價（每人約港幣100元）
煎蠔餅、河韭菜盒、滷水鵝片、蠔仔粥、川椒雞、凍蟹

上環區有許多潮州人，因此不乏幾家有名的潮洲菜店，尚興潮州海鮮飯店就是其中一家。香脆的煎蠔餅、滷水拼盤、吃得到新鮮蠔仔的粥品、重口味的川椒雞，都是喜愛重口味的人垂涎欲滴的名菜，連許多在地香港人都聞香而來，聽說連周星馳都抵擋不住喔！

創於1948年的
潮州滷水鵝專賣店

陳勤記鹵鵝飯店 M6B2

- 香港上環皇后大道西11號地下
- 2858-0033
- 11:00～22:00
- 地鐵上環站A2出口
- 中價（每人約港幣100元）
- 滷水鵝、蠔仔肉碎粥、沙嗲牛肉芥蘭、蠔餅

喜歡吃鵝、鴨、雞等家禽類菜餚的人，上環一遊別漏了這家超過50年歷史的滷水鵝專門店。除了招牌的滷水鵝片肉、鵝拼盤外，煎蠔餅、滷水豆腐也值得一試。食量小的人，可單點鵝肉飯或四寶飯；想吃個飽足的人，中午時還有2人、4人的套餐組合可選擇。

一家同時可嘗到
人氣粥品、牛腩

生記粥品專家 M6B3

- 香港上環畢街7～9號地下
- 2541-1099
- 06:30～21:00（週一～六）週日和中國假日休息
- 地鐵上環站A2出口
- 平價（每人約港幣50元以內）
- 鯪魚球粥、魚片粥、清湯牛筋牛腩粗麵、香煎魚餅

魚腩牛肉粥

魚片粥

生記粥品專家和生記清湯牛腩麵家開在兩隔壁，其實都是同一家店，所以可以互點兩家店的菜。香港有名的粥店很多，生記的海鮮、肉類配料既新鮮且份量足，特色是湯較多些，不喜歡濃稠粥的人應該會喜歡。搭配一小碗薑蔥豉油，更是異常合味。香煎魚餅薄且有味，是不錯的小點心。清湯牛腩除了牛肉美味，湯底鮮甜，連帶使爽口的清湯蘿蔔都成為人氣必點。

開心吃

生記粥品麵家的地址是上環畢街7～9號地下，和禧利街20～22號地下的生記清湯牛腩專家地址上看來差很多，其實就在畢街和禧利街交叉處，就是兩隔壁那麼近。

永樂街和文咸西街 M6B2

滋補養生聖品
送長輩的最佳好禮

香港上環永樂街、文咸西街

永樂街09:30～19:00
文咸西街09:30～18:00

地鐵上環站A出口

參茸燕窩

這裡又叫作「參茸燕窩街」。當地人在過年吃團圓飯，或是節日、請客時，最喜歡弄一桌燕窩、海味飯。這裡的店的價格較一般商店便宜，尤其一些位於2樓的店面價格又較一樓店面便宜。燕窩、參茸等食材早已深入港人飲食，所以這類店家較多。

荷李活道古董街 M6B2

各憑本事淘寶、尋古玩
歐美觀光客的最愛

香港上環荷李活道

11:00～18:00

地鐵上環站A出口

古物、古董

荷李活道（Hollywood Road）是香港的第一條街道，它的名稱並非因美國好萊塢而來，而是因當地種植許多冬青樹而有這個名稱，又叫「冬青街」。荷李活道上集合了多家販售古董、古物的商店，從大型的家具到可隨身攜帶的小玉珮、飾品等都有，往往吸引許多熱愛中國文物的歐美觀光客。購買時依個人喜好和古物常識挑選，但這類物品沒有公定價，不妨嘗試和店家講價。

開心買

因這裡距離地鐵站出口有一段距離，且沒有一條可直達的路，建議可先走摩利臣街，至皇后大道時再走小條的樓梯街往上方走，就可到摩羅上街和荷李活道。

摩羅上街古物街 M6B2

香港上環摩羅上街

11:00～18:00

地鐵上環站A出口

古物、古董

摩羅上街這裡專售古董、古物、工藝品或二手物品，因舊時這些商品多半來路不明，甚至有部分是賊贓，因此稱這些商品為「老鼠貨」，而稱蹲在地上或小攤旁挑選商品的顧客作「貓」，後來形容顧客如貓捉老鼠般挑寶物，所以這條街又稱「貓街（Cat Street）」。摩羅上街的商品較荷李活道的來得小，多為器皿、飾品或絲製品、玉石、畫等，抱著揀寶的心情來挑選，看運氣說不定還能買個傳家寶。

百年歷史
香火鼎盛

文武廟 M6C2

香港上環荷李活道124～130號

08:00～18:00，07:00～18:00（初一、十五和誕期）

地鐵上環站A2出口

建立於1842年，是香港最古老且知名的寺廟之一，專門祭祀文昌君和關聖帝君（關公），以及包公和城隍爺。文昌君主管學問，每年都有許多考生祈求金榜題名，也有不少政府人員祈求工作順利。關聖帝君忠義勇武，主管功事，最常見警務人員多來此參拜。這裡最特別的是位於前殿正堂，從天井高處垂下一個個巨大、圓形漩渦般的香，非常少見。據說當巨大的香完全燒完，願望就能達成喔！

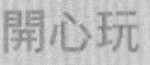

開心玩

1. 文昌帝誕期為農曆二月初三，關聖帝君誕期為農曆六月廿四日，包公誕期為農曆六月初六，城隍誕期為農曆五月十一日、七月廿四日，這幾天香火更勝平日，廟方開門時間是07:00～18:00。

2. 從地鐵中環站D2出口右轉到戲院里，沿著皇后大道中往半山手扶電梯走，搭此電梯前往荷李活道也可到達。

港劇、電影
最佳取景處

樓梯街 M6C2

香港上環荷李活道124～130號

地鐵上環站A2出口

位在文武廟、摩羅上街附近，是一條全長350公尺的樓梯道路。從皇后大道中為起點，終點則在堅道，中途會經過摩羅上街、荷李活道和四方街等，所以如果要到文武廟、古董街，不妨親自走一趟樓梯街。這條樓梯街常成為港劇和電影的一景，因此相當有名。

中環

花一天也逛不完吃不膩的精華區

中環是香港政經中心，超高大樓櫛比鱗次矗立，大型購物商場精銳盡出，就算花一整天也逛不完。飲食方面，除了商場內的餐廳，威靈頓街、擺花街、閣麟街裡的知名餐館、小攤，價格便宜的甜鹹美味更是讓人回味再三。

中環 路線1

上中環老饕路線：歌賦街

九記牛腩、蓮香樓、勝香園是老饕都叫好的餐館，這幾家店地址雖在中環，但離上環地鐵站較近，從上環地鐵站E2口出來過兩條街就到了，由中環地鐵站走過來則要花20分鐘，稍微遠一點。建議擅於辨識道路的人可走上環，易迷路的人則由中環沿著皇后大道中的下兩條威靈頓街一直走即可。

懷舊餅類、中式零食最夯專門店

陳意齋 M6B3

香港中環皇后大道中176號B地下
2543-8414　2543-8922
10:00～19:30（週一～六）
10:00～18:30（週日）
地鐵中環站D1、D2出口
平價（每人約港幣50元以內）
燕窩糕、杏仁餅、牛油雞蛋捲、齋燒鵝、扎蹄

陳意齋販售多款懷舊餅類、零食，價格雖稱不上便宜，但因只有此處有，總能吸引老顧客回店購買。也是許多港星常光顧的老店。知名的點心包括嘗起來口感密實、一小盒港幣約40元的燕窩糕，品茗的涼拌杏仁餅，傳統港式零食齋燒鵝、以豆皮製作，帶有淡淡鹹香的扎蹄和各式乾果蜜餞等。

HOMELESS M6B3

隱身老區中的設計師家居飾品、文具店

香港中環歌賦街29號地下　2581-1880
12:00～20:00（週一～六），13:00～18:30（週日）
地鐵上環站E2、中環地鐵站D2出口　趣味文具、小廚具

在上環這樣一個古老的區域中，出現一家集滿各地設計師作品的家飾店，真是讓人驚喜！推開厚重的水管裝飾門，不算大的店面裡，一區區陳列了各式饒富創意設計的趣味家具飾品、文具等生活用品。店中除販售本地設計師鄒蘊盈的個人品牌WunYing和自家設計師的作品，另還有Mathmos、Suck UK、Kartell、Gaia＆Gino、Bitossi等來自世界各國的趣味設計。仔細拿起每樣東西，你會驚訝於他們的巧思，讓這些商品在實用價值外，還帶著趣味感，不妨挑選幾樣小東西當禮物送人，收禮者一定相當開心。

九記牛腩 M6B3

50年歷史老店 牛腩馳名全港

香港中環歌賦街21號地下
2850-0123
12:30～23:30（週一～六）
週日、國定假日休息
地鐵上環站E2出口　平價（每人約港幣50元以內）
清湯牛腩、咖哩牛筋腩、上湯牛腩伊麵、咖哩筋腩伊麵

上湯淨牛腩河粉

九記在一條小小的巷道裡，但不論你何時前往，都會發現門口井然有序的停了一台台的私家車，甚至都是名貴高級轎車，大多只為了來此吃一小碗清湯牛腩或牛腩麵，一點都不誇張。在地的朋友也常說這裡常有名人出沒，可見沒有人抵擋得了美食的魅力。因咖哩、清湯各有各的好口味，建議可和朋友分點不同湯頭的牛腩，就每種都吃得到了！這家店中午以後才開門，千萬別特意來卻撲了個空。

勝香園 M6B3

路邊大排檔，人氣蕃茄口味顧客慕名而來

香港中環美輪街2號大排檔
2544-8368
08:00～17:30（週一～六），週日和例假日休息
地鐵上環站E2出口　平價（每人約港幣50元以內）
奶醬多、茄鮮牛肉蛋通粉、茄牛麵、牛油檸蜜脆脆

路邊的大排檔美食，也是尋找香港美味的好地方。位於上中環的勝香園，令人豎起大拇指的美味，首推蕃茄牛肉麵、蕃茄牛肉通心粉，和酥脆麵包上淋牛油檸檬蜜糖的「牛油檸蜜脆脆」。尤其喜歡吃蕃茄口味的人，更是不能錯過這裡汁濃料實在的蕃茄湯。脆脆的麵包搭配奶油、甜蜜一起食用，讓人體驗到真正的香酥脆，難怪即使在酷夏和寒冬，來自各地的顧客從來沒少過。

wun ying collection gallery M6B3

香港中環歌賦街7號地下
2581-1110
12:00～20:00（週一～六）
週日或例假日休息
地鐵上環站E2、中環地鐵站D2出口
實用化妝包、T恤

香港的奈良美智
商品專賣店

素有香港的奈良美智之稱、知名插畫家Carrie Chau（鄒蘊盈）的個人品牌「Wun Ying collection」。其最著名的作品為烏蠅娃娃，這個有著復古般的造型、不成比例的大頭和臉，沒有眉毛，總是睜大小小的眼睛看著世界，一付充滿好奇的表情，深受大家的喜愛。

「Wun Ying collection」的商品除了印有各種娃娃表情的錢包、明信片、T恤等，還有大型的插畫作品。這些商品在網路、以及歌賦街29號的HOMELESS中都可買到。

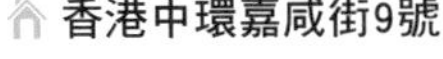

九龍醬園 M6C3

堅持手工製造的
老字號醬料店

香港中環嘉咸街9號
2544-3695
08:30～18:15（週一～五），08:30～18:00（週六），週日休息
地鐵中環站E2出口
平價（每人約港幣50元以內）
金牌生抽王、酸薑、糖沁皮蛋

堅持以手工製造特種調味醬料、醃漬食品的老店，也提供給許多知名餐廳使用，可見品質有口皆碑。喜歡做菜的人，可嘗試換換港式口味的醬油、豉油烹調，或者做為送人的伴手禮。香港人愛吃的酸薑和糖沁皮蛋，都是特殊的口味，不妨入境隨俗嘗嘗看。

開心吃

常聽見的「生抽」和「老抽」都是釀造醬油，是廣東的說法。生抽顏色比較淺、口味較鹹、醬油味較淺，比較像我們一般做菜加入的調味醬油。而老抽顏色較深、沒那麼鹹，醬油味較重，而且還帶點濃稠，專用在料理上色，像紅燒類、滷味類適合用。

必訪懷舊風
港式飲茶樓

蓮香樓 M6B3

香港中環威靈頓街160～164號

2544-4556

06:00～23:00

地鐵上環站C出口

平價（每人約港幣50元以內）

雞球大包、蛋黃蓮蓉包、霸王鴨、豬膶燒賣、魚肉扎

1926年就開始營業的蓮香樓，已有80多年的歷史，年長友善的沖茶阿叔、推著傳統式小車的阿姐、邊吃邊看報的老年顧客等等，彷彿來到仍保有舊時風情的飲茶樓，人情味是一般連鎖飲茶樓無法比擬的。

燒賣

魚肉扎

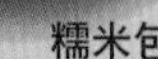

糯米包

由於顧客太多空間顯得狹窄，建議一大早就來找位子。這裡美味有名的點心太多，但每次來，特別喜歡點豬膶燒賣、魚肉扎、雞球大包、北菇魚肚等小點心，另外，也推薦這裡鬆軟的馬拉糕和不膩口的千層糕，有甜有鹹再搭配一壺茶更是滿足。

開心吃

一上2樓餐廳別被烏壓壓的客人給嚇到了，建議你趕緊看看哪裡有座位，或者站在快離坐的人旁邊。如果4人以下一同前往，較容易找到一起坐的座位，否則可能要分桌而坐。

牛肉腸粉

中環
路線2

世界品牌好逛區：

遮打道→雪廠街→安蘭街→都爹利街

這一區盡是全世界大小精華服飾店，多半是知名設計師品牌，除了各高級大廈內的綜合商場外，雪廠街、安蘭街附近一間間特色店鋪更值得一覽；最後，請多走幾步，在都爹利街浪漫的石階和煤氣燈旁喝杯咖啡稍事休息，充電一下再出發。

中環站
遮打道
雪廠街
皇后大道中
安蘭街
雪咸街
都爹利街

國際金融中心商場 IFC MALL

M6B4

香港島第一高樓裡的大型商場

香港中環港景街1號
2155-1323
10:30～22:00，依品牌營業時間略有差異
地鐵香港站、地鐵中環站A出口
連卡佛（Lane Crawford）百貨公司、Qeelin、agnès b.旗艦店、ZARA

國際金融中心大樓IFC，共88層樓高，自2003年啟用以來，曾為香港第一高樓（2011年起，樓高188層位於九龍站上的環球貿易廣場，成為全香港最高的摩天大樓）。

國際金融中心商場位於香港機鐵站的上面，交通方便，商場一共四層，但因每層面積寬廣，數百家不同品牌商店大集合，真要逛一天都走不完。除了國際品牌服飾、配件、高級珠寶、頂級包款，當然也還有餐廳、咖啡店、超級市場和電影院、小型書店。其中的Lane Crawford百貨、agn s b. LA LOGGIA超級旗艦店、西班牙國民品牌ZARA、7 for all mankind、Juicy Couture、Lucky Brand Jeans、咖啡機品牌Nespresso、Papyrus禮品文具店等都是一時之選，台灣少見的款式，值得大大選購。

Lane Crawford

IFC MALL二期3025～26、3031～66號舖
2118-3388　10:00～21:00

專門販售高級的歐洲品牌服飾、配件、生活精品等，一些台灣找不到，或者正流行的品牌這裡都有，其中較受國人歡迎的3.1 Phillip Lim's、BALENCIAGA、DRIES VAN NOTEN、JUNYA WATANABE、RAF SIMONS、TOGA等品牌，這裡的商品款式都較多且新穎。

garrett popcorn

IFC MALL 1050號舖
2234-7494　10:00～20:30
平～中價（每人約港幣50～150元）
焦糖脆脆、夏威夷果仁焦糖

這家是已有六十多年歷史，來自美國芝加哥的知名爆玉米花（香港人說的爆谷）專門店。可選擇的口味有很多，牛油味、芝士味、焦糖脆脆等，加入果仁類的價格較高，什麼口味都想嘗試的人，可購買芝加哥混合。有大中小份量，包裝分為紙袋和彩色罐裝。漂亮的罐子還會有限定款喔！

ANGELINA

IFC MALL 3025-3026、3031-3070號舖
3188-0842
10:00～20:30
中價（每人約港幣80～200元）
蒙布朗、熱巧克力

創立於1903年的ANGELINA，已經有百餘年的歷史。早年在巴黎開幕後，立刻吸引一眾貴族仕女前往品嚐。目前在IFC有店，前往時如果只看平面的地圖，可能走進連卡佛（Lane Crawford）百貨而錯過地方。這時別懷疑，店入口就在連卡佛裡面啦！不是非常愛甜食的我，也一定要推薦這間店濃滑香醇的熱巧克力，還有栗子泥香氣濃郁、扎實，真材實料的布朗尼，搭配底部的蛋白餅，不愧是經過百年焠鍊仍受歡迎的點心。店內餐具、裝潢維持總店一貫的特色，很適合三五好友聊天。在IFC血拼累了嗎？趕快去ANGELINA來個下午茶放鬆一下。

正斗粥麵專家

香港美食雜誌
推薦的粥麵專家

IFC MALL一期3樓3016-3018號舖　2295-0505　11:30～23:00
地鐵香港站E1出口　中價（每人約港幣50～100元）
鮮蝦雲吞麵、牛腩麵、乾炒牛河

是家很有名氣的港式粥麵店，在許多美食雜誌上也曾報導過。香而不油膩的乾炒牛河、餡料實在的雲吞和細麵、大塊的牛腩，都是很多吃過的人推薦的菜色。尤其開在國際金融中心商場中，很適合逛街後填飽肚子，只不過人多難免要排隊。

開心吃

現在在香港國際機場也有正斗麵家（還有翠華），離境時再也不怕餓肚子了！

中環
路線2

遮打道→雪廠街→安蘭街→都爹利街

世界品牌好逛區：

Pierre Hermé Paris

品嚐糕點界的畢卡索名作的好機會

IFC MALL二期1019 C號舖
2833-5700　10:00～21:00
地鐵香港站、地鐵中環站A出口
高價
馬卡龍、高級巧克力和巧克力馬卡龍

若說到馬卡龍，絕對不能不提到有「糕點界畢卡索」美譽的Pierre Hermé。現在不用遠赴法國或日本，在臨近的香港就能品嚐到他的高級巧克力和馬卡龍點心了。位於IFC的Pierre Hermé吸引許多愛好法式甜點的饕客。店內裝潢繽紛亮麗，令人一踏進店裡便感到心情愉悅。各種口味的的馬卡龍和巧克力都是明星商品，馬卡龍中以橄欖雲呢拿、熱情果草莓、玫瑰花瓣、秘魯黑朱古力最搶手，巧克力類則以香橙甜酒黑朱古力、甜薑牛奶朱古力、檸檬鏈黑朱古力最熱門。

開心買

包裝盒精緻且硬挺，盒內還有透明架避免碰撞，設計貼心，有利於當伴手禮帶回來贈送他人。

VICTORIA'S SECRET Beauty and Accessories

女性最愛性感華麗
美容&飾品店

IFC MALL二期1037號舖
10:30～21:00（週一～五），10:30～21:30（週六），10:00～21:30（週日和假日）
地鐵香港站、地鐵中環站A出口
中高價
香水、乳液、性感內褲

著名內衣品牌維多利亞的秘密首間專門店選在中環的IFC販售。開放式的設計方便顧客進入，裝潢走的是奢華夜店風，只要一進入店內，立刻飄來陣陣香水味。這家店販售的是以美容產品和飾品為主。美容產品例如乳液、香水，而飾品則包含化妝包、手袋、皮夾、墨鏡為主，而聲名大噪的內衣系列尚未引進，只有販售性感內褲系列。喜歡性感、華麗風格衣物和用品的女性，絕對不能錯過。

中環碼頭 M6B4

多班巴士、觀光車的總站

香港中環民光街6號和7號碼頭外中間的位置

中環天星碼頭出口

中環的天星碼頭又叫中環7號碼頭，是多條巴士線的露天總站。原來的中環碼頭並不在這，2006年底才搬至此地。這裡是前往多個觀光景點的巴士站或總站，像前往山頂纜車總站（可去太平山頂）的15C巴士、629巴士特別班次（可去海洋公園）、H1和H2人力觀光巴士等。

遮打大廈 M6C4

香港的ARMANI王國

香港中環干諾道中8號、遮打道11號

2921-2497

10:00～19:00

地鐵中環站E、F出口

ARMANI/BAR HK、ARMANI巧克力專賣店

建築的外牆有著斗大的ARMANI品牌字樣的遮打大廈，地面3層樓為商場，包括了Emporio Armani、Armani Jeans、Giorgio Armani Cosmetics、Armani Libri、Armani Floru、ARMANI/BAR HK等，是除了義大利的米蘭總店外，各系列產品最集中的大級旗艦店。其中的ARMANI/BAR HK是可吃點心和西餐的餐廳，逛街累了不妨來杯咖啡或下午茶，休息後再繼續血拼。

歷山大廈 M6C4

PRADA亞洲第二大旗艦店在此
PRADA迷勿錯過

香港中環遮打道16～20號

11:00～20:00，依品牌營業時間略有差異

地鐵中環站K出口

PRADA旗艦店

位於地鐵中環站上，太子大廈旁的歷山大廈，雜處在中環這幾間商場之中。它的地面層的商場，是由PRADA亞洲第二大旗艦店、YSL、SWAN、BURBERRY PRORSUM等多家名店，以及中、西式餐廳、咖啡店組成。因這附近幾棟大廈的低樓層都是商場，進駐的品牌各異，建議若逛街時間不夠，可先找出自己心儀品牌位處的商場，既能買到東西又省時間。

世界品牌好逛區：遮打道→雪廠街→安蘭街→都爹利街

文華東方酒店快船廊 Clipper Lounge下午茶 M6C5

香港中環干諾道中5號閣樓
2825-4007
15:00～18:00下午茶時間
地鐵中環站F出口

有「香港廚房」美譽優雅酒店的下午茶

始終滿座的時尚下午茶餐廳，位於中環中心文華東方酒店快船廊，地鐵出來就可以輕鬆抵達。這裡的下午茶是屬於傳統的英式下午茶，點心盤裡裝滿司康、馬芬、三明治和起司蛋糕等，搭配各類茶或咖啡。通常下午茶分成下午2點～4點和4點15分～6點兩個時段。

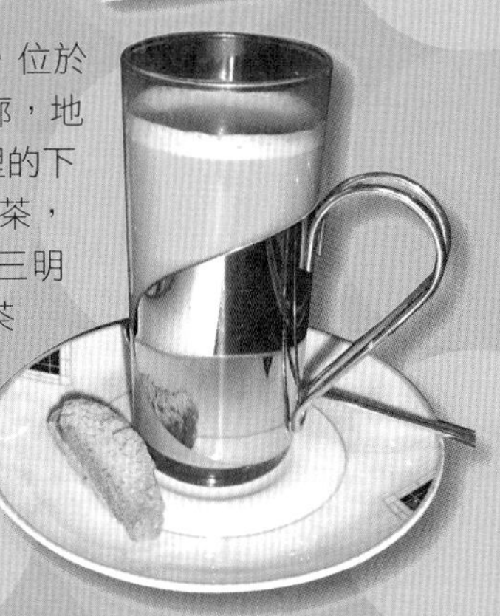

另不定時推出chocolate tea buffet，全部都是巧克力點心，是巧克力迷最興奮的大餐。司康和玫瑰花果醬相當值得推薦，玫瑰花果醬帶有一股特殊的香味，只有這裡才吃得到。餐廳的餅店都是老師傅手藝的呈現，可以外帶些餅乾回飯店吃，順便買瓶玫瑰花果醬做為小禮物是最適合不過的了。

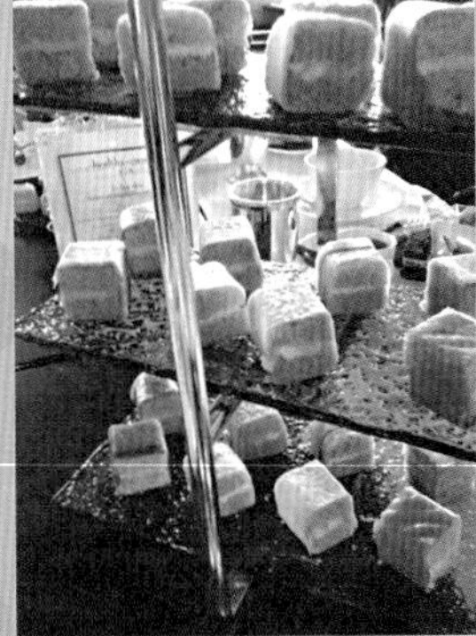

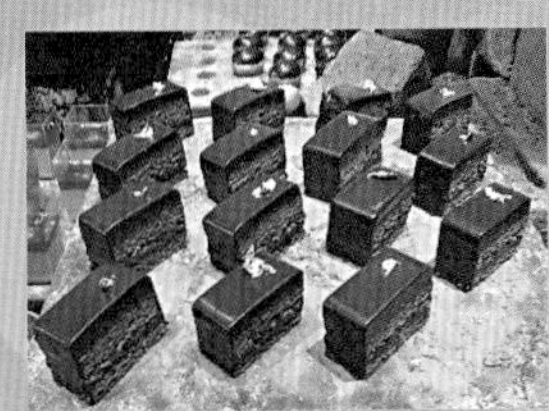

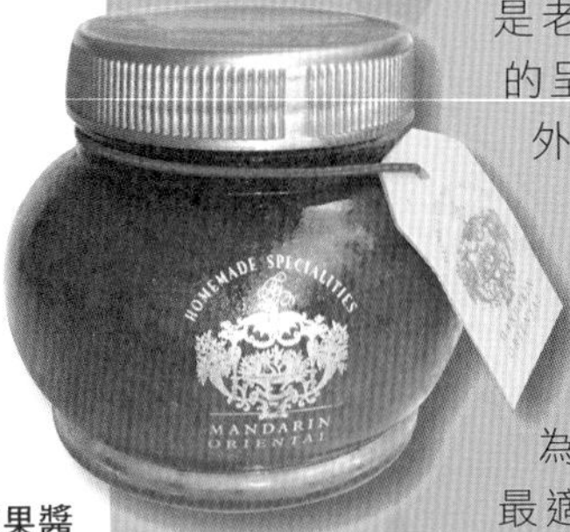

玫瑰花果醬

開心吃

下午茶單人約港幣318元，雙人餐則為港幣558元。

歷史悠久的
國際品牌這裡有！

太子大廈 M6C5

香港中環遮打道10號
2921-2194
10:00～19:00，依品牌營業時間略有差異
地鐵中環站K出口
男士訂製服裝、生活精品

地下到4樓都是商品名店街，設有行人天橋可連接其他幾個大廈型商場的太子大廈，店家多以老牌精品Bally、Boss、男士訂製服裝、生活精品為主。許多男性上班族喜歡到此訂做西服，注重生活品質的人，常流連在皇家哥本哈根、喬治傑生等頂級器皿店。

開心買

太子大廈和附近的歷山大廈、遮打大廈和置地廣場都有行人天橋相通，即使颳風下雨，再也不怕提著大包小包戰利品淋了一身雨，真是貼心又方便。

立法會大樓 M6C5

新古典主義風建築

香港中環昃臣道8號
地鐵中環站K出口

大樓面向皇后像廣場，前身是香港的最高法院（當時人稱「大葛樓」）， 1997年以後才改為現在的立法會大樓。這棟三層樓高的建築，有著新古典主義風格的外觀，模仿希臘和古羅馬的建築。立法會大樓是目前香港決定政策和立法的部門。

開心玩

大葛樓是因法院的英文字為court，廣東話唸起來很像葛，所以才有這個稱呼。

賞景&美食兼具的
High Tea場所

SEVVA M6C5

太子大廈25樓
2537-1388
14:30～17:30，週日休息，農曆過年期間需詢問
$ 高價（2人約港幣680元，另加10%服務費下午茶2人港幣680元，外加10%的服務費）
瑪麗安托內特的渴望

在25樓高的餐廳喝下午茶，SEVVA正是享受風景和美食的好地方。其中最有名的是，以法國瑪麗皇后為名的點心——「MARIE-ANTOINETTE’S CRAVE（瑪麗安托內特的渴望）」。在戚風蛋糕的外圍黏貼上五彩繽紛的馬卡龍，粉紅色的棉花糖正如同瑪麗皇后的髮型。此外，正統的三層英式甜、鹹點心，風味極佳，即使價格不斐，卻吃得心滿意足。

皇后像廣場 M6C5

中環區
休憩的小天地

香港中環遮打道
地鐵中環站K出口

這個廣場，是1965年時英國馬格麗特公主來港訪問時建立的公園，深具英國殖民地色彩。靠近立法會大樓，屬於開放空間，每到週日都有許多外勞在此聚會休憩。如今公園裡已不見維多利亞女王的銅像，看到的是香港金融界巨人湯瑪斯・傑克森的銅像。從中環地鐵站K出口一上來，抬頭一看，四周都是有名的超高樓大廈，使這個廣場成為寸土寸金的金融區，可以乘涼放鬆的小天地。

中環
路線2

遮打道→雪廠街→安蘭街→都爹利街

世界品牌好逛區：

中銀大廈 M6D5

設計名家
貝聿銘的傑作

香港中環花園道1號
2523-4158
10:00～19:00
地鐵中環站J1、J2出口

出自知名設計大師貝聿銘之手的中銀大樓，樓高70層。據說大樓當初的設計概念，來自於節節高昇的竹子，但因外觀看起來如同一把銳利的劍，曾有風水不佳的傳聞。大樓免費對外開放，參觀者可以搭乘電梯到43層觀賞香港島的風景。當走進大樓，整個內部突然完全安靜下來，設計師藉由空間和結構的設計，將戶外嘈雜聲隔絕於外。

開心玩

曾有人說如長劍般的大樓外觀，如同一把劍斜插入亞里畢道的前總督府的「龍背」上， 之後進駐的最後兩任總督，皆在任內猝死或重病入院，應了風水不佳的傳聞。因此，1997年回歸後的第一屆特首董建華不再入住於此，前總督府也已改為香港禮賓府。

香港上海滙豐銀行總行大廈 M6D5

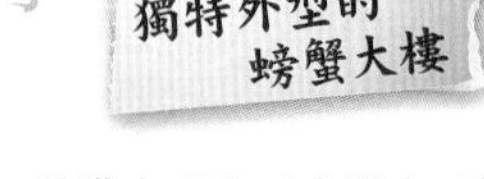

獨特外型的
螃蟹大樓

香港中環皇后大道中1號
地鐵中環站H、K出口

1935年落成，位於皇后像廣場和立法會大樓旁邊，建築外牆有如數條鋼鐵纏住的匯豐銀行總行大廈，是由英國著名的設計師諾曼・福斯特（Norman Foster）設計的。1樓是開放空間，2樓則是銀行區。獨特的外觀如同身穿鎧甲的武士，遠看又有點像一隻橫著走的螃蟹，所以大家戲稱它為「螃蟹大樓」。

開心玩

香港有3家銀行可發行鈔票，分別是香港上海匯豐銀行、中國銀行和渣打銀行，這棟外觀特殊的大廈就是總行。

Harvey Nichols百貨

置地廣場G46～48、127～135、226～230、319～320、323～326、403～408號舖

3695-3388

10:00～19:00

Kris Van Assche, Les Homme、Repetto、GOYARD、珍貴皮革包

總店位在英國的夏菲尼高百貨（Harvey Nichols），是以販售高級服飾、生活精品為主的英式百貨。2005年底選在置地廣場設立一共5層樓高的店中店。B1～3樓設立Beyond Beauty化妝品區，3～4樓是女、男裝區和餐廳，，獨家引進Kris Van Assache、Luca Venturini、Les Hommes等品牌。近來在2樓增設「Precious Skin Corner」區，販售珍貴皮革用品，引進Kotur、VBH、Colombo、Lana Marks、Carlo Falchi等牌；也在4樓另設「Savvy Savings Corner」區，以較低折扣販售名牌精品，包括Juicy Couture, 6267,和Life with Bird等。

置地廣場 M6C4

香港中環畢打街11號

2921-2199　10:00～19:00

地鐵中環站G出口

LOUIS VUITTON旗艦店、Manolo Blahnik、Harvey Nichols百貨、Roger Vivier鞋

位於畢打街和德輔道中附近，中環商業區的中心地帶，血拼商場一級戰區的置地廣場，共有5層商場。商場設有方便的行人天橋可通往歷山大廈，地下通道則可通往中環地鐵站，交通上四通八達。能在這裡出現的品牌幾乎都是國際精品，像Chanel、Dior、Gucci、FENDI、Tiffany & Co.、Manolo Blahnik、STELLA McCARTNEY等，其中門口的LOUIS VUITTON旗艦店，更是全球四大旗艦店之一。

另有英國頂級Harvey Nichols百貨，難怪置地廣場可和半島酒店商場共稱香港兩大名牌商場。年輕人喜愛的G.Gigli、Ralph Lauren、Tommy Hilfiger等服飾商品，在置地廣場中當然也有。

中環
路線2

世界品牌好逛區：遮打道→雪廠街→安蘭街→都爹利街

BAPE STORE HONG KONG M6D4

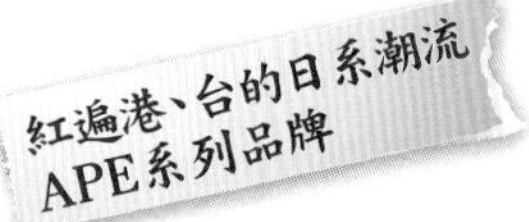

香港中環皇后大道中10號

2868-9448　11:00～20:00

地鐵中環站G出口

T恤、MILO玩具

來自日本的品牌APE，獨特的猿人圖案商品，迅速征服了台、港、日的潮男潮女。這幾年陸續增加了多個系列以細分商品客群，像男裝的APE、女裝的BAPY和APEE、童裝的BABY MILO等中環店集合所有系列商品，款式多，吸引許多粉絲跨海買衣，尤其品牌推出限量商品時，更能見到大排長龍的景象。

裡原宿軍事風服飾
現身中環

HOODS HK M6C4

香港中環雪廠街10號地下5號舖

2162-8009

約11:00～20:00

地鐵中環站G2出口

Neighborhood、軍服

這家年輕人來朝聖日本時尚的潮流店，在2009年底才開幕，是Neighborhood及WTAPS在日本以外的專門店。店內裝潢是由日本創意人比內直人和設計師西山徹企畫，店面有一整層寬廣，直接聯想是販售男性風格的商品。在日本有名的軍事風服飾、牛仔褲、字母上衣等在店中都能看到。

COMME des GARCONS M6C4

香港中環雪廠街10號地庫

2869-7895

11:00～20:00

地鐵中環站G2出口

入門款PLAY系列服飾

日本國寶級設計師川久保玲的設計，80年代就一直紅到現在，擁有許多死忠的粉絲，更是許多香港人的心頭好。2009年底才在雪廠街開幕的這家店，店內擺設給人簡潔俐落之感，牆上還懸掛藝術作品。發現所有系列的商品幾乎都有，款式也較多樣化。當中這幾年很流行的「PLAY」愛心系列，大大的愛心臉配上2個不安分的眼睛（有多色搭配），吸引許多年輕人的注意，價格較平易近人，可以說是這個品牌的入門款，偶爾還會推出限量特別款，大家不妨入店碰碰運氣。

全球唯一懷舊風星巴克
×住好啲冰室角落

STARBUCKS×住好啲冰室角落 M6D4

中環都爹利街13號樂成行地庫中層
2523-5685
07:00～22:00（週一～五），08:00～22:00（週六），09:00～20:00（週日、國定假日）
地鐵中環站D1、D2出口
每個人約港幣70元
咖啡蛋塔、咖啡啫哩（果凍）星冰樂、咖啡雞尾包

牆上的手寫菜牌、咖啡牌、老舊電風扇、廣東戲「帝女花」海報和熱水瓶等家飾，如同置身在六、七零年代香港。店裡的飲食推薦特有的咖啡蛋塔、咖啡菠蘿包和咖啡雞尾包。灣很難找到全系列的商品，現在度假時前往香港即使不買，逛逛這家店也覺得很舒服。

請亂拍照

都爹利街石階和煤氣燈 M6D4

香港中環都爹利街和雪廠街交接處
中環地鐵站D1、D2出口

中環都爹利街和雪廠街交接處，有一花崗岩的石階，建造於1875～1889年間。而石階上下兩端欄杆處，在20世紀初時裝上了4盞煤氣燈。本來香港政府打算將煤氣燈拆除放入博物館保存，最後仍決定保留在原地，且由煤氣公司負責提供點燈的煤氣，當時是由手工點燃，現也改成自動操作，每天晚上6點到第二天早上6點亮燈，氣氛浪漫。這是目前香港碩果僅存的4支煤氣燈，已被列為法定古蹟保存，許多港劇和電影都喜歡來此取景。近來很有人氣的「STARBUCKS×住好啲冰室角落」店址則在煤氣燈旁。

Maison Martin Margiela M6C4

最受歡迎的
比利時實驗解構品牌

香港中環雪廠街10號地下7號舖
2869-7707
11:00～20:00
地鐵中環站G2出口
忍者高跟鞋、配件、皮夾

比利時品牌Maison Martin Margiela（MMM）的專門店，符合品牌精神的純白色建築，讓人遠望就看到了它。品牌各系列是以數字來區分，像女裝的「1」、基本款女裝的「6」、男裝的「10」、男女飾品的「11」、鞋類的「22」、老舊衣物改製女裝的「0」和男裝的「0／10」等，獨特的創意和顛覆傳統穿衣方式是最大的特色，你一定要試試！

外國記者會及藝穗會

紅白交錯的
典雅二級古蹟

香港中環下亞厘畢道2號 M6D4
852-2521＃7251
12:00～22:00（週日休息）
地鐵中環站D2、G出口

這一棟以磚砌及灰泥粉刷，極具殖民色彩的二級古蹟。總讓人想拿起相機猛拍，最早建於1892年，1913年曾翻新，當時是牛奶公司儲存冰品及乳製品的冷藏倉庫。目前由本地推廣藝術創作的非營利團體藝穗會接管建築的南段，於此舉辦各類藝文展覽及小劇場表演，北邊則為外國記者協會。館內還有一個法式餐廳。

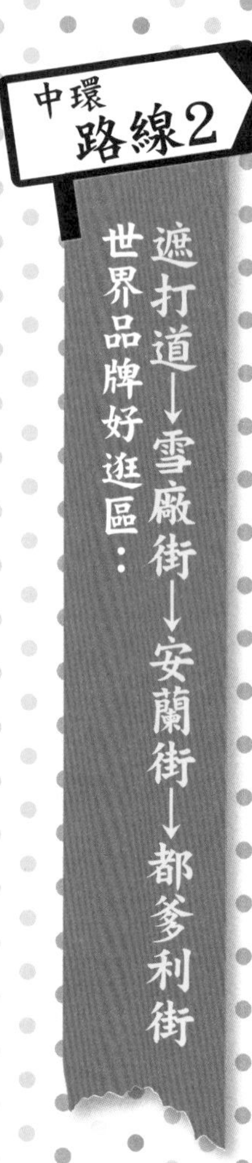

DSQUARED² M6C4

香港中環安蘭街4～6號
2524-3988
12:00～22:00
地鐵中環站D2出口
眼鏡

加拿大雙胞胎設計師在時裝店雲集的安蘭街中所開的旗艦店。2層樓的建築，齊全的服飾、鞋類、眼鏡、香水等商品一應俱全。喜歡DSQUARED²商品的人，可以省去不少時間再逛其他店。

D-MOP M6C4

香港中環安蘭街11～15號
2840-0822
約11:00～20:00
週日～19:00
地鐵中環站D2出口
Blues Heroes皮衣、合作商品

香港老字號
時尚複合店

D-MOP對台灣人並不陌生，是一間品牌複合店，店中集合了多個品牌的潮流服飾、配件、鞋類等。目前店中有Blues Heroes、Bernhard Willhelm、Emma Cook、Mathew Williamson、Hussein Chalayan等，以及品牌聯名商品，都在年輕人間掀起了一股潮流。

CHRISTIAN LOUBOUTIN M6C4

香港中環安蘭街7號
2118-0016
約12:00～20:00
地鐵中環站G2出口
高跟鞋

這是由有法國鞋王之稱的CHRISTIAN LOUBOUTIN，在1992年創立的法國高跟鞋品牌，據說是許多好萊塢女星必備的夢幻紅底高跟鞋，而嫵媚、華麗、極具女人味是此牌高跟鞋給人的印象。位在安蘭街的這間2層樓店，紅色的外牆很引人注目，是亞洲第一家專門店。店內除了耀眼炫麗的女鞋，古董擺飾品，以及以一個個以鳥屋代替鞋架的陳列方式，讓人覺得不僅僅是一家鞋店，如同小小藝術廊般。

受年輕人歡迎的
義大利時尚牛王

DIESEL Flagship Store M6C4

香港中環皇后大道中20號
2525-0540 10:30～20:00
地鐵中環站G出口 牛仔褲、飾品

喜歡牛仔褲的人對Diesel應該不陌生，這家位於中環的旗艦店，是世界4大旗艦店之一（另3地是東京、紐約和米蘭）。樓高3層，第一層是Diesel Black Gold和Showpiece區，第二層是配飾區，而第三層則是Diesel專區，所有最新款式的商品都找得到。另外，這家店特別的是櫥窗的陳列，以及室內的特別裝潢設計，有時還會和藝術家合作，舉辦展覽或共同設計作品，讓商品除了實穿外，更能兼顧藝術設計性。每季還有不同的設計主題，來到香港，無論你是否喜歡牛仔褲，都建議你來逛逛。

英倫平民生活類
百貨香港最大店

MARKS&SPENCER 瑪莎百貨 M6C4

香港中環皇后大道28號
2921-8317
10:30～20:30（週一～五）
13:00～20:00（週六～日）
地鐵中環站D1、D2出口
咖啡、盒裝糖、加味氣泡水

同樣是來自英國的平民百貨瑪莎百貨，在香港一直深獲好評。雖然一度也曾進入台灣，但目前已經撤出台灣。和台灣店最大的不同，在於香港的瑪莎百貨貨品種類較多，並非只有服飾和配件，其實建議大家可選購這裡的食品，像各式咖啡、巧克力盒裝糖，尤其加味的檸檬氣泡水，更是好喝。另有進口的兒童玩具、圖書和青少年內衣服飾，都是台灣少見的。

開心買

瑪莎百貨在香港一共有9家店，除中環皇后大道店外，另在銅鑼灣的時代廣場、太古城中心、尖沙咀海港城九龍塘又一城、九龍灣德福廣場、荃灣新天地、沙田新城市廣場，以及鑽石山荷里活廣場等地都有分店。

MCM中環店 M6C4

香港中環皇后大道中30號娛樂行地庫
2117-3955
12:30～20:30
地鐵中環站D出口
logo雙肩後背包

全球最大的旗艦店

德國皮件老牌的MCM，在2011年中，選擇血拚戰場中環開了一家全球最大的旗艦店。金光閃閃、滿滿logo的門面，很吸引逛街人潮的目光。近年來推出的商品有年輕化的趨勢，而且還獲得許多香港、韓國明星顧客的加持，成為最受年輕女性喜愛的品牌之一。除了價格較高的包件，還有推出粉色、銀色系的皮夾、手機套等價格較低的入門款商品。

TOPSHOP in HongKong M6D4

香港中環皇后大道59號泛海大廈
2118-5383
10:00～22:00
地鐵中環站D出口
平價
連身洋裝、皮包、飾品

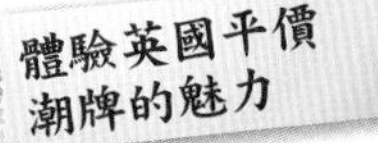

位於中環一級服飾戰區、平價品牌H&M 斜對面的TOPSHOP，終於進入香港，在6月於中環開設首家店舖了。這個來自英國的平價時尚品牌與H&M 和ZARA齊名，服裝和飾品等產品推陳出新的速度非常快，很受時下年輕人的歡迎。以前必須透過網購，現在到香港就可以在旗艦店中輕鬆買到。兩層樓的賣場，店內裝潢走的是簡潔俐落風格，產品則以系列和主題分類，方便顧客尋找。除了正品線的商品外，店內布什推出與其他名設計師合作的產品以及香港限量商品，選擇性更多。

Abercrombie & Fitch **M6C4**

終於在港開店，
不用再買水貨囉

香港中環畢打街12號畢打行

3940-1892　10:00～20:00

地鐵中環站D1出口　中價

刷毛外套、背心、POLO衫、牛仔系列、帽子等配件

麋鹿logo帽子

受到許多時下年輕人喜愛，走奢華休閒風的美國品牌Abercrombie&Fitch（A&F）終於在2012年8月，在中環地鐵站附近開設了第一家專門店，對於喜歡這個品牌服飾的人，除了日本、新加坡之外，可以到距台灣最近的香港購買，真是省了不少時間。當你從中環地鐵站D1出口一上來，馬上一陣香水味撲鼻而來，只要跟著香味走，很快就能找到出口隔壁的這家店。

這間店位在醒目的中環逛街商圈，白色典雅的建築，一共四層樓面。其中地下一樓專售男性服飾，一樓混合了男女裝，二、三樓則通通都是女裝。店內木質地板，搭配昏暗燈光，以及空氣中瀰漫的香水味，裝潢承襲了美國專賣店的風格，由於燈光昏暗，建議大家不要逛得太興奮而忽略步行的安全。產品大多與美國同步販售，最小小的可惜是尚未推出花車商品。

除了服飾之外，A&F最讓人印象深刻的就是，店門口兩旁的帥氣店員，及店內少穿著清涼的好身材男女店員，穿著該品牌的服飾為客人服務，讓人購物之餘同時能欣賞俊男美女，不啻大飽眼福。

無肩帶背心

GAP **M6C4**

將美式的瀟灑舒適
穿上身

香港中環皇后大道中31號　2885-0789

10:00～22:00（週一～六）；11:00～21:00（週日）

地鐵中環站D1、D2出口　中平價

幾年前撤出香港的GAP，在2012年又重新進駐香港，這次選在中環的一級服飾戰區開幕，附近還有MCM、COACH等店。從D1、D2出口轉到皇后大道中，4層樓面的GAP矗立在眼前，很容易找到。目前店內販售男女裝、少女裝、童裝，以休閒風格為主。其中招牌的牛仔褲、針織衫等，價格平易近人，為喜歡休閒服飾的人提供一個新選擇。

開心買

GAP的童裝很有名，設計款式跟得上流行，尺寸大概都做到160公分。如果你是身材嬌小的女性，也許有機會挑到樣式漂亮、價格卻只要女裝一半的商品。

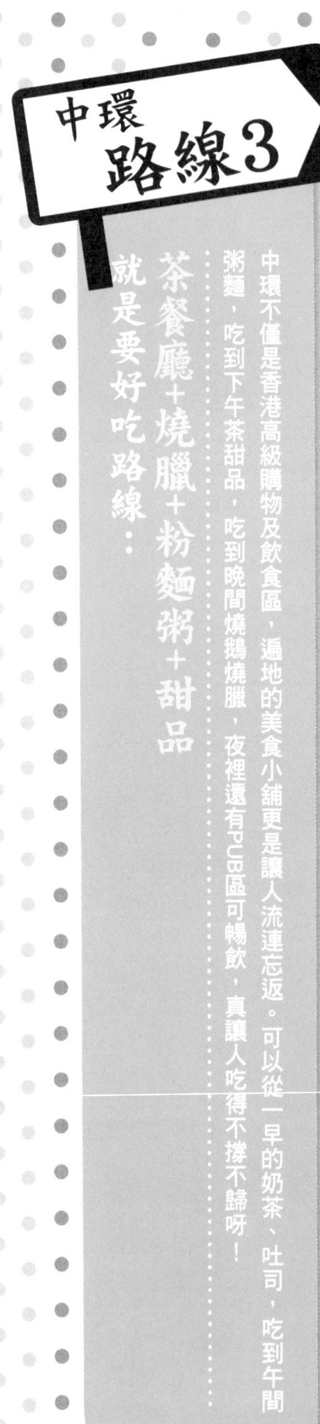

中環 路線3

中環不僅是香港高級購物及飲食區，遍地的美食小鋪更是讓人流連忘返。可以從一早的奶茶、吐司，吃到午間粥麵，吃到下午茶甜品，吃到晚間燒鵝燒臘，夜裡還有PUB區可暢飲，真讓人吃得不撐不歸呀！

茶餐廳＋燒臘＋粉麵粥＋甜品

就是要好吃路線：

鏞記 M6C4

蜚聲國際米芝蓮 一星級港式餐廳

- 香港中環威靈頓街32～40號
- 2522-1624
- 11:00～23:30，14:00～17:00供應港式飲茶
- 地鐵中環站D2出口
- 高價（每人約港幣200元～）
- 燒鵝、糖沁皮蛋酸薑、金牌叉燒

說到中環的鏞記，馬上令人聯想到油亮亮的燒鵝。不過除了鎮店之寶燒鵝吸引老饕外，嗆辣的酸薑配糖沁皮蛋、粒粒分明的荷葉飯、瘦肉居多的金牌叉燒，還有得過香港國際美食大賞的「金獎」的松子雲霧肉（類似東坡肉），都是備受老饕讚賞的菜餚。因為來自各地的觀光客和當地食客人數眾多，建議如果想在店內用餐，先以電話預約，才不會排隊等太久。

開心吃

若不想在店內用餐，在店門口旁有一個外帶區門，可以單點外帶的燒鵝飯，回飯店大快朵頤。想吃得獎名菜松子雲霧肉嗎？必須先以電話預定。

潮州魚蛋片

麻辣嫩雞米線

豬扒飽

翠華餐廳 M6C4

24小時營業
天天不打烊

香港中環威靈頓街15～19號地下～2樓

2525-6338

24小時

地鐵中環站D1、D2出口

平價（每人約港幣50元以內）

馬來咖哩雞飯、海南雞飯、魚蛋河粉、米線、豬扒飽

很難想像有24小時營業的餐飲店，但這在香港並不是奇聞喔！閃亮著漂亮霓虹燈的招牌，在入夜之後更加顯眼。翠華餐廳的飲食品項非常多，幾乎各類飯、麵、河粉、米線、粥或麵包、飲料一應俱全，選擇五花八門。觀察鄰桌不少當地人都會點海南雞飯和咖哩飯，想必口味不差，個人則推薦豬扒飽和辣雞米線，當正餐份量剛好。

陸羽茶室 M6C4

從老伙計服務生
看見悠久店史

香港中環士丹利街24-26號地下

2523-5464

07:00～22:00

地鐵中環站D1、D2出口

高價（每人約港幣150～200元）

豬膶燒賣、滑雞球大飽、鮮蝦餃、脆皮糯米雞

幾乎每本旅遊書都介紹的陸羽茶室，充滿懷舊氛圍的店內裝潢、中國式桌椅和水墨畫、上了年紀的服務生，立刻能感受出這家店的悠久歷史。這裡除了品茶外，廣東菜、港式小點中也有不少人氣菜餚。若4人以上前來，可點棉花雞、杏汁白菜豬肺湯等，人數少可點滑雞球大飽、燒賣、鮮蝦餃和雲腿焗雞夾等小點。我最喜歡豬膶燒賣這道小點，第一次看到那麼大的豬肝，不是到處都有喔！

中環
路線3

就是要好吃路線：茶餐廳＋燒臘＋粉麵粥＋甜品

蘭桂坊 M6D3

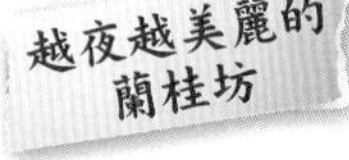

香港中環雲咸街至德己立街之間
2849-1000
約每天18:30～凌晨
地鐵中環站D2出口
高價（每人約港幣150元以上）
酒吧、異國料理餐廳

說到香港的夜生活，絕對不能漏掉中環的蘭桂坊。如果你曾白天行經此地，一定感受不到任何的氣氛還以為來錯了地方。沒錯，這裡只屬於夜晚，越晚越熱鬧，是夜貓子的天堂。尤其是週末假日，絡繹不絕湧入的人潮，可小心別和朋友們走散了。來到這裡的男女穿著都很入時，每逢特殊節日，還能看到特別的裝扮。即使平常沒有逛夜店、上酒吧的習慣，也可以到此感受一下歡樂的氣氛，來杯雞尾酒、啤酒，狂吃下酒菜。這裡參雜著許多異國料理店和酒館，像Rain Restaurant & Bar、Favaca Wine&Grill、Bit Point、Post97、di LUX Ristoranti & Bar等西餐廳、酒吧，都是好去處。

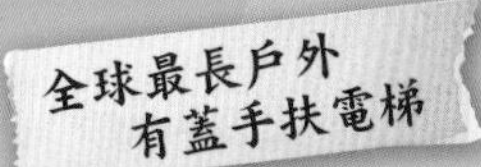

半山行人電梯 M6C3

香港中環街市至高級住宅半山區

06:00～10:00（電梯往下），10:30～24:00

地鐵中環站A出口（起點）D2出口（終點）

連接中環和南側的山區，全長800公尺，最低到最高點約為135公尺，號稱是全球最長的戶外有蓋手扶電梯。在還沒親臨這個電梯前，已經在電影《重慶森林》中，看過王菲在電梯上的身影，直到站在電梯上，才有股興奮。從皇后大道中，經過士丹利街、威靈頓街、荷李活道和士丹頓街，直抵半山區手扶電梯。每天約有5萬人次使用，是極為便利的交通移動工具。

開心玩

因為電梯只有單方向通行，最好知道電梯上行、下行的時間，才能省下不少步行的時間，不然只得自己爬樓梯了。

春回堂藥行 M6C3

一杯涼茶
增強體力精神好

香港中環閣麟街8號

2544-3518

09:00～20:00

地鐵中環站C出口

平價（每人約港幣30元以內）

五花茶、二十四味茶、龜苓膏

每次經過這條小小的閣麟街，都能看到絡繹不絕的客人，站在門口一人一杯，走近一看，原來大家都在喝涼茶，店中較暢銷的茶款有二十四味茶、甜花茶（菊花茶）、感冒茶等等。香港的天氣和台灣很像，尤其夏天相當悶熱，若能來杯涼茶去火，就能抵抗炎熱的暑氣。

開心吃

二十四位茶和感冒茶非常的苦，大家嘗試之前要有心理準備，不過良藥通常都是苦口的。還有身體寒冷、懷孕或生病時盡量不要喝。

茶餐廳+燒臘+粉麵粥+甜品
就是要好吃路線：

永樂園餐廳 M6C4

香港中環昭隆街19號地下
2522-0965
07:30～19:30（週一～六），週日、假日休息
地鐵中環站C出口
平價（每人約港幣50元以內）
雙腸熱狗、奶茶

很難想像摩登的大街上，隱藏著不少傳統美食小店，皇后大道中上的一條小街昭隆街裡，就有一家以賣熱狗堡出名的永樂園餐廳。小小的店門，時常排滿了外帶的顧客，最適合逛街走累了，停下來大咬幾口補充元氣。這裡的熱狗堡，麵包鬆軟，醬汁濃厚，搭配熱狗剛剛好。邊走邊吃超方便！

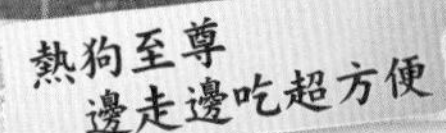

熱狗至尊
邊走邊吃超方便

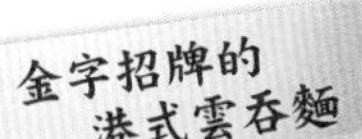

金字招牌的
港式雲吞麵

麥奀雲吞麵世家 M6C3

香港中環威靈頓街77號地下
2854-3810
11:00～21:00
地鐵中環站C出口
平價（每人約港幣50元以內）
雲吞麵、鮮蝦水餃子麵、蝦子撈麵

雲吞餡料是以蝦子和肉混合，包好的雲吞較一般麵店的來得小巧，但口感紮實、原汁原味，難怪雲吞麵是這家老店的金字招牌。通常端上桌的雲吞麵，是湯匙擺在最底，接著放上雲吞，最後才擺入麵，這種擺法是這家老店的堅持。另外，香而不腥的蝦子撈麵也可一試。

威記粥店 M6C3

香港中環士丹利街82號
2551-5564
07:00～19:00
地鐵中環站D1、D2出口
平價（每人約港幣50元以內）
魚片艇仔粥、炸兩、蝦米腸粉、蘿蔔糕

品嘗生滾粥
搭配炸兩的好口味

如同一般港式傳統粥店，店內除了各種生滾粥品，受歡迎的還有蝦米腸粉、沾著醬汁吃就很夠味的淨腸粉，還有以腸粉包裹油條的炸兩。炸兩的口味很特別，軟滑且薄的腸粉皮和香酥脆的油條一塊入口，淋上醬汁，一吃就上癮。此外，這裡的白粥濃稠而有白米的香氣，配小菜很對味。

價格親民的大顆雲吞
吃的滿足

沾仔記 M6C3

香港中環威靈頓街98號地下
2850-6471
09:00～22:00
地鐵中環站D1、D2出口
$ 平價（每人約港幣50元以內）
雲吞牛肉麵、牛肉雲吞河、鮮鯪魚球麵、鮮蝦雲吞麵、三寶麵

在中環這個寸土寸金的地方，能夠用很便宜的價錢，吃到特好吃的餐，那非這裡莫屬。它的雲吞皮薄餡多又大塊，吃一碗就可以讓你充滿飽足感。一碗裡有三顆的雲吞，除了包了多尾蝦仁，更加入調味適當的絞肉，每顆雲吞餡料充足，簡直就是超級雲吞。鮮鯪魚球麵裡的鯪魚球也很大顆，讓人更能夠大快朵頤，飽餐一頓。

金華燒臘麵家 M6B3

燒鵝脾、叉燒肉
最佳燒味

香港中環租庇利街9號地下
2545-1472
11:00～22:00
地鐵中環站D1、D2 出口
$ 平價（每人約港幣50元以內）
金華燒味雙拼飯、燒鵝麵、五寶飯、雲吞麵

租庇利街聽起來很陌生，但其實並不難找，和皇后大道中有交接。特別喜歡吃這家的叉燒，是因為這裡的叉燒雞、叉燒肉較不油膩，且帶股焦香，吃起來較酥脆。若想一次嘗試多樣主菜又怕吃不完，五寶飯是最好的選擇，包含了叉燒肉、燒鴨，燒鵝脾（雞腿），滷味和鹹蛋。另外，雲吞麵餡料多皮薄嫩，也是本店招牌菜。

蛇王芬飯店 M6C3

一碗蛇羹
大飽口福

香港中環閣麟街30號地下
2543-1032　11:00～22:30
地鐵中環站D1、D2出口
中價（每人約港幣50～100元）
鮑魚燴五蛇羹、袖珍鮑片花膠蛇羹、生炒糯米飯、豉油皇炒麵、雙腸羊片煲仔飯

金色的店名字，店內掛著的竹簡菜單，你以為來到了古時的客棧嗎？其實它是一家以蛇羹和煲仔飯聞名的小飯店。敢吃蛇或慕名而來想嘗試的人，店內的鮑魚燴五蛇羹、袖珍鮑片花膠蛇羹是最佳選擇。不吃蛇也沒關係，重口味的豉油皇炒麵、雙腸羊片煲仔飯，以及懷傳統老菜如八寶鴨、荔芋香酥鴨等，可不是每家店都吃得到。

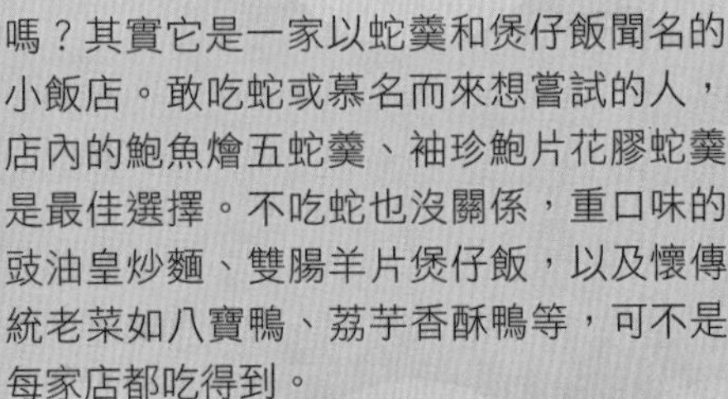

開心吃

好吃的煲仔飯並非全時間供應，18:00～22:00才能點。

中環
路線3

就是要好吃路線：茶餐廳+燒臘+粉麵粥+甜品

蘭芳園 M6C3

絲襪奶茶發源地 觀光客必飲！

- 香港中環結志街2號
- 2544-3895
- 本店07:00～18:00（週一～六），週日休息
- 地鐵中環D1、D2出口
- 中價（每人約港幣50元以內）
- 秘製豬扒飽、凍奶茶、蔥油雞扒撈丁、西多士

1952年開業的蘭芳園，是香港早期的茶餐廳之一。最令人熟知的，就是老闆發明的絲襪奶茶。將數種茶葉放進絲襪裡，再用絲襪過濾茶葉，使奶茶喝起來更香滑好喝而得名，數十年來深受大家喜愛，已深入香港人的生活飲食中。蘭芳園的奶茶除了好喝外，最特別的地方在於冰塊也是奶茶製成的，所以即使冰塊融化也不會影響口味。有人說來香港卻沒喝過奶茶就不算到過香港，但如果沒喝過蘭芳園的絲襪奶茶，也不算是到過香港。

喜愛吃甜食的人，還要大大推薦塗滿蜜糖、奶油的西多士和咖央西多士，香濃的蜜糖久久難忘，搭配鴛鴦奶茶正適合。

開心吃

蘭芳園目前在上環干諾道中信德中心3樓和尖沙咀彌重慶大廈活方地庫26號舖也有分店，不必擠著在中環排隊吃。

來佬餐館 M6C3

懷舊餐廳，夜裡談心好去處

- 中環威靈頓街66號
- 3125-3000
- 10:00～02:00（週一～四），11:00～04:00（週五及公眾假期前夕），09:00～04:00（週六）
- 地鐵尖沙咀站L5出口
- 高價（每人約港幣150元以上）
- 來佬汁乳鴿、來佬汁雞翼、菠菜餃、威靈頓牛扒

地處於威靈頓美食街的來佬餐館，是間裝潢成六、七十年代風格的懷舊餐廳，供應的是所謂「豉油西餐」類的廣式化西式餐點，有點類似尖沙咀的太平館餐廳。菜色中以店家招牌來佬汁製成的乳鴿、雞翼最受歡迎。

經營時間很長，晚上10時至凌晨2時則有港式點心供應。夜裡睡不著，可以來此感受一下港式懷舊氣氛。

三寶飯

中環地區
必光顧的燒臘店

龍記飯店 M6C4

香港中環域多利皇后街12號地下
2545-5328
07:00～22:00
地鐵中環站D2出口
平價（每人約港幣50元以內）
三寶飯、乳豬飯、叉燒飯

原來在蘭芳園對面的龍記飯店已經搬遷到域多利皇后街。店裡最多人點的乳豬飯、油雞叉燒飯，叉燒的皮酥脆，還不時散發出肉香。一般燒臘店不見得有賣乳豬肉，看見店內掛著一隻隻剛烤好的乳豬，不禁令人垂涎欲滴。這家店上菜速度算快，不必擔心癡癡等餐。

蔗汁、蔗汁糕
老店的傳奇

公利真料竹蔗水 M6C3

香港中環荷李活道60號地下
2544-3571
11:00～23:00
地鐵中環站D1、D2出口
平價（每人港幣30元以內）
蔗汁、龜苓膏、蔗汁糕

香港有名的涼茶舖不少，但加賣甘蔗汁的就不多了。仍維持著舊日裝潢的老字號的公利，以賣蔗汁、龜苓膏聞名，新鮮的蔗汁是現搾的，沒有加入任何糖類，但卻有著天然甘醇的滋味和甘蔗的清香。還有一般少見的蔗汁糕，口味清淡，稍帶軟黏，還是第一次吃到。店中其他如酸梅湯、龜苓膏等，也都各有支持者。

沙翁
蛋撻

連總督都來
捧場的老餅家

泰昌餅家 M6C3

香港中環擺花街35號地下
2544-3475
07:30～21:00
地鐵中環站D1、D2 出口
平價
（每人約港幣20元以內）
蛋撻、沙翁、皮蛋酥

位在擺花街的這家泰昌餅家是總店，門面雖不起眼，但大多時候前來，總有一群群的客人。早年香港總督彭定康，聽說最喜歡吃這家店的蛋撻，讓它的名氣更是錦上添花。這裡的蛋撻是最傳統的，也就是硬的餅乾皮底，並非酥油皮。另一人氣小點沙翁，香港能買到的地方更是不多，吸引許多懷舊的顧客。我自己則是推薦皮蛋酥，皮蛋包入餅中，和著酥餅皮，配著熱茶，別有一番滋味，是長輩們的最愛。

羅富記粥麵專家 M6C3

份量適中
早餐的好選擇

香港中環擺花街50號地下
2850-6756
08:00～20:00
地鐵中環站D1、D2出口
平價（每人約港幣50元以內）
炸鯪魚球、皮蛋瘦肉粥、鯪魚球粥、豬肝牛肉粥

豬肝牛肉粥

鯪魚球粥

又是一家小有名氣的生滾粥專賣店。最愛這裡的豬肝牛肉粥、鯪魚球粥，粥底米粒細而濃稠，豬肝和牛肉滑而軟嫩，配料給的大方，整碗份量適中，絕不會有吃不完的遺憾。炸鯪魚球也是不可錯過的好料，剛炸好的鯪魚球，有嚼勁，沾著自製醬汁食用，更能提升魚肉的鮮美味道。

小店的傳統
美味糖水

玉葉甜品 M6C3

香港中環伊利近街2號
2544-3795　12:00～24:30
地鐵中環站D1、D2出口
平價（每人約港幣30元以內）
海帶綠豆沙、香草綠豆沙、糖不甩

這家傳統的戶外大牌檔糖水店，已經有百年歷史了。鐵皮屋的外觀，簡單的裝潢，仍保持著早年路邊攤的格局。因地面稍微傾斜，連帶桌椅也斜斜的。店中賣的糖水品項也不多，但多年來卻吸引著不少死忠顧客。招牌糖水如海帶綠豆沙、香草綠豆沙、芝麻糊和糖不甩等。而雖説是糖水出名，但牛腩撈麵也頗得顧客喜愛。

開心吃

糖不甩的外型如同一顆顆的白玉湯圓，外層撒上白芝麻混著椰子粉，口感紮實有嚼勁，是香港的傳統甜點。

MORN CREATIONS M6C3

香港中環卑利街64號地下
2869-7021　12:00～21:00
地鐵中環站D2出口
熊貓袋

香港當地設計師的品牌，最初是製作一系列的熊貓手提包、零錢包，意外地受到日本觀光客的歡迎，爭相報導後也在香港紅了起來。除了熊貓，目前陸續推出了熊貓的超級朋友，像鯊魚、小惡魔、傻犬、瑞士卷等角色的商品。這些商品都很可愛，但並非只適合兒童，成年人使用更顯趣味。

開心買

這是很少數的例子，是從香港紅到日本的商品。因在日本觀光客間大受歡迎，許多日本雜誌爭相來港拍攝介紹，讓這個原本只有熊貓系列商品的品牌爆紅了起來。

CHOCOLATE RAIN M6C3

香港中環卑利街67A地下
2975-8318
14:00～23:00
地鐵中環站D2出口
Fatina系列

在地設計品牌
看見冬菇頭女孩的DIY夢想

老是閉著眼，有著長長睫毛的可愛冬菇頭女孩Fatina，是CHOCOLATE RAIN這個品牌的招牌人物。這是由2個女生的DIY飾品而開始的品牌，是香港少數成功的DIY品牌。目前除了開設DIY課程外，也有手工商品販售，像可愛的Fatina系列的手機吊飾、娃娃、鑰匙圈、項鍊等，都是人氣商品。海外也有銷售點。也許你會在法國、英國、西班牙等地看到它的商品喔！

中環
路線4

太平山頂
無敵夜景好風光：

與北海道函館、義大利拿波里並稱世界三大夜景的香港太平山夜景，是到港旅遊絕不能錯過的景點，否則就損失了百萬（太平山夜景有百萬夜景之稱）。

太平山頂 M2C3

世界三大夜景
香港旅遊必訪

香港中環山頂道128號

2849-0688

07:00～24:00（依商店營業時間略有差異）

1. 於民光街中環碼頭搭乘15號巴士，往返山頂，每天10:00～00:15，每7～15分一班。
2. 於地鐵天后站（A2出口）前搭乘15B巴士，往返山頂，週日及假日12:00～19:00，每20分一班。
3. 於中環國際金融中心2期搭乘1號小巴，往返山頂，每天06:30～00:00，每10～12分一班。
4. 於民光街中環碼頭搭乘15C巴士，至花園道纜車總站下車，再搭乘纜車上山，每天10:00～23:40、15～20分一班，約每30分鐘有一班開蓬觀光巴士。
5. 地鐵中環站J2出口步行約10分鐘至纜車總站，再搭乘纜車或計程車上山。
6. 山頂纜車行駛時間為每天07:00～24:00，每8～15分鐘一班。
7. 於纜車總站前搭乘計程車，跳錶約港幣50元。

一般人最常搭乘的上山交通工具，是已經有120年歷史的山頂纜車，紅色的車身，斜斜往山頂前進，兩旁的美麗高級住宅區盡收眼底。

經過整修後的山頂，目前有山頂廣場和山頂凌霄閣市集這兩家大型商場，裡面除了提供各式餐廳、冰品、速食等，還有販售風景明信片、書籍、伴手禮，以及在地品牌住好啲、雙妹嚜等，是極佳的購物選禮處。廣場正中央，不時會有表演、裝置藝術，另有一台纜車可供參觀，常可見觀光客和當地人全家出遊。

環中心

國際金融中心二期

K11

中銀大廈

長江中心

國際金融中心一期

重建後的凌霄閣，仍是看夜景的不二場所，只要天氣好，每晚七點以後人潮漸漸聚集，有時甚至連一個觀景的位置都難求。香港因高樓群聚，每一棟建築變得更加立體，令人震撼，完全不同於一般平面式夜景。杜莎夫人蠟像館裡的李小龍、楊紫瓊、劉德華等蠟像維妙維肖，沒看過蠟像的人，別錯失機會。

開心玩

山頂纜車的行駛時間是07:00～24:00，單程車資約港幣20元，一次購買來回票則約港幣30元。

最佳欣賞夜景的時間是何時呢？由於天色漸暗人潮變多，很難搶到位子，建議大家大概下午可以先上山，先在商場逛逛或吃飯，天快黑時再上凌霄閣。

因眼前夜景感到震撼的同時，是不是也很想知道眼前這些超高的摩天樓叫什麼名字呢？你可以參考圖片，一邊認這些有著獨特外觀的高樓大廈。

中環
路線4

太平山頂
無敵夜景好風光：

山頂凌霄閣市集

集流行和傳統於一身的商場

香港山頂山頂道128號

2849-0688

10:00～23:00（週一～五）
08:00～18:30（週六～日、例假日）

中環花園道山下纜車站（地鐵中環站J2出口）搭乘山頂纜車、在中環交易廣場（地鐵香港站D出口）巴士總站搭乘15號巴士前往山頂。

Candy Haus糖果、e concept影像產品店

太平山上的山頂凌霄閣，是香港最有名的景點之一，頂部半圓形的建築相當特別。內部這一兩年經過改建後，目前為6層樓的商場，從摩登服飾到傳統的紀念品專賣店、中國式禮品、進口糖果等都有販售。像Crocs的鞋子、Time + Style的各國名錶、Candy Haus的各國糖果，讓你前往太平山不是只有看景色，也能同時逛街血拼，順便買買伴手禮。

開心買

你可在中環J2出口步行前往纜車總站，或在中環天星碼頭搭乘15C的接駁巴士，都能前往山下纜車總站，再搭山頂纜車上山。我比較喜歡從J2出口步行前往，走過去差不多10分鐘時間，還可以欣賞市區風景。

香港仔852

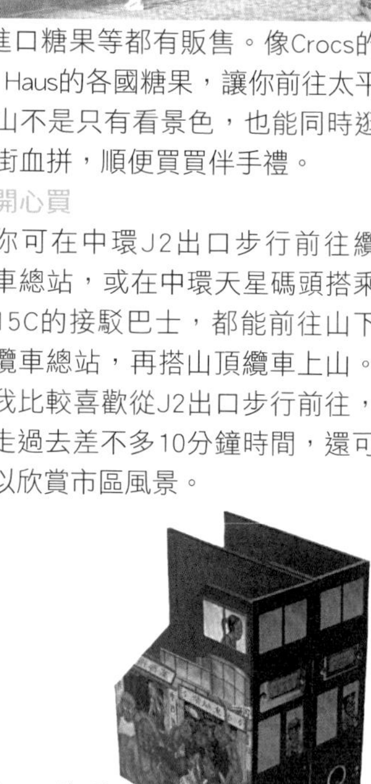

香港山頂凌霄閣市集P1樓P113號舖

2849-8984

12:00～22:00

叮叮電車情懷系列

香港仔852，是2009年原創品牌港興隆852的系列之一，這系列的商品是以香港當地傳統的物品、生活習慣、文化為設計的主題，製作出一些生活產品，讓大家不要忘記舊日的香港繁華。其中新出品的「叮叮電車情懷系列」，是以叮叮電車為創作主題，設計了馬克杯、雨傘、文具等日常用品，懷舊且帶有趣味的圖案，是另類的送禮選擇。

環境清幽視野棒的購物商場

山頂廣場

香港山頂山頂道118號
2849-4113
10:00～22:00
山頂纜車
G.O.D住好啲專門店

位於太平山頂廣場對面的山頂廣場商場，是一有4層樓的購物商場、飲食中心，也是太平山區內最大的購物區，到太平山賞景的人，多會前往商場餐廳吃飯或購物。廣場內的店家包括生活用品、精品、咖啡廳、餐廳和在地品牌G.O.D住好啲專門店等。廣場門口有一大塊空地，假日時常有街頭藝術表演，還有戶外藝術裝置，聚集很多人潮，相當熱鬧。因這裡地較大，很適合帶小朋友共同前往。

香港最高處的高級餐廳

太平山頂餐廳

香港中環山頂道121號
2849-1000
10:30～23:30（週一～四），10:30～01:00（週五），08:30～01:00（週六），08:30～23:30（週日）
太平山纜車、計程車、往山頂的公車
高價（每人約港幣300～500元）
燒烤、海新拼盤、甜點

三角屋頂和傳統煙囪，加上磚頭屋的門牆，門口太平山三個字，是許多上太平山看景色的人一眼就看到的餐廳，位置顯眼。餐廳裡面有內廳和戶外座位，以異國料理、燒烤、甜點等飲食為主。內廳宛如高雅的用餐區，而戶外座位，則可在欣賞美麗景致的同時，品嘗各國料理或下午茶點心，體驗難得的異國度假悠閒。

聖約翰大教堂 M6D5

英國殖民時代的代表建築

香港中環花園道4～8號
2523-4157
07:00～18:00
1. 於中環天星碼頭前搭乘15C巴士，或於金鐘、銅鑼灣搭乘15號巴士在山頂纜車總站下車。
2. 地鐵金鐘站B2出口

位於中環山頂纜車總站附近，很容易找到。建於1849年，是香港最早建立的基督教堂，外觀屬於哥德式建築，教堂內則可見美麗的彩繪玻璃。因創建於英國殖民時代，染上濃厚的殖民地色彩，是貴重的文化遺產。

金鐘・灣仔

飲食、購物集中的地區，吃買一地就OK！

地鐵金鐘站是荃灣線和港島線的轉車站，交通相當方便，有名的商場則有太古廣場和金鐘廊。相鄰的灣仔，大多數的餐廳和商店家都聚集在地鐵站附近的軒尼詩道、莊士敦道、駱克道和謝斐道，算是飲食、購物很集中的地區。

太古廣場 M7B1

香港最尊貴的購物商場之一

香港金鐘金鐘道88號

2844-8988　10:30～22:00

地鐵金鐘站C1出口　世界各大名牌幾乎都有

集合了頂級設計品牌、美食餐廳和休閒電影院的大型商場。打從寬敞挑高的入口進來，這裡較一般商場，多出了許多可供顧客歇息的區域。手提多包戰利品後，買杯咖啡坐在椅子上，是最大的享受。兩家頂級名牌百貨、西武和連卡佛就已經讓人買得不亦樂乎，再加上SWANK、I.T、Joyce等一店就能買到數十種品牌的複合店，以及唱片行、運動服飾店、圖書文具等，滿足不同年齡的顧客，花一個下午，包你滿載而歸。

開心買

像進入太古廣場這類較大型的商場，除非打算隨意逛逛，否則建議你先在服務台拿一份商場指南，再決定要前往哪一區，較能節省寶貴的購物時間，並且買到想要的東西。

金鐘廊 M7B1

與太古廣場僅一通橋相鄰的老牌商場

香港金鐘金鐘道93號　10:00～22:00

10:00～22:00　地鐵金鐘站C1出口　特價服飾

這是一長廊式的商場，因此逛起來不容易迷路。從太古廣場經通橋進入金鐘廊，首先看到的都是女性服飾品牌店，尤其入口邊的特價店面，能買到Juicy Girl、Miss Sixty和歐美年輕女性最喜歡的小禮服等，因價格便宜銷售速度快，看上了千萬別猶豫。這裡不像太古廣場的名牌集散地，多以中價位的品牌為主，讓大家血拼更無負擔。

猶如無尾熊抱樹的雙胞胎大樓

力寶中心 M7B1

香港金鐘金鐘道89號
地鐵金鐘站B出口

從金鐘地鐵站走出來，立刻看到兩棟東凹西凸的大樓建築，樓高44層。其實仔細一看，很像兩隻無尾熊抱著樹木的樣子，所以又叫「無尾熊的樹」。每棟大樓分成三段，每段中央主幹延伸出一個個「C」字型，是很罕見的特殊建築。

繁華鬧區中的一大塊綠地

香港公園 M7B1

香港金鐘紅棉路19號
2521-5041
06:00～23:00（戶外公園），10:00～17:00，週二休館（植物溫室），其餘設施需詢問服務處
沿太古廣場（地鐵金鐘站F出口）商場內的指示牌，步行約5分鐘，或C1出口

在寸土寸金的香港市區裡，想要找到一處可看得到綠地，能夠休閒散步、呼吸新鮮空氣的地方更是難能可貴。在這裡，利用原來的地形建造出地大且美麗的公園。公園內有人工池塘、溫室、體育館、賞鳥園等多項設施，天氣晴朗的日子裡，甚至還有許多新人在這裡拍婚紗照，是香港城市的居民們假日休閒的好去處。

茶具文物館 M7B1

體驗中國茶文化的好去處

香港金鐘紅棉路10號
2869-0690
10:00～17:00，週二休息
地鐵金鐘站C1出口

茶具文物館位在香港公園裡面，是一棟白色雅致的英式建築。它原為英軍總司令的辦公處和宅邸，直到1984年才改成現在的博物館。以中國茶具文物為主題，目前館內收藏了約600多種茶器。除了展示唐、宋、元、明各代的茶壺、茶杯外，也有舉辦如何泡茶的茶藝講座和陶瓷講座等。

在鬧區的秘密花園享受悠閒下午茶

港麗酒店咖啡園茶 Garden Café下午茶 M7C1

香港金鐘皇后大道88號港麗酒店大堂低座
2521-3838轉8220
06:30～22:30（全天供餐）
地鐵金鐘站C1出口

位於金鐘最熱鬧的購物廣場太古廣場樓上，飯店裡有家叫咖啡園（Garden Café）的咖啡廳，設有戶外的座位，下午逛街累了，可以來此，請服務人員幫你安排戶外的座位，簡單點一杯咖啡搭配美味的甜點，由於飯店位處高樓，只要好天氣，戶外美麗的風景一覽無遺。下午茶點約港幣200元起，價格雖不低，但在金鐘這個寸土寸金的地方，如此悠閒的喝杯下午茶是值得的。

永華麵家 M7B3

香港灣仔軒尼詩道89號地下
2527-7476
11:00～01:00
地鐵灣仔站A2出口
$ 平價（每人約港幣50元以內）
雲吞麵、柱侯牛腩麵、炸醬麵

木製的大門，一眼看去多了點復古優雅味，店內最有名的菜色是雲吞麵。以香港常見的竹昇麵（細鹼水麵），加上小粒而扎實的雲吞，對小食量的人來說，一碗剛剛好。此外，我很喜歡這裡的柱侯牛腩麵，牛腩有嚼勁而不爛，光是看到麵上那大塊的牛肉和牛腩塊，令人食指大動。炸醬麵用的也是道地的竹昇麵，是一般罕見的。

料多實在雲吞麵
不吃可惜！

灣仔電腦城 M7C3

香港灣仔軒尼詩道130號
13:00～21:00，僅少數店家11:00會開店
地鐵灣仔站A3出口
手機、電動遊戲

位於軒尼詩道上的灣仔電腦城，是一有3層樓，約100多家商店組成的大型電腦商場，因地理位置佳，是許多人選購電腦、3C電子商品和二手物品的不二去處。由於各家商店價格不一，盡量貨比三家再選購。另因有電壓問題，在購買前可詢問店家相關事宜，並記得索取操作說明書。

年輕人最愛逛的
大型電腦商場

檀島咖啡餅店 M7B3

以蛋撻、咖啡聞名的傳統餅家

香港灣仔軒尼詩道176～178號地下及閣樓
2575-1823
06:00～24:00
地鐵灣仔站A4出口
平價（每人約港幣50元以內）
蛋撻、咖啡、奶茶、咖央多士

開業近70年的檀島，以蛋撻、咖啡最為著名，門口就以此為標題：「檀香未及咖啡香，島國今成蛋撻國」。聽說他們的蛋撻有128層酥皮，比普通的100層多，所以吃起來特別令人感覺到香滑酥脆。咖啡則是從開店到現在配方都未曾換過，保留了傳統的好口味。檀島的下午茶也是很熱鬧的，每天總是有許多上班族利用下午休息時前來購買，如果沒有太多時間，門口旁也有外賣區，販賣多種口味的麵包和點心，趕路的觀光客也可買外帶邊走邊吃。

牛肉三明治

開心吃

咖央（kaya）是馬來西亞以當地的醬汁，椰子和雞蛋製成，吃起來甜甜的，可塗抹在吐司上食用。

葉香留 M7C3

天熱消暑必去的涼茶舖

香港灣仔莊士敦道104號
8202-7207
07:00～19:00
地鐵灣仔站A3出口
平價（每人約港幣30元以內）
野葛菜水、涼茶、羅漢果茶

位於莊士敦道和春園街交叉口，有著很醒目的招牌，專賣各種涼茶。親切的老闆娘對觀光客非常友善，很仔細的解說各種涼茶的功效。尤其炎熱的盛夏，忙於四處走動的觀光客，經過灣仔熱鬧的莊士敦道時，不妨來碗涼茶消消暑氣。

開心吃

春園街附近有許多家有名的餐廳，一般來到灣仔都會走到此地，春園街的街牌不太好找，小心別走過了頭。葉香留涼茶舖旁就是春園街了。

香港會議展覽中心 M7B3

全亞洲最大級會議中心

香港灣仔博覽道1號 ☎ 2582-8888
依展覽時間有所差異
地鐵灣仔站A1出口

外型如同張開雙翅的海鷗，飛在維多利亞港的海面上，這是號稱亞洲最大、設備最新穎的多功能會議、活動中心，目前多用在舉辦大型的藝術展覽、藝文活動、遊戲展等。1997年時，在新館舉行香港回歸中國的儀式，因此讓這裡大出風頭。館外2期面海有一處金紫荊廣場，場中鍍金的金紫荊花，是中國因香港回歸而贈送的，加上每天在此舉行升旗典禮，現在已成為觀光客拍照留念的一個必遊景點。

開心玩

也曾經有現代傳說或迷信風水說法，外觀為半圓球狀的展覽中心，很像一隻大烏龜。有一說當烏龜遊向維多利亞港，代表了香港地運會衰落，為展覽增添神秘的色彩。

Angel 天使化妝品 M7C3

另一平價連鎖化妝品商店

香港灣仔太原街13-5號地下
☎ 2591-1055
10:00～22:00
地鐵灣仔站A3出口
各種香味的爽身粉

除了較熟知的莎莎、卓悅化妝品商店，天使化妝品也是女性很常光顧的化妝品店之一。男女香水、化妝品、保養品、洗髮精到爽身粉、沐浴露等，商品約有百個品牌以上。這家店位在黃金地段上，顧客很多，開架式的擺放，讓人易於選購商品。店中也買得到其他專門店或專櫃的商品，像廣生堂雙妹嚜的某些商品在這裡就看得到。

太原街玩具店 M7C3

商場以外購買玩具的好去處

香港灣仔太原街
約10:00～20:00
地鐵灣仔站A3出口
各式進口玩具

從莊士敦道一轉進太原街，可以看到幾家專賣各式玩具的店舖。店頭掛著琳琅滿目的鋼彈模型、火車玩具、絨毛玩偶、星際大戰公仔等，從進口玩具到本地自製玩具，都有得買。每到週末假日，人潮川流不息，加上這條街是許多大樓通往地鐵站的道路，想要擠進玩具店，還得費一番功夫。不過，因店內玩具種類多，從孩童到成年人都找得到夢幻商品，很少有人空手而出的。

獨特厚脆風味，
人氣排隊美食

利強記 北角雞蛋仔 M7C3

香港灣仔科布連道2號　2543-5231

11:00～23:00　地鐵灣仔站A5出口

平價

雞蛋仔

雞蛋仔是香港有名的特色小吃之一，口感完全不同於台灣的路邊美食雞蛋糕，而這家店可說是雞蛋仔的名店，常見排隊人潮。顧客們耐心等候，只為了一嚐剛出爐時那濃郁蛋香、甜度適中，外層厚脆、內部柔軟的雞蛋仔。此外，店家還有販售格子餅喔！

香港歷史
最悠久的郵政局

舊灣仔郵政局 M7C3

香港灣仔皇后大道東221號

10:00～17:00（週一～週日），週二、假日休息

地鐵灣仔站A3出口

舊灣仔郵政局於1912年興建，是香港歷史最悠久的郵政局。它是一座L形的建築物，屋頂呈金字型式，現在已經被香港政府列為法定古蹟，內部仍保有當時的特色文物遺產。目前舊灣仔郵政局已經改為灣仔環境資源中心，稱為環保軒，展示有關於環保的資料和圖片，免費參觀。

馳名全港凍奶茶

金鳳茶餐廳 M7C3

香港灣仔春園街41號春園大廈地下

2572-0526

06:00～19:00

地鐵灣仔站A3出口

平價（每人約港幣50元以內）

菠蘿飽、雞批、原樽凍奶茶

如果說檀島的招牌是咖啡、蛋撻，那金鳳無疑就是奶茶了。它的奶茶最特別的是不加冰，因為加冰就會沖淡奶茶本身的味道了。奶茶放涼後就放入冷凍櫃中冰凍，使它保持著原味，讓人一喝就愛上。來到金鳳除了必點的凍奶茶外，千萬不要忘了它的好朋友菠蘿飽，這兩種搭配一起吃，真的會讓人有一種非常滿足的感覺。而蛋撻則是酥皮的，和傳統硬皮的不一樣，更香口感層次分明。

開心玩

香港茶餐廳菜單上常看到的雞批，就是chicken pie雞肉派。

藍屋、灣仔民間生活館 M7C3

露台建築的
唐樓歷史古蹟

香港灣仔石水渠街72-74A

13:00～17:00（週一至週日），週三、假日休息

地鐵灣仔站A3出口

藍屋現在是香港一級歷史建築物，原址曾是醫院，拆卸後興建現在4層高建築，當時政府為藍屋外牆漆油漆時，因只剩下藍色油漆，於是整座樓房便漆成藍色。樓梯間的牆壁、樓內的窗戶都由木材製造，是香港少數存留下有露台建築的唐樓。目前藍屋還保留原屋主林世榮後人的武館，前面街上則有灣仔民間生活館，展出灣仔早期民間生活用品。並不時展覽及有藝文活動。

新九記粥麵 M7C3

小而美味
不同於一般的粥火鍋

香港灣仔大王東街9號地下

2865-2827　11:00～24:00

地鐵灣仔站A2出口

平價（每人約港幣50元以內）

鯇魚腩粥、雲吞麵、粥火鍋、炸醬撈麵

小而乾淨、座位不多的典型港式茶餐廳，專門供應份量足、吃得飽的飯、麵、粥。除了這些以外，小店中還有以粥品生鮮配料為主的粥火鍋，這種火鍋的湯底就是白粥，將牛肉、雞肉、丸子類料放在粥中煮熟，連同粥一起食用，相當特別。喜歡吃麵的人，建議試試炸醬撈麵，將附上的湯汁稍微淋入麵中，麵不僅能吸收到湯汁味，也較容易夾起。

蝦麵店 M7C2

灣仔街道中的
星馬道地美食

香港灣仔蘭社街2號麗都大廈4號地舖

2520-0268

11:30～19:30（週一～六），週日休息

地鐵灣仔站A3出口

平價（每人約港幣50元）

蝦肉片油麵、咖哩喇沙海鮮麵、辣蝦貢丸

喜歡吃重口味、經得起辣味料理的人，絕對推薦這家星馬料理小店。像咖哩叻沙蝦肉片米粉、辣湯蝦墨丸河，光看到加了當地香料煮成的濃郁湯汁，包你立刻流口水。紅通通的蝦肉片油麵，是店家特別推薦的招牌麵，看花花菜單暈頭轉向不知點什麼好時，來碗招牌麵準沒錯。

車仔麵之家 M7C2

不用併桌
香港也有站著吃

- 香港灣仔晏頓街1號A
- 2529-6313
- 07:00～18:00
- 地鐵灣仔站B2出口、地鐵金鐘站F出口
- 平價（每人約港幣50元以內）
- 咖哩魷魚、牛肚、咖哩魚丸、大腸、蘿蔔

這家店除了東西好吃，站著吃更是一大特色，在日本常見的站食，在香港是第一次看到，據説是老闆為了能加快來客用餐的速度而特別設計的。我喜歡吃車仔麵，是因為可以自由選擇搭配的食材，可選數種之多，連麵也可以自己選擇公仔麵、河粉、米線等。咖哩魷魚、牛肚、咖哩魚丸、大腸、蘿蔔是我最愛的配料，即使站著吃，每次都能吃得滿足又開心。

和昌大押 M7C3

舊日唐樓外表下
的西式餐廳

- 香港灣仔莊士敦道60～66號
- 2866-3444　複合式餐廳，依各間不定
- 地鐵灣仔站A3出口
- 高價（每人約港幣150元以上）

和昌大押建於1888年，是當時有名的當舖。外型帶有中西合璧的建築風格，為四座相連的廣州式騎樓建築。但隨著時代改變，當舖這行在香港逐漸沒落，因此，在2003年被香港政府以港幣2,500萬元買下後重新翻修。之後和大集團合作，保持外表不變，而翻新為複和式餐廳，1樓為「衹月OVOlogue」，內有4個店舖相連，內部設計古色古香，除文化藝術品展覽外，還有中式美食可享用。2樓至4樓是餐廳「THE PAWM」，其中2樓的「The Living Room」，是能讓人喝喝酒的酒吧。3樓的「The Dining Room」是稍微正式的西餐廳。4樓的「The Roof Garden」位在頂樓花園，可以與朋友坐在戶外聊天，並觀賞街景。

香港魚蛋皇 M7B4

- 香港灣仔軒尼詩道309號地下
- 2877-0808
- 07:00～03:00
- 地鐵灣仔站A5出口
- 平價（每人約港幣50元以內）
- 墨魚丸

以豬骨湯為湯底的各式菜餚，都能同時喝到濃郁的湯汁。新鮮的墨魚丸、雲吞是搭配麵類、米粉和河粉的不二選擇。份量都剛好，適合一人食用。另外，以魚肉包裹著肉類、蔬菜等餡料的魚扎，在台灣也不常見，可以試試。

適合一人份量
的潮州小食

再興燒臘飯店 M7B4

座無虛席
灣仔吃燒臘首選

香港灣仔軒尼詩道265～267號地下C座

2519-6639

10:00～22:00（週一～六），週日、假日休息，中秋、端午、冬至等10:00～18:00

地鐵灣仔站A2出口

平價（每人約港幣50元以內）

叉燒飯、燒鴨飯、乳鴿燒鵝飯

燒臘似乎已成為港式飲食的代名詞之一，加上現時無法帶肉類回台灣，到香港旅遊，一定要到燒臘餐廳飽餐一頓。灣仔這家超過50年歷史的燒味餐廳，常有名人、藝人來此光顧，頗有星味。店內蜜汁叉燒飯是一時之選，燒鴨飯、老火湯、燒乳豬等也都在水準以上。不過用餐時間往往排隊的人多，建議避開這個時段。

泉記 M7B4

清淡口味馳名
魚蛋粉麵真美味

魚蛋粉伊麵

紫菜四寶粉

香港灣仔軒尼詩道343號

2573-3316

11:30～22:00

地鐵灣仔站A2出口

平價（每人約港幣50元以內）

魚蛋粉、雲吞麵

位在有名的再興燒臘飯店附近的泉記，是某次吃完燒臘後，渴望來點清淡小食時意外發現的。這也是家老店，專賣魚蛋粉、雲吞麵、炸魚皮等。如果想淺嘗輒止、又能吃到多種菜色，建議可點綜合餡料，像紫菜四寶河，一碗就可吃到炸雲吞、豬肉丸、魚蛋和魚皮餃，最划算。單點魚蛋、魚片搭配飯麵食用，也能吃飽。

開心玩

地址雖然標示著軒尼詩道，但實際位置在史釗域道上、再興燒臘斜對面，別走錯了。

三不賣野葛菜水 M7B4

有原則的
老字號涼茶舖

香港灣仔莊士敦道226號富嘉大廈地下

11:30～21:30（週一～六） 地鐵灣仔站A5、B2出口

平價（每人約港幣20元以內） 野葛菜水

1948年營業至今，已有60年歷史。為什麼店名叫「三不賣」呢？那是因為店家堅持「不夠火候不賣，不夠材料不賣，地方不乾淨不賣」，可以説是有原則的涼茶。香港和台灣的夏天一樣悶熱難耐，尤其頂著大熱天旅遊，最怕中暑，這時來杯涼茶、野葛菜水，能幫助消除暑氣。飲用時，可試著加入少許鹽，這種鹽是海鹽，可使涼茶喝起來比較甘甜。

靠得住靚粥 M7C4

魚湯粥鎮店之寶 水晶粽馳名美味

香港灣仔克街7號地下

2882-3268

11:00～22:45（週一～六），11:00～21:45（週日）

地鐵灣仔A4出口

平價（每人約港幣50元以內）

鱔球豬膶粥、新鮮熟魚皮、鹹粽、手撕雞粥

小小一條克街，幾乎整條都是餐飲店，而靠得住靚粥就是其中之一。這裡的生鮮魚料粥和海鮮小食是來店必點，粥底鮮甜，飯粒綿密好喝，份量則剛好一人食用。搭配蔥絲、薑絲和花生一起食用的新鮮熟魚皮，是我這怕魚腥味的人都能接受的。另還有鹹肉粽、特別口味的包了芝麻醬的水晶粽，是一般香港餐廳少見的小點。

砵仔王 M7C4

小小店面的 懷舊糕點

香港灣仔灣仔道160A地舖

2893-7178

地鐵灣仔站A5、B2出口

平價（每人約港幣30元）

糖蔥餅、大菜糕、蔗汁糕、白糖砵仔糕

看過電影《歲月神偷》嗎？電影中出現了各種傳統小食糕點，包含了砵仔糕，令我也想嘗嘗究竟是什麼味道。位在灣仔道街市的砵仔王，櫥窗和門口，擺滿了各式的傳統糕類。除了大菜糕、加了紅豆的砵仔糕，吸引我注意的是玫瑰味的砵仔糕。店中還有賣蜜餞，可說是麻雀雖小什麼都賣。

華星冰室 M7B4

舊氛圍中的 主題冰室

香港灣仔克街6號廣生行大廈地下B1號舖

2666-7766　07:00～23:00

地鐵灣仔站A5、B2出口

平價（每人約港幣50元以內）

炒蛋多士、凍奶茶、奶油豬仔包

同樣位在小小的克街裡，川流不息的車陣，店門口也永遠都臨時停了私家車。店內貼上許多電影海報和唱片做裝飾，帶點懷舊氣氛，賣的則是多士、奶茶火腿通心粉、奶油豬仔包等。推薦這裡的炒蛋，口感鬆滑，令人聯想到同樣美味的澳洲牛奶公司（位於佐敦）的炒蛋，原來是澳洲牛奶的老師傅來此幫襯的。喜歡吃甜食的友人叫了份咖央多士，香甜的椰奶醬汁，搭配酥脆吐司太令人流口水了啊！

腸粉皇 M7C4

單單美味的淨腸粉
下次絕對再來！

香港灣仔道177-179號
8202-7207
07:00-20:00
地鐵灣仔站A3出口
平價（每人約港幣50元以內）
淨腸粉、潮州粉果

同樣在克街，但是位在跨過灣仔道的另一端克街，很容易找到。腸粉皇只有一個店面，是個小攤，完全沒有設桌椅，通常都是外帶居多，或者站在攤子前面食用。大力推薦老闆娘親手做的淨腸粉，就是什麼都沒包的腸粉，光沾上醬汁實在太好吃了。還有最愛的粉果，即使放了半天，冷冷的吃粉皮仍有彈性，餡料依舊美味。光顧這裡的學生多，所以還有學生特餐。逛街累了嗎？來盤淨腸粉讓你忘記疲倦。

譚仔三哥米線 M7B5

全店客滿的
連鎖地方小吃店

香港灣仔灣仔道205號地舖
2836-3118　11:00～22:30
地鐵灣仔站A5、B2出口　平價（每人約港幣50元以內）
酸辣米線、土匪雞翼

每次經過這家連鎖店，總是滿店都是人，不禁讓我也去排隊。這裡專賣雲南米線，可搭配各式配料如肉類、丸類、菜類等，加上酸辣湯或麻辣湯底，天冷來上一碗，真是過癮。不過份量較多，建議和朋友分食，再搭配撒上黑芝麻的香脆土匪雞翼，飽餐一頓不成問題。聽說這類餐廳名字都很像，朋友們說店名有加上「三哥」二字的才是這家連鎖店喔！

強記飯店 M7B5

有口皆碑的
金牌密製燒鵝

香港灣仔天樂里9～17號地下
2574-5991　07:00～24:00
地鐵銅鑼灣站A出口　平價（每人約港幣50元）
金牌密製燒鵝、排骨蒸飯、叉燒飯、叉燒炒蛋

雖名為飯店，但並非大飯店，而是一家餐飲店。強記以叉燒肉類見長，肥瘦適中且不過甜，招牌燒鵝的外皮，香酥脆還帶著點油汁，是連一向怕油膩的我都能接受的油香。叉燒炒蛋可口又下飯。除了叉燒，店裡也有賣一般茶餐廳的小食和飲品，真可說是應有盡有。

開心吃

地址雖在灣仔地區，但因較靠近銅鑼灣，所以從銅鑼灣地鐵站走過來較適當。

利苑酒家 M7B5

入選2010、2011
米其林一星級餐廳

香港灣仔軒尼詩道338號北海中心1樓
2892-0333
11:30～15:00，18:00～23:30（週一～六）
11:00～15:00，18:00～23:30（週日）
地鐵灣仔站A4出口
高價（每人約港幣150～300元）
飲茶點心

這是一家高級的連鎖港式餐廳，店內很像許多港劇中看到一家人聚會的高級場所。已連續多年獲選為「香港澳門米芝蓮（米其林）指南」的一星級餐廳（2009～2013），特別的是它有7家分店都榜上有名。雖然價格稍高，但比起在歐洲、日本，吃這顆星價格實在不高。除了各式精緻的飲茶點心外，燒乳豬、黃金蝦等，烹調恰到好處，連飲品甜杏仁白茶，都有一定的水準。比較適合4人以上前往。

祥正飯店 M7B5

路邊大牌檔
的頂級美味

香港灣仔寶靈頓道16號永德大廈地舖
2893-4797
18:00～02:00
地鐵銅鑼灣站A出口
高價
（每人約港幣150～200元）
鹽焗雞、豉椒炒蜆、蒜蓉粉絲蒸扇貝

在香港許多街邊，會看見在路旁一桌桌的用餐，這類大排檔更是不少食客必去光顧的地方。銅鑼灣南洋酒店的對面，有一家名氣極盛的路邊海鮮餐廳。如果是三五好友一起前往，更可吃到多種菜色。像適合下酒的鹽焗雞、豉椒炒蜆、蒜蓉粉絲蒸扇貝和辣酒螺等重口味菜餚，都很有水準。

清真惠記 M7B5

熟食街市大樓裡
的回教美食

香港灣仔寶靈頓道21號
鵝頸街市鵝頸熟食中心1樓5號鋪
2574-1131
11:00～18:00
地鐵銅鑼灣站A出口
平價（每人約港幣50元以內）
咖哩羊腩、燒鴨、蝦子柚皮

躲藏在銅鑼灣鵝頸熟食中心裡面的清真惠記，是許多道地老饕最愛光顧的餐廳之一。尤其其中最有名的咖哩羊腩和燒鴨，更是全店之最，看每張桌上都有這樣菜就知道火紅的程度了。因為這裡是回教餐廳所以沒有豬肉類，不過，香酥的燒鴨可一點都不輸叉燒肉。友人建議一定要試試香辣夠味的咖哩羊腩飯和特別的蝦子柚皮，絕對讓你不虛此行。

開心吃

清真惠記的旁邊有一家「海記燒臘飯店」，賣得東西和清真惠記幾乎相同，只不過多了叉燒豬肉類，同樣很有人氣，也值得一試。

銅鑼灣

香港最熱鬧、繁華的地區，購物天堂！

若說到香港島上最熱鬧的地方，「銅鑼灣」絕對是當之無愧。這裡聚集了許多香港最主要的商業、娛樂場所，像時代廣場、禮頓中心、利舞台廣場、利園二期和世貿中心、名店廊、SOGO百貨等，都是一時之選的購物商場。

銅鑼灣路線1

好吃又好買路線：沿著時代廣場周邊繞

時代廣場是遊客來銅鑼灣的第一目標，這個聚集了眾多品牌、食肆的大型購物中心的確可以滿足你一次購足吃足的渴望。但不要只逛完時代逛場就離開銅鑼灣了，它附近還有許多好吃又有特色的餐廳和店鋪，千萬別錯過！

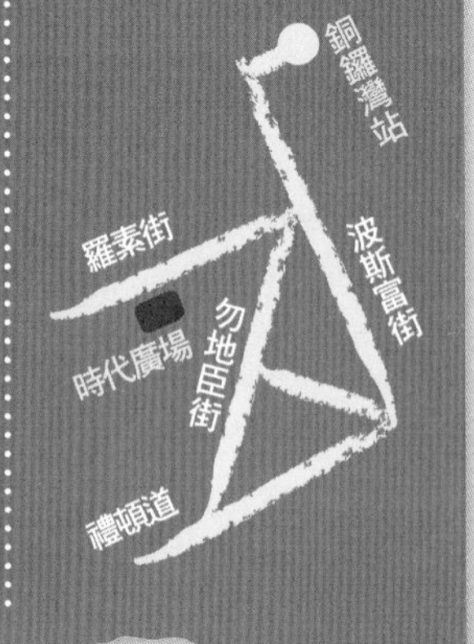

人民公社 M8B1

結合書店和咖啡廳的特色小店

香港銅鑼灣羅素街18號1樓
2836-0016　09:00～24:00
地鐵銅鑼灣站A出口　藝術書籍、日本奶粉

位於時代廣場羅素街大門正對面的2樓（香港地址的1樓是指我們的2樓），因不是像傳統店面在低樓面，一不小心沒有抬頭看就會走過頭。室內昏黃的燈光，牆面一排排的書籍，這是一家結合了書籍和咖啡店的的複合式小店。圖書以藝術和美術設計書籍、華文禁書、攝影集和畫冊、CD等為主，一張張簡單設計且有獨立空間的座椅，可供你走路疲憊之餘，一個購書飲食的歇腿好地方。最特別的是這裡有賣日本奶粉，常吸引許多大陸觀光客購買。

有利腐乳王 M8B1

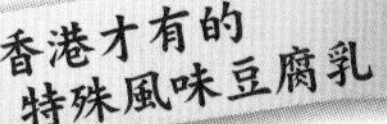

香港銅鑼灣尖拿道東1號A（登龍街口）
2891-0211 約09:00～20:00
地鐵銅鑼灣站A出口 $ 平價（每人約港幣50元以內）
豆腐乳、辣油、咖哩粉、胡椒粉

有利腐乳王是一家小雜貨店，小小的店面，一眼望去可以看見所有販售的商品，位在著名的時代廣場附近。專門販售豆腐乳、各類調味料和乾果蜜餞等，其中辣味的豆腐乳，更是風味特別，分成大、中、小三個尺寸。特調的咖哩粉和帶香辣的胡椒粉，更是調味的好料，是伴手禮的好選擇之一。

開心吃

豆腐乳 是用玻璃瓶裝，而且只是一般封口較容易流出，如果要帶回來，要謹慎包裝。因為含有汁液，不能手提上飛機。

時代廣場 M8B1

集各線時尚、潮流精品商品
銅鑼灣最元老級的必逛商場！

香港銅鑼灣勿地臣街1號
2118-8900
10:30～22:00 地鐵銅鑼灣站A出口
BLACK by moussy、Juicy Couture、SLY、SJSJ、ZARA

說到銅鑼灣商圈最完整的購物商場，也就是包含了男女服飾精品、運動用品、美容健康、珠寶、生活用品、嬰幼兒產品、電器影音設備，以及電影院、葉壹堂（Page One）書店和美食餐廳、超市的，大概就只有時代廣場了。從地鐵站A出口直接往上，就能直通時代廣場內部。因交通便利、商品符合各年齡層的需求，逛街人潮不斷，尤其在跨年或節日，更有舉辦大型的慶祝活動。除了低樓層的國際頂級精品，年輕人喜愛的BLACK by moussy、Juicy Couture、SLY、VIVIENNE WESTWOOD、LACOCTE ACCESSORIES、FRED PERRY等品牌更是應有盡有，是我最推薦的銅鑼灣區商場，你絕對不可不逛 。

開心吃

在時代廣場和世貿中心都有我愛吃的滿記甜品和翡翠拉麵小籠包，逛累了不妨去那裡歇歇。

SJSJ

時代廣場327號舖 3583-3519
10:00～21:00 地鐵銅鑼灣站A出口

近幾年韓國的時尚服飾、化妝保養品等，在台灣、香港漸漸受到歡迎。時代廣場的3樓有一家韓國時尚品牌SJSJ，是一女性服飾品牌。以25歲以上女性為主客群，衣服風格多變。從優雅、休閒到設計感重的商品都看得到，喜歡韓國設計師服飾的你，不需去韓國也能買得到了！

鵝頸橋打小人 M8B1

轉運、得平安
就靠婆婆打小人

香港銅鑼灣尖拿道東和軒尼詩道接界的行車天橋底下

08:00～18:00

地鐵銅鑼灣站B、C出口

每年的三月五、六日是二十四節氣中的驚蟄，從古老流傳下來這一天在白虎面前打小人，就能有效制服小人，因此有了「打小人節」。驚蟄時打小人轉運，漸漸成了香港傳統的民俗活動。

現代人已不親自打小人，大多拿錢請專門打小人的婦女代勞。像位在銅鑼灣鵝頸橋下，就有許多位婆婆專門替人打小人。打小人並不是害人，有時也非特指某人，像生活上的不如意，也都可藉由打小人求平安、轉運。步驟很簡單，只要將小人的名字寫在小人紙上，婆婆就會一邊嘴中唸唸有詞，一邊以拖鞋打紙，直到紙被打爛，就象徵打跑小人了。仔細聽聽婆婆們唸些什麼：「打你個小人頭，打到你有氣無得透；打你隻小人手，打到你有都唔識偷」，很實在地說出了打小人者的心願。打小人價格港幣數十元不等。

開心玩

「驚蟄」是打小人的最佳時間，由於驚蟄之後，不論害蟲益蟲全部都會甦醒，意味著小人也開始活躍。因此，無論男女老幼，都會去打小人以祈求新年度各方面能順利，遠離小人。

禮頓中心 M8C2

擁有銅鑼灣最大級
住好啲G.O.D店面的商場

香港銅鑼灣禮頓道77號

10:30～20:00

地鐵銅鑼灣站A出口

住好啲G.O.D

牆面上掛著的大大「住好啲」品牌看板，是一般人對禮頓中心的第一印象。28層樓的建築，其中底下共有3層商場，商店雖然不多，但如果你很喜歡香港本土品牌住好啲商品，一定不能錯過一家商品齊全的店面。他的1樓門口手扶梯旁販售藝術書籍，以及些許食品土產，是其他住好啲店面少見的。

開心買

住好啲要從霎東街入口進去，電話是2890-5555，營業時間則為12:00～22:00，如果你不了解這品牌的風格和商品，不妨先到http://www.god.com.hk網站看看。

利舞台廣場 M8B2

戲院變身高雅法式建築商場

香港銅鑼灣波斯富街99號

2504-2781　10:00～21:30

地鐵銅鑼灣站A出口　無印良品

有著挑高的大樓門面，法式建築風格讓人以為來到歐洲高級商場。早期是歌舞劇、戲劇、演唱會、粵劇表演場地的利舞台廣場，現在已改成純購物、飲食商場、健身中心，集合了流行服飾、生活用品、首飾配件等，像年輕人喜歡的ESPRIT、無印良品，以及各家餐廳等。

何洪記 M8B2

銅鑼灣區的超人氣飲食店

香港銅鑼灣軒尼詩道500號希慎廣場12樓1204-1205

2577-6060

11:30～23:30

地鐵銅鑼灣站A出口

$ 平價（每人約港幣50元以內）

乾炒牛河、雲吞麵、豬膶粥

乾炒牛河

亮眼彩色閃光的大招牌，在夜晚格外耀眼、醒目，是銅鑼灣區的人氣飲食店。點菜時看見每桌似乎都有乾炒牛河、雲吞麵，可見是必點菜色。茶餐廳多有乾炒牛河這道，這裡的牛河是以豬油快炒，油香更盛。多種魚類熬煮的雲吞麵湯底，沒有人工加味的味精甜味，自然甘甜，整碗都能吃光光。

JFT M8B2

香港109日系品牌大集合

香港銅鑼灣波斯富街108-120號

12:00～22:00（週一～三）、12:00～23:00（週四～日）

地鐵銅鑼灣站A出口

DELYLE提包、LagunaMoon內衣、Pyrenex、Mannish

JFT是日本及香港集資創立的公司，樓高3層，集結超過80多家歐美日潮服品牌，包括獨家「涉谷109系」品牌專櫃，如Delyle、Fukuske、Egoist、Dazzlin、Barak等，以及土屋安娜代言的EDWIN，喜歡日系品牌的女孩可以來此朝聖。

觀光客最愛的雲吞麵店

池記 M8B2

香港銅鑼灣波斯富街84號地下

2890-8616　11:00～23:30

地鐵銅鑼灣站A出口

$ 平價（每人約港幣50元以內）

鮮蝦雲吞麵、牛腩撈麵、及第粥、薏米水

中式裝潢的池記，以粵式雲吞麵出名。湯底清甜，搭配港式特有的蛋麵和包了整尾蝦子的雲吞，色香味俱全。不習慣雲吞麵的鹼味湯，可滴入些許紅醋，麵湯另有一番滋味。愛吃乾麵的人，建議可以嘗試蝦籽撈麵，小小顆的蝦籽，毫無蝦腥味，反而有些許蝦的清鮮味，食用時倒入一點湯汁，絕對是香港才有的特別口味。滿滿薏米粒的薏米水，是最佳的養身飲品。

頂級蜜餞這裡買

上海么鳳 M8B2

香港銅鑼灣波斯富街92號

2504 2328　11:00～22:00

地鐵銅鑼灣站A出口

$ 平價（每人約港幣50元以內）

頂級話梅王、龍眼乾

么鳳專賣蜜餞、乾果類食品，是一家已有60多年歷史的老字號商店。這裡的蜜餞全都由老師傅親手醃製而成，店家將所有蜜餞都放入大而透明的玻璃罐中，想吃什麼就買什麼。如果你想來點特別的，可以試試一兩約港幣100元的頂級話梅，據說很多貴婦太太都會請人來買，有分酸甜口味，可向店家詢問。雖然一顆就要數十元台幣，但偶爾體驗貴婦生活也有趣。

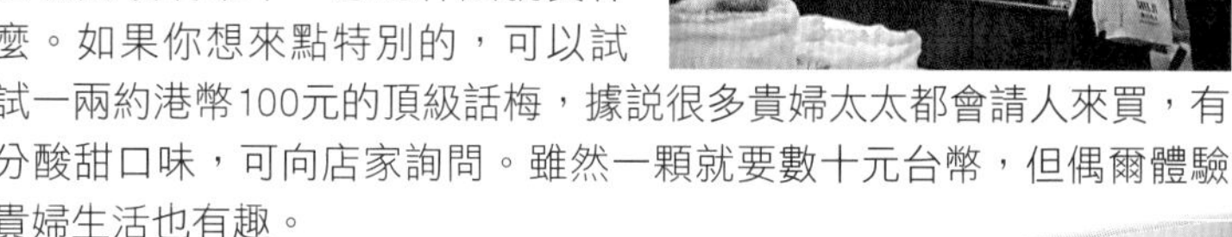

平價女性飾品小攤買個夠

渣甸坊 M8B2

香港銅鑼灣渣甸坊　11:00～21:30

地鐵銅鑼灣站F出口　女性髮飾、上衣

在時代廣場附近有一條叫渣甸坊的小街道，裡面聚集了一個個露天小攤販，專門販售女性髮飾、上衣、配件、飾品、鞋襪、貼身衣物、流行小東西等。商品品質雖比不上百貨商場，但流行度高、顏色樣式選擇多，而且價格便宜，想撿便宜的人可以去逛逛。

聰嫂私房甜品 M8C1

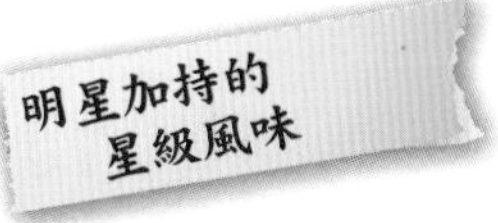

- 香港銅鑼灣耀華街11號
- 2278-2622　12:30～00:30
- 地鐵銅鑼灣站A出口
- 平價
- 龍眼椰果冰、榴連班戟

每次經過這家甜品小店，都座無虛席，店中牆壁上還掛著劉德華親自寫的書法字「聰嫂甜品」，連犀利人妻隋棠到港都指定要品嘗，難怪號稱明星都愛的甜品。甜點大多以新鮮水果為材料，一進門就聞到清甜的榴連味，建議大家一定要嘗嘗招牌的龍眼椰果冰，雪花、椰果加上新鮮龍眼肉。另外內餡細緻的榴連班戟，也很美味。

聰嫂龍眼椰果冰

聰嫂楊枝甘露

金雀餐廳 M8B2

電影花樣年華
拍攝場景

- 香港銅鑼灣蘭芳道13號地下
- 3427-9166　11:00～23:30
- 地鐵銅鑼灣站F1出口
- 中價（每人約港幣150元以內）
- 「花樣年華」或「2046」套餐（一個套餐是2人份）

香港老牌的西餐廳之一！由於電影「花樣年華」曾經在此取景，吸引不少人專程來此朝聖，店中「花樣年華」或「2046」套餐點菜率很高。雖然食物比不上時下西餐廳的美味，但欣賞牆上電影海報，店內昏黃的燈光，還是很有復古氛圍喔。

文輝墨魚丸大王 M8B2

- 香港銅鑼灣渣甸街22～24號
- 2890-1278
- 08:00～02:00
- 地鐵銅鑼灣站F出口
- 平價（每人約港幣50元以內）
- 墨魚丸粉、紫菜四寶米、墨三鮮

紫菜墨魚丸粉

位於鬧區裡的老店，平易近人的價格和各類墨魚菜餚，吸引許多顧客上門。這家店的招牌墨魚丸，最大的特色就是完全手工製作，有別於一般機器製丸子，形狀較不規則但爽口有嚼勁，味道鮮甜，適合口味較清淡的人。吃過幾次墨魚丸，改點墨三鮮或紫菜三鮮河，墨魚丸、墨魚鬚、墨魚肉通通到齊，好個墨魚大餐，真過癮。

利園一、二期 M8B2

和明星、名人一起享受購物樂

- 香港銅鑼灣恩平道28號
- 2907-5227
- 10:30～21:30
- 地鐵銅鑼灣站F出口
- 國際品牌

利園一、二期商場，可以說是國際品牌雲集的高級購物商場，因此，若在此碰到一起逛街的明星也是稀鬆平常的事。只要叫得出名字如LV、Chanel 、Chrisitian Dior、Blumarine、Paul Smith、Y's Yoji Yamamoto 等名牌，都可一次逛足。而對面的利園二期，則多加入了較年輕的品牌，如agnes'b、Miu Miu、Jean Paul Gaultier等，以及嬰童品牌Burberry Childrenswear、Comme CA Kids、la compagnie des petits和I Pinco Pallino等。

Cova Ristorante & Caffe M8B2

知名商場裡的義大利料理店

- 利園商場一期1樓101-3和106-7店
- 08:00～23:00
- 地鐵銅鑼灣站F出口
- $ 高價（每人約港幣150元）
- 義大利菜、甜點、起司蛋糕

Cova是一家頗負盛名的西餐廳，總店在米蘭，目前全香港有7家連鎖店，都是開在知名的購物商場裡。室內裝潢古典高雅，餐廳是以蛋糕及甜點為強項，無論起士蛋糕、提拉米蘇、麥皮蛋糕、栗子蛋糕都很有名。這裡是銅鑼灣購物區的高級休息地，也是許多香港明星及貴婦的最愛，用餐時可能你的旁邊桌就坐了明星喔，這裡的食物賣相和口味都是一流，相對的單價也屬一流之上。

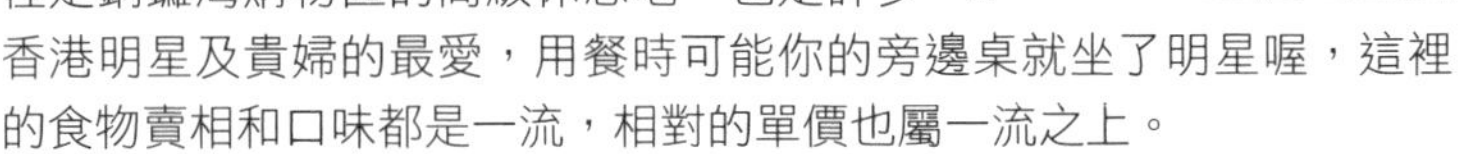

人和荳品廠 M8B2

豆腐花、豆腐豆漿專門店

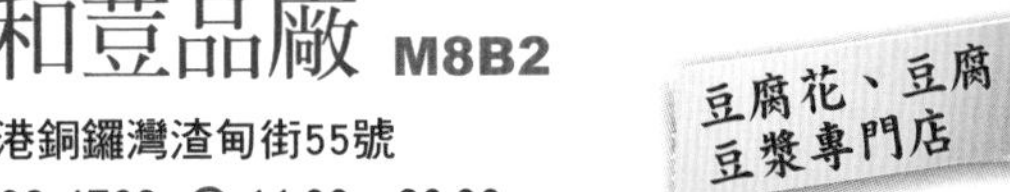

- 香港銅鑼灣渣甸街55號
- 2808-4738　11:00～23:00
- 地鐵銅鑼灣站F出口　$ 平價（每人約港幣50元以內）
- 魚肉煎釀豆腐、薑汁豆腐花、椰汁凍豆腐花

專賣豆類製品的人和荳品廠是家傳統小店，店內的甜豆花、鹹豆腐和豆漿等，都是食客必點的食品。甜豆花軟嫩，甜度適中的糖水，讓人一碗嫌不夠。薑汁豆腐花、椰汁和杏汁凍豆腐花是我的最愛。另外的鹹點魚肉煎釀豆腐，是搭配麵食不錯的小菜。

愛辣、重口味的人請進

南記粉麵 M8B3

香港銅鑼灣怡和街56～58號新基商業中心1～3樓

2576-3721

07:00～23:00

地鐵銅鑼灣站E、F出口

$ 平價（每人約港幣50元以內）

春捲、辣豬肉小窩米線、八爪魚丸米線

這家店的春捲和米線相當受顧客喜愛，幾乎每桌都點。春捲是以魚肉製成，外表看起來很像炸過的肉條，吃起來份外有嚼勁。米線則不會軟爛，條條分明，軟硬適中。印象最深刻的，是這家店的菜大多很辣，大辣威力驚人，建議各人視自己承受力選定小辣或中辣，以免像我邊吃邊拭汗，吃得狼狽。此店價格平實，是銅鑼灣區少見的。

開心吃

南記粉麵在波斯富街106號利舞台對面也有一家分店，但香港朋友都推薦怡和街這家比較好吃。

四川風美食，重口味的最愛

渝酸辣粉 M8C2

香港銅鑼灣耀華街4號

2838-8198

11:30～17:00，18:00～23:00（週一～日）

地鐵銅鑼灣站A出口

$ 平價（每人約港幣60元）

酸辣粉、口水雞、桂花冰粉、麻麻地奶凍

如果你是個喜歡吃重口味的人，那絕不能錯過這一家口味「麻重於辣」的酸辣粉店。小店中大約10張桌子，從幾乎時時處於客滿的狀態來看，很受大眾喜愛。由於酸辣粉相當有名，建議如果兩個人前往，可以點一個酸辣粉套餐，再單點一碗酸辣粉即可，而酸辣粉可選擇辣度。此外，桂花冰粉、麻麻地奶凍也是很值得品嘗的甜點。

曲奇四重奏Cookies Quartet M8B1

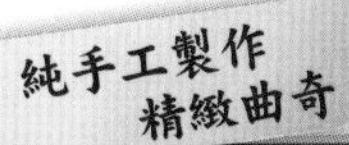

香港銅鑼灣軒尼詩道432-436號人和悅大廈地下1號舖

2382-2827　11:00～21:00

地鐵銅鑼灣站E出口

$ 中價（每人約港幣100～150元）

蝴蝶酥、杏仁曲奇、咖啡杏仁曲奇

這家人氣餅乾專賣店，店名的由來是色香味和健康四俱全。店中曲奇都是手工製作，酥脆也含有牛油味，最有名的是蝴蝶酥、杏仁曲奇。建議你可以購買綜合款，內有各種組合。漂亮的白色鐵盒、精緻的手提袋，是送禮的不二選擇。

開心吃

這裡的試吃很大方，可多試幾種口味後再決定。另有多家分店在尖沙咀加拿分道、九龍城獅子石道9A地下和沙田新城市廣場。

銅鑼灣 路線2

來這一區就是要一間一間舖走走逛逛、欣賞流行潮牌服飾的設計以及店舖裡外的整體櫃位設計，這是只逛海港城無法感受到的。包括名店坊、高價的I.T集團和相較之下平價且年輕、集中於加寧街的i.t等舖。最末可以到SOGO或世貿中心休憩吃喝點小食。

銅鑼灣潮流路線：

百德新街↓京士頓街↓記利佐治街

名店坊 M8B2

面積廣大 店家多的購物區

香港銅鑼灣京士頓街、百德新街、加寧街一區
11:00～21:00
地鐵銅鑼灣站E出口
Vivienne Westwood、LCX、MARC BY MARC JACOBS

位於銅鑼灣京士頓街、百德新街、加寧街這一區的品牌專門店，算是很大的購物區。這裡集中的店家包括Vivienne Westwood、Marc by Marc Jacobs、PATRIZIA PEPE、LCX等。其中綜合商場LCX，集中了BCBGirls、Elite、Rosebullet、SHOEBUZZ、Sweet Years、Ztampz、1001 Original Inc等。

MARC BY MARC JACOBS

名店坊G01舖
2956-0886
11:00～21:00
地鐵銅鑼灣站E出口
手提包、配件

這是MARC JACOBS的副牌旗艦店，因價格較易入手，很受世界各地年輕女性的歡迎。位在名店坊的這家旗艦店，各系列商品齊全，受歡迎的手提包、飾品、服飾和鞋類等這裡都看得到。不時還會有打折，值得來碰碰運氣。

LCX M8A3

一次逛足
眾多品牌真方便

香港銅鑼灣京士頓街9號
11:00～21:00
地鐵銅鑼灣站E出口
Ztampz OUTLET、Rosebullet OUTLET、TOUGU OUTLET

位於京士頓街9號、兩層樓高的LCX裡面集合了多個，如BCBG Girls、Elite、Rosebullet、TOUGU、Sweet Years、Ztampz受女性歡迎的品牌，這裡比較特殊的是除了一般品牌外，還有Ztampz OUTLET、Rosebullet OUTLET、TOUGU OUTLET，是想揀便宜的人不可錯過的。

JUICE Hong Kong M8A2

時尚潮人
陳冠希的店

香港銅鑼灣加寧街9～11號
2881-0173
12:00～21:00
地鐵銅鑼灣站E出口
限量合作商品、T恤

在台北敦化南路有海外分店JUICE，是潮服達人是陳冠希所開的店，香港的店開在銅鑼灣加寧街。以木頭和黑色為主設計的門面，店內空間寬闊，陳列各式男性服飾、配件等。店內品牌以自己的品牌CLOT以及其他潮流品牌為主。最特別的是CLOT會和其他品牌共同推出限量的合作商品，如CLOT×Levi's、CLOT×Playboy Condoms、CLOT x PORTER CASE系列等商品，往往是造成店外大排長龍的主因。

i.t M8A3

香港最多家店面的
複合式品牌旗艦店

香港銅鑼灣加寧街6～10號
2504-0025
12:00～22:00
地鐵銅鑼灣站E出口
page boy、KBF的T恤

是專門引進世界各地，尤其以日本為主，年輕族群較喜歡的服飾、鞋類品牌，將這些集中在一家店中販售的新型態複合式品牌旗艦店，一直深受許多人的喜愛。店中品牌眾多，目前可看到的有5cm、page boy、Hyoma、POU DOU DOU、Ray Cossin、RAS、KBF等等。

i.t的BEAMS BOY BEAMST專門店 M8A2

充滿青春活力的年輕人品牌

香港銅鑼灣百德新街42號地下
2890-9177
12:00～22:00
地鐵銅鑼灣站E出口
T恤

常看日本時尚流行雜誌的人，對這個年輕人的潮流品牌一定不會陌生，光看到來來往往進出這家店面的年輕男女，就知道受歡迎的程度了。喜歡這個品牌服飾的人通常只能到日本購買，不過現在多了一個選擇，可以到更近的香港選購。

Anteprima-Plastiq專門店 M8A2

最具前衛時尚、華麗感的手提包

香港銅鑼灣百德新街42-48號D舖
2805-6398 10:30～20:00
地鐵銅鑼灣站E出口 限量合作商品

這幾年來在台灣也很流行，受到上班族女性、貴婦們歡迎的Anteprima金屬線編織包，不同於皮革編織包，特殊的材質更增添了前衛時尚、華麗感，提著逛街或參加宴會都很合適。這家店也常可見品牌合作商品，通常樣式較台灣多，上市的速度也較快。

i.t的LOVE GIRLS MARKET專門店 M8A2

在香港遇見日本109大牌專門店

香港銅鑼灣百德新街50號地下B舖
2890-7679
12:00～22:00
地鐵銅鑼灣站E出口
T恤

來自於日本代官山的LOVE GIRLS MARKET，在香港的第一家專門店，就是選在銅鑼灣的百德新街裡面。這家店裡販售多個品牌的民俗風、復古風等較女性化服飾，以及首飾配件等，價格都還算合理。心動了嗎？想一探VIVI雜誌中常出現的品牌店嗎？那你一定得來趟香港旅遊。

i.t的tout a coup專門店 M8A2

香港銅鑼灣百德新街51號A舖

2882-9631 12:00～22:00

地鐵銅鑼灣站E出口 洋裝

日本少女品牌服飾，價格頗平易近人，設計上則是融合了法式的浪漫和日式的隨性，很適合年輕女孩穿著。在香港因頗受女性的鍾愛，原本都是在i.t中販售，終於能在此品牌的一級戰區開設了專門店，喜歡購物的人又多了一處地方可逛。

i.t的Tsumori Chisato專門店 M8A2

香港銅鑼灣百德新街53號A舖

2881-1348 12:00～22:00

地鐵銅鑼灣站E出口 鞋類、手提包、皮夾

這品牌的服飾給人甜美、夢幻的印象，每季都有不同設計主題，是由日本設計師津森千里創設的品牌。在香港同樣是由I.T集團代理進入，並選在這群雄鼎立的百德新街開了專門店。除了日本以外，津森千里的服飾在香港算得上款式齊全、上架速度也快，還有OUTLET（暢貨中心）可購買到過季的商品，是絕佳的購買場所。

開心買

可在尖沙咀新港中心，以及海怡半島的海怡工貿中心裡買到津森千里的過季服飾、配件、鞋類等，折扣較高，喜愛的粉絲一定要去瞧瞧。

i.t的FRAPBOIS專門店 M8A2

台港日
年輕人間的紅牌

香港銅鑼灣百德新街58號地下A舖

2895-3236 12:00～22:00

地鐵銅鑼灣站E出口

T恤

同樣是將店面開在銅鑼灣的時尚必爭之地的FRAPBOIS，是日本設計師的作品，大型木頭的店面外牆和店內擺設，很有日本品牌的風格。這個品牌的服飾常可見到帶有趣味、搞怪的設計，很有個人風格，得到許多年輕人的喜愛，是台港日年輕人間的紅牌。

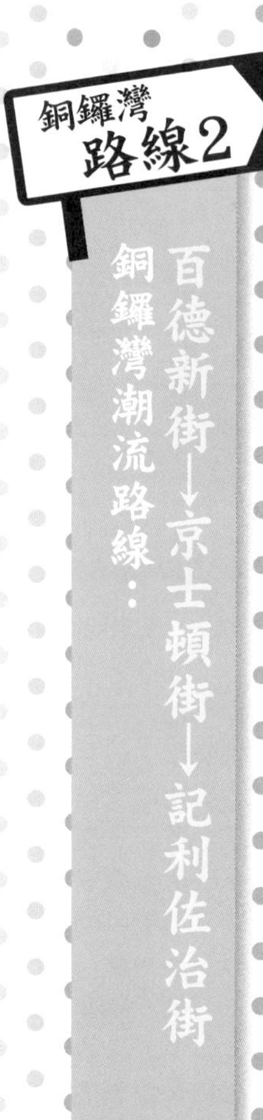

adidas Originals Concept Store M8A3

⌂ 香港銅鑼灣香港銅鑼灣京士頓街6B舖
☎ 2504-2186 ⊙ 12:00～21:00
地鐵銅鑼灣站E出口
adidas Originals Vespa系列

adidas一直是許多人喜愛的品牌，位於銅鑼灣的這家兩層高adidas旗艦店，是亞洲區最大級的概念店，大片透明加上品牌特有的藍色標誌，搭配櫥窗陳列，給人一股清新、朝氣感。店內除了各系列商品一應俱全，還不定時跨界舉辦藝術展覽，將運動、時尚和藝術做了最佳的結合。一樓增加了訂製鞋區，二樓則陳列各系列服飾、鞋類和相關用品，其中，和老牌機車VESPA合作的adidas Originals Vespa系列復古系列更值得你選購。

D-mop M8A3

以複合品牌聞名
的香港潮流店

⌂ 香港銅鑼灣京士頓街8號
☎ 2203-4130 ⊙ 12:00～22:00
地鐵銅鑼灣站E出口
Blue Heros皮類服飾、MIHARA YASUHIRO

D-mop和I.T一樣，是香港發展很成功的複合品牌店，在台灣也有店。這家位在京士頓街的店面很大，物品齊全，是喜歡個性服飾的人尋寶之處。

目前店中販售的品牌有Y-3、G-STAR、HORACE、QUEEN11、SUPER、KTZ、GROUND ZERO、Blue Heros、MIHARA YASUHIRO等等。

SOGO百貨銅鑼灣店 M8B2

銅鑼灣區
最熱鬧的百貨公司

⌂ 香港銅鑼灣軒尼詩道555號
☎ 2833-8338 ⊙ 10:30～20:00
地鐵銅鑼灣站D3出口 禮品名店廊

銅鑼灣人潮最多、最熱鬧的地區，大概就是SOGO百貨銅鑼灣店前面的大馬路了，不論何時，總有蜂擁的人群經過。香港的SOGO百貨和台灣的SOGO百貨逛街的人潮都很多，這裡除了國際級精品、副牌等，還有各類珠寶、配飾、運動商品、生活用品、超市和禮品名店廊、餐廳等，打折期間還會有「Daily Special」、「Only at SOGO」的超值商品，好買度絕對不亞於台北SOGO。

大快活 M8B3

菜單選擇多的
連鎖快餐

香港銅鑼灣道19-23號健康大廈地下1號舖及1樓

2856-8682　07:00～22:30

地鐵銅鑼灣站E出口　$ 平價（每人約港幣50元以內）

阿活咖哩系列、上海排骨菜飯

明亮橘色底上面一個如人形般的「大」字，是連鎖餐廳大快活醒目的看板。目前全香港各地約有一百多家的分店。位於糖街的這家店環境較寬廣，顧客用餐區域較大，能在鬧區中找到這樣的用餐區域真不容易。阿活咖哩系列、上海排骨菜飯、飲料、豬扒飯等，不需等太久，讓你在短時間內飽餐一頓。

榮記粉麵 M8B3

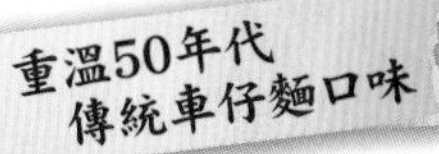

香港銅鑼灣糖街27號A地下

2808-2877　11:30～22:00

地鐵銅鑼灣站E出口　$ 平價（每人約港幣50元以內）

車仔麵

用餐時間總看到門口都排有人龍般的顧客，都是為了一嘗有名的車仔麵。店家以自家密製的滷汁滷出的配料，深受大家歡迎。像雞翅、豬大腸、豬血和白蘿蔔，都是人氣配料。吃車仔麵最有趣的地方，是能夠自己揀選喜歡的配料和麵類、米線或河粉，選擇性大。像較特別的魚皮餃、紅腸，都是平日少見的配料，想嘗新的人可試試。

開心吃

為什麼叫車仔麵呢？那是因為早年小攤販都是以木頭推車，盛裝一格格的配料，搭配麵類、米線或河粉等一起食用，配料可自選，現在多已於店面營業。

喜喜冰室 M8C2

體驗港式
懷舊茶餐

香港銅鑼灣新會道2號

2881-0616　08:00～23:00

地鐵銅鑼灣站A出口　$ 中價（每人約港幣50～100元）

雞批浮台、香蕉核桃克戟

熱鬧繁華的銅鑼灣，竟然有一家滿滿復古風情的冰室。從門口停的老式送貨腳踏車、木框門，到店內的風扇、小方格拼貼磁磚、收銀機、老電視，滿滿懷舊氛圍，喜愛拍照的人別錯過。飲食方面，除了傳統茶餐廳的餐點、飲料，更有懷舊套餐可供選擇。其中「雞批浮台（青豆湯中放入雞肉派）」是必點。此外，要注意每逢週五至日，以及國定假期需額外加10%服務費。

雙妹嚜 M8B2

香港出品百年
化妝保養品老店

- 香港銅鑼灣記利佐治街2-10號銅鑼灣地帶283號舖
- 2505-1811
- 12:00～22:00
- 地鐵銅鑼灣站E出口
- 活花爽身粉、花露水爽身粉、四大王牌系列

以兩個女性（Two Girls）圖案為商標的雙妹嚜，是土生土長的香港在地品牌，已有一百多年的歷史，可說是美容保養界的百年老店。除了這家門市，海港城LCX以及太平山頂都有販售，其他如超市、化妝品超市等地都能看到，只不過商品數量少，建議大家還是去門市購買。三百多樣的商品中，銷售較佳、受到大家喜愛的有活花爽身粉、花露水爽身粉、四大王牌系列等商品，價格便宜又實用，自用外也適合送禮。

午砲 M8A2

正午12點
的鳴砲儀式

- **香港銅鑼灣告士打道和維園道附近**
- **12:00（約11點半以後就可以在附近晃晃）**
- **地鐵銅鑼灣站D1出口至世界貿易中心穿越人行隧道前往**

約1840年的殖民時代起，在每天中午12點都會鳴砲一聲。據說1840年時，英資怡和集團為了迎接公司船隻安全抵港，在海邊鳴砲以表達敬意，後來持續這個儀式。但在二次大戰期間中斷，直到1947年才又恢復鳴砲，成為固定的儀式，每天都吸引許多人現場觀看。在某些特殊節日，像除夕夜也會鳴砲。

開心玩

1. 因12點的鐘聲一響立刻鳴砲，所以一定要聚精會神，否則就錯過了。建議可在11點45分左右，就在附近等待。
2. 可選在附近的世界貿易中心餐廳吃中餐，選擇靠窗的座位，邊用餐邊欣賞午砲儀式。

以年輕有品味者為主的新面貌商場

世貿中心wtc more M8A2

香港銅鑼灣告士打道280號
11:30～22:00，依品牌營業時間略有差異
地鐵銅鑼灣站D1出口
運動用品旗艦概念店、SPORT b. STORE、SONIA RYKIEL Beaut

同樣位在銅鑼灣一級商場區、SOGO百貨後面的世貿中心，在2009年才重新改建完成，是一有著14層樓的商場。除了一般的服飾、精品、鞋類等的專櫃，這裡還多了許多美食餐廳，像連鎖的翡翠拉麵小籠包、日本燒肉、韓國餐廳等，都分佈在同一商場中，方便逛街購物後的飲食。還有這裡的運動用品旗艦概念店、UNIQLO Pop-up Store也是香港首見的，而SONIA RYKIEL Beaut 更是全球首間專門店。

SPORT b. STORE

世貿中心G001-005號舖
2882-9839
10:00～21:00
休閒鞋、T恤

世貿中心wtc more在2009年初終於完成裝修，商場走向以年輕人為主，因此，像Sport b這樣在港很受年輕人歡迎的品牌，就選在這開設了香港的第一家旗艦店。SPORT b.的商品設計更趨向年輕，加上價格較平易近人，如鞋子、T恤等都是極佳的入門首選。不時還會出現零碼鞋特價，視運氣說不定能買到物美價廉的商品。

銅鑼灣
路線2

銅鑼灣潮流路線：
百德新街→京士頓街→記利佐治街

木糠甜品屋 M8B3

招牌木糠布甸
糯米糍大推薦

香港銅鑼灣希雲街20號地下
2893-8311
11:30～01:00（週一至五）、
13:00～01:00（週六及公眾假日）
地鐵銅鑼灣站C出口
平價（每人約港幣50元）
糯米糍、木糠布甸

老式擺設的店內，竟然賣了各式木糠布甸、港式糖水、雪花冰、豆腐花、中西式甜品、各式口味的糯米糍等多樣甜品，令人稱奇。而且還有甜點特餐和套餐，這就很少見了。這家店有名的各式木糠布甸中，我最喜歡的是朱古力（巧克力）和原味的。還有傳統甜點糯米糍，餡多外皮軟，芒果、芝麻香蕉等口味都非常好吃，大推薦。

太興燒味餐廳 M8B2

現代化裝潢
的燒臘餐廳

香港銅鑼灣謝斐道470～484號信諾環球保險中心1～3號地舖
2577-7038　07:00～00:00
地鐵銅鑼灣站C出口
中價（每人約港幣50～100元）
八寶飯、冰鎮原味奶茶、咖哩牛腩飯、瑞士汁牛肉炒河、老火湯

八寶飯

燒臘店很少有特別裝潢的，但太興燒味餐廳就是特殊的一例，連盛裝的餐盤器具，都特別挑選過。來到這裡除了要吃叉燒類，醬汁濃厚的咖哩牛腩飯、集合各種叉燒的八寶飯、炒得油亮的牛肉炒河，都是前幾名受歡迎的菜色。還有這家店特製的凍奶茶和老火湯，更不能錯過。前者是將整杯奶茶放在一碗冰塊中冰鎮，不怕冰塊稀釋掉奶茶的濃醇味。後者是港式特有的工夫湯，多種材料經長時間烹煮釋出精華，適合冬天食用，溫暖你的脾胃。

老火湯

瑞士汁牛肉炒河

冰鎮原味奶茶

希慎廣場 M8B2

銅鑼灣新地標，綜合商場

香港銅鑼灣軒尼詩道500號

2866-7222

商鋪：10:00～22:00（週一～四）、
10:00～23:00（週五～六、國定假日）
餐廳：11:00～24:00

地鐵銅鑼灣站F2出口

$ 平價、中價

HOLLISTER、GAP、誠品書店、apple store、糖朝

位在銅鑼灣地鐵站旁的希慎廣場，是一處集合了時尚服飾、珠寶、餐廳與通訊大店的商場，吃買通通包，可以讓人從早到晚在此消磨一整天。除了服飾之外，其中還有誠品書店的海外第一家分店、面積包含三個樓面的apple store、聚集各地美食的美食廣場，都是人潮洶湧。

HOLLISTER

218-221號舖

帽T、刷毛休閒褲、手袋

這個很受年輕人喜愛的美式服飾，是Abercrombie & Fitch的副牌，兩者間有不少相同設計的商品，但因價格較便宜，比較容易入手。門口超大型液晶螢幕上的衝浪畫面，令人聯想到度假的海灘，服飾偏休閒居多。

apple store

G01-01、101-3、201-3號舖

IPHONE手機周邊商品

包含了3個樓面，從門口探頭看，還以外是大型公司行號，顧客多得不得了。除了正在洽辦電信業務的區域，店內的牆面陳列了許多電腦、IPHONE手機、IPAD等蘋果商品的周邊商品，一定能擄獲不少蘋果粉絲的心。

誠品書店

8～10樓

這是台灣誠品書店在海外開設的第一家分店，共有3個樓面。擺設、販售的書籍、雜誌和台灣差不多，多了一些香港書籍。顧客人數多，很受當地人與觀光客的歡迎。這裡還有台灣天仁的喫茶趣，很多香港人排隊買。價位與台灣差不多。

港島其他好去處

天后、北角、柴灣、淺水灣、赤柱、海洋公園

銅鑼灣的下一站天后和北角有許多平價小吃及經濟型新酒店，吸引越來越多觀光客駐足。港島線最後一站柴灣，則有好幾家潮流服飾店，常有不少粉絲前來朝聖。而赤柱、淺水灣及海洋公園，都是市區以外，香港旅遊的好景點。

人氣美食
手打魚蛋、清湯牛腩

華姐清湯腩 M2C3

香港天后電氣道13號地下A1舖
2807-0181
11:00～23:00
地鐵天后站A1、A2出口
平價（每人約港幣50元以內）
清湯牛腩、清湯金錢肚、腩汁白蘿蔔

清湯牛腩

透明的大片玻璃內一桌桌的顧客，這是天后地區專賣牛腩名店的華姐清湯腩。叫了碗清湯牛腩，份量十足。大塊牛腩肉質鬆軟不塞牙，湯底則不油而清甜。食量大的人還可加入伊麵、河粉等。親切的老闆特別推薦店中的白蘿蔔，沾著牛肉汁的蘿蔔塊釋放出食材天然的滋味，的確好吃，價格也相當實惠。另也有抄手、麵類、魚丸等可供選擇。

清湯金錢肚河粉

大利清湯腩 M2C3

香港天后電氣道13號地下
2806-0683
11:00～23:00
地鐵天后站A1、A2出口
平價（每人約港幣50元以內）
清湯牛腩、咖哩淨牛腩、魚蛋

在華姐清湯腩隔壁，同樣專賣港式特有清湯牛腩的餐廳，門外貼滿了美食雜誌和美食評論家的報導。除了招牌的清湯牛腩，這裡的咖哩牛腩更夠味，牛腩的肥瘦部位分佈均勻，不吃肥肉的人也能試試。

晶晶甜品 M2C3

香港天后電氣道81號A　2578-6162
13:00～24:00（週一～五）、14:00～24:00（週六～日）
地鐵天后站A1、A2出口　平價（每人約港幣50元以內）
糖不甩、蕃薯糖水、玫瑰酒心薑汁湯圓

門口總有顧客排隊的小店，特別推薦傳統的蕃薯糖水、玫瑰酒心薑汁湯圓，寒冬來上一碗嗆辣薑汁更能溫暖全身。糖不甩Q勁夠，百吃不膩。

炸豬手

大口吃菜大碗喝酒

東寶小館 M7小圖a2

香港北角渣華道99號渣華道市政大廈2樓
2880-5224
17:30～00:30
地鐵北角站A1出口
中價（每人約港幣50～100元）
南乳炸豬手、黃金蝦、風沙雞、戰鬥碗裝啤酒

戰鬥碗

這是香港本地人相當熱愛的菜館，這裡既不精緻又吵雜，但菜色極爽口，難怪每晚都爆滿。推薦裹著鹹蛋黃的黃金蝦，和沾著蒜末的炸豬手，還有一定不要忘了來瓶啤酒，是用大大的「戰鬥碗」裝著，喝來別有一番豪氣。

開心吃

位於熟食中心裡的2樓，可以搭乘電梯或手扶梯上樓，不要以為傍晚的熟食中心沒人，一到了樓上你就會被滿滿的人潮嚇到。14：30～17：30有接受預約，建議一定要提早預約，否則到現場等候至少要半小時以上。

潮樂園 M7小圖a2

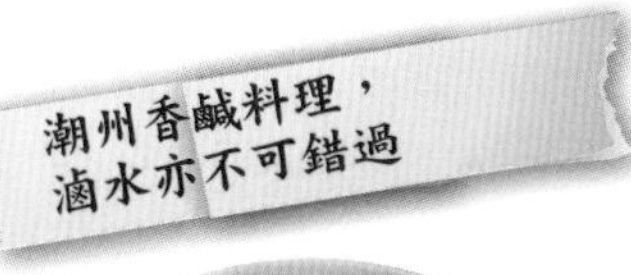

香港北角和富道84～94號銀輝大廈地下4號
3568-5643
11:00～23:00
地鐵北角站A1出口
平～中價（每人約港幣50～100元）
蠔仔粥、手打魚蛋

一定得吃鎮店蠔仔粥，蠔仔（牡蠣）多而鮮美，份量足夠兩個人食用。這家店因份量多，建議數人一起食用。其他菜色如墨魚丸、撈麵、清湯腩和各種滷味和小食，都是這家店的拿手菜。非假日的下午茶時間（14:30～17:30）還送飲料，非常划算。

傳統口味蛋卷
最佳伴手禮！

德成號 M7小圖a2

香港北角渣華道64號地下
2570-5529、2571-5049
09:30～19:00，週日休息（賣完就收）
地鐵北角站A1出口
中價（每人約港幣50～100元）
家鄉雞蛋卷、鮮椰汁蛋卷

這家店的蛋卷連香港美食專家蔡瀾也推薦過，第一次吃時，覺得有股特別的雞蛋香，相當酥脆且皮薄，而且甜度適中，吃多也不覺得膩口。我最喜歡鮮椰汁口味，輕爽的讓人一口接著一口。店裡蛋卷都是前一天製作、第二天拿來賣的，由於是手工製作、每天數量不多，有時去晚了會買不到，特地去之前可先電話詢問一下。

開心買

1. 到老店購買時，先選擇欲購買的口味再到櫃臺結帳，伙計會給你一張收據，再以收據向旁邊的店員領蛋卷，分工清楚，老店也力求現代化。
2. 因為蛋卷太鬆脆了，建議提著上飛機，千萬不可放在行李箱托運，不然只有蛋卷屑可吃了。另外，通常你可能很難找到北角的地圖，記得只要北角站A出口一上來就往左轉，接著一直直走，大概走了5～8分鐘，左手邊就可以看到德成號古樸的店面了。

Undercover HKG M2C4

超人氣的
日本潮流品牌

香港柴灣嘉業街18號B座地下11號舖
2881-8002
13:00～20:00，週一休息
地鐵柴灣站＋計程車
T恤入門款、男裝、提包

由設計總監高橋盾創立，起源於東京原宿的潮流服飾品牌，但在歐洲、香港和台灣也有大批支持者。這家Undercover HKG是首家專門店，雖地處距市區較偏遠的柴灣，卻仍有慕名而來的粉絲。營業時間較晚，有興趣前來的讀者要看準時間，避免空跑。

開心買

柴灣嘉業街這一帶位於明報工業中心附近，除了上班的人以外，平日沒什麼人潮。可搭乘地鐵港島線至柴灣總站下車，因這裡大多是快速道路且不易行走，建議搭計程車前往店面，車資大約港幣30元（台幣100多元）。離開店面要回市區時，可於店門口或附近招計程車，坐到柴灣的前一站的杏花邨（因這樣繞回去距離杏花邨站較近），車資也約港幣30元，這樣比較省交通費。

SILLY THING M2C4

香港潮流
品牌聯合國

香港柴灣嘉業街18號B座地下11號舖Back Exit
2898-2199
13:00～20:00，週一休息
地鐵柴灣站＋計程車
T恤、聯名、限量商品

是由香港名人，就是男生潮流雜誌Milk的創辦者TK氏創立的潮流服飾、鞋類、配件的品牌，專門店位在柴灣嘉業街，明報工業中心附近。外觀小木屋的獨特造型加上黑色鐵柵門，店內同樣以原木設計。除了自家設計的品牌，也有引進世界各處獨特的品牌，更時常和國外一些知名品牌，如Undercover、Stussy、Superme等合作，因商品數量有限，常吸引大批人搶購。

淺水灣 M2D3

最美麗的海灘
最浪漫的餐廳

香港淺水灣海灘
從銅鑼灣登龍街、香港仔漁光道分別乘坐40號或52號專線小巴士前往、在中環交易廣場搭乘6、6A、6X、61或260號巴士，都在淺水灣海灘站下車。

擁擠的香港，除了維多利亞港看得到海景，很難想像香港有海灘。不過，香港真的有海灘，就在淺水灣，它位在香港島的南端，有最美麗的海灘之稱，每年夏天都聚集了很多遊客，讓人暫時忘卻城市裡的喧囂嘈雜。

淺水灣沙灘後方的歐陸式建築，原名淺水灣酒店，是許多名人雅士常光顧的高尚場所。如果你看過張愛玲所寫的《傾城之戀》、《色戒》，其中男女主角范柳原和白流蘇、易先生和王佳芝的愛情故事，都在此發展，所以對這裡應不陌生。酒店拆掉重建後更名為「影灣園」，這裡露台餐廳（The Verandah）的下午茶氣氛很好，優雅的英式室內裝潢、垂掛的大吊扇和視野極佳的木窗、高貴的茶具點心盤組，最適合情侶談情說愛和姐妹淘們閒聊八卦。餐廳推出的是傳統的英式下午茶，對吃慣美式下午茶的人來說，可以趁機體驗一下紳士淑女的悠閒生活。離開時，更別忘了順便逛一下具特色商場喔！

開心玩

淺水灣露台餐廳（The Verandah）是在淺水灣道109號，電話2292-2822。下午茶時間15:00～17:30（週二～六），15:30～17:30（週日和假日），週一休息。這裡的下午茶classic repulse bay tea set，1個人約港幣300元。

打算搭乘小巴前往的人，別忘了上車時麻煩司機在抵達前提醒一下，搭乘這種小巴，你會發現在地人都是直接喊「落車」（下車），即使非站牌處也是一樣，所以當你看到站牌才猛然想起時，別忘了趕緊喊「落車」。

香港少數能感受到度假氣氛的景點

赤柱 M2D4

- 香港赤柱赤柱大街、赤柱新街附近
- 市場營業時間約09:30～17:30
- 從銅鑼灣登龍街、香港仔漁光道分別乘坐40號或52號專線小巴士前往、在中環交易廣場搭乘6、6A、6X、61或260號巴士，都在赤柱市場站下車。

赤柱是一在淺水灣的東邊、香港島最南端的小半島。曾經是香港最大的漁村，但現在這裡因聚集了許多各國料理餐廳、特色市集而出名，總能吸引許多來自世界各地的觀光客，一整天都非常熱鬧，是香港少數能感受到度假氣氛的景點。

從赤柱市場站下車，立刻能看到赤柱廣場，商品都以具特色的禮品、手工藝品居多，是購買小禮物的好選擇。

進入赤柱大街、赤柱新街附近的市集，有多家異國料理餐廳，門口的露天座位，是歐美遊客的最愛！旁邊一條條的小巷子裡，兩旁一家家販售傳統中國服飾、絲巾、兒童服飾、異國風配飾、首飾或藝術品等，人來人往，有如逛夜市般。

開心玩

1. 香港海事博物館開放時間是10:00～18:00，每週一休息。
2. 相當受歡迎的珍妮餅家（Jenny Bakery）在赤柱新街11號，目前在市區都已有分店（詳細介紹可參考P.151）

美利樓

沿著海岸邊建立、3層樓高的殖民地建築美利樓，原是1846年建在中環的英軍將官住所，1982年因興建中銀大廈而拆掉，香港政府為了保存這棟古建築，在赤柱重建。拆卸時的3000多件花崗岩都編上號碼，現已成為赤柱的旅遊標誌。美利樓內有數家異國料理餐廳和香港海事博物館。

不斷推陳出新的
香港老牌遊樂園

海洋公園 M2C3

- 香港香港仔海洋公園
- 3923-2323
- 10:00～20:00（依季節有所差異）
- 成人門票港幣385元，3～11歲孩童港幣193元。
- 1. 城巴629號海洋公園特快線每日由港鐵金鐘站B出口外（力寶大樓前）開出，直達海洋公園正門，每天9:00至16:00，每10分鐘一班。另有由民光街中環天星碼頭碼頭開出的直通車班次較少，每天9:35至15:45，每20至60分鐘一班。
  2. 於中環交易廣場巴士總站搭乘70、75、90、97、260、6A或6X號巴士在海洋公園站下車。
  3. 回程有629A，每天17:20、17:50、18:20共3班可直達銅鑼灣時代廣場附近，終點站為中環交易廣場。

海洋公園陪伴許多香港人度過快樂的時光，一張門票可暢遊一整天。整個海洋公園可分為地下和山上兩大部分。一進入大門，很快就可以看到「大熊貓園」，裡面住著可愛的安安、佳佳、盈盈和樂樂4隻熊貓，因排隊速度快，很快就能看到他們逗趣的模樣。

可搭乘可飽覽維多利亞港景色和翠綠山景、很刺激的登山纜車進入山上。喜歡刺激遊戲的人，有「七彩昇空天地」、「急速之旅」、「疾狂過山車」、「滑浪飛船」、和「太空摩天輪」等讓你心跳加速的熱門遊樂設施。全家同遊的人，「威威劇場」、「幻彩旋轉馬」，還有雀鳥劇場、海洋劇場，都是親子共遊的最佳遊戲。當然來到海洋主題的樂園，海洋天地中的海豚、海獅餵食秀更是別錯過了。

開心買

海洋公園裡到處都有可以購買紀念品、小禮物的商店，園中可愛明星的玩偶、T恤、馬克杯、鑰匙圈和文具組，都能為你的海洋公園之旅帶回更多歡樂的記憶。

離島 有別於繁華鬧區的天然美景

香港是由許多大、小島組成，而最主要有三個較大的島嶼，分別是大嶼山、南丫島和長洲，其中大嶼山和南丫島也時常有觀光客前往旅遊。大嶼山是當中最大的島，約香港島的兩倍大，島上最有名的，是寶蓮禪寺的天壇大佛和心經簡林。另外，有東方威尼斯之稱的大澳漁村，也是不錯的景點。

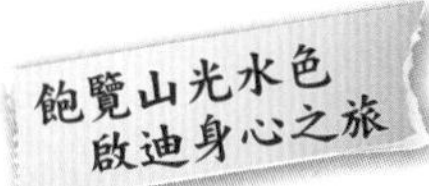

昂坪360 M2C1

- 香港大嶼山東涌達東路11號
- 3666-0606
- 10:00～18:00（週一～五）
  09:00～18:30（週六～日、國定假日）
- 地鐵東涌線至東涌站B出口後，步行3分鐘就可達東涌纜車站。
- 「昂坪360身心啟迪之旅套票」，包括昂坪纜車來回車票、昂坪市集的「與佛同行」和「靈猴影院」門票

成人	3～11歲兒童	65歲以上長者
360海陸空全日通		
港幣255元 (標準) 港幣325元 (水晶)	港幣170元 (標準) 港幣245元 (水晶)	— —
360海陸空全日通票價包括來回纜車、新大嶼山巴士一天通行證及大澳小艇遊。隨票附送昂坪市集主題景點「與佛同行」門票一張或昂坪360禮品店港幣20元現金券一張。詳細請參見官方網站http://www.np360.com.hk/tc/booking/np360-ticketing-information.html		
昂坪纜車車票來回		
港幣185元 (標準) 港幣255元 (水晶)	港幣95元 (標準) 港幣175元(水晶)	港幣130元(標準) 港幣205元(水晶)
昂坪纜車車票單程		
港幣130元(標準) 港幣180元(水晶)	港幣65元 (標準) 港幣125元(水晶)	港幣90元 (標準) 港幣145元(水晶)
昂坪纜車車票（由東涌往昂坪乘水晶車，以及由昂坪往東涌乘標準車廂）		
港幣240元	港幣155元	港幣190元

建於2006年9月18日的昂坪360位於香港大嶼山上，有世界上最大的吊車系統，連接東涌和昂坪之間的交通。目前昂坪360裡面規劃了「昂坪纜車」、「昂坪市集」、「與佛同行」、「靈猴影院」等主題區域。

昂坪纜車是前往昂坪最快速、便利的交通工具，也是到昂坪遊玩一定要嘗試的交通工具。從東涌到昂坪全長5.7公里，在纜車中，乘客可以360度俯瞰香港國際機場、天壇大佛等，美麗景色讓人直呼過癮。每台纜車可搭17個人，假日人潮較多時，要有排隊的心理準備喔！目前除了一般車廂外，還推出了水晶車廂，透明車底設計，讓無際的海和翠綠的高山完全在你的腳下。若你膽子夠大，不妨試試這種纜車。

精心設計的昂坪市集，就像一座熱鬧的小城。除了「與佛同行」、「靈猴影院」兩大觀光特色景點外，更提供了許多中西美食和購物區。美食區如地道棧、滿記甜品、Euro go go等，購物區則有昂坪360禮品店、與禮有緣、筷之藝和木屋等。

一聽到「與佛同行」，就令人感覺到莊嚴肅穆，它是市集中的熱門景點，進入大門後，工作人員會發給每一個人一副耳機，然後進入多媒體營造出的空間，了解釋迦牟尼得道的一生。而「靈猴影院」主題區故事的來源是佛陀的「本生經」，播放的是三隻猴子得道的故事，由電腦營造出栩栩如生的動畫，加上特殊效果，給人震撼的視覺效果。

開心玩

昂坪360詳細的購票資訊和折扣等，可上官方網站查詢。

寶蓮禪寺 M2C1

參拜世界最大戶外佛坐像

大嶼山昂坪昂坪路 ☎ 2985-5248

08:00～18:00（寶蓮禪寺），10:00～17:30（天壇大佛），11:30～16:30（齋廚）

1. 搭乘地鐵東涌線到東涌站，再轉乘東涌纜車。
2. 搭乘地鐵東涌線到東涌站，再轉乘23號巴士至總站昂坪下車。
3. 從中環港外線碼頭乘船到梅窩，再轉巴士到昂坪。

建於1924年的寶蓮寺位於大嶼山的昂坪，是香港四大禪院之首，也是全港的佛教中心，更是遊客必到的景點之一。這裡有一座必須爬上268階梯才能抵達的天壇大佛，也是全世界最大的戶外青銅佛坐像。每年總有不少的觀光客從世界各地前來參拜，就連本地人也常來參拜，過年時的天壇大佛更是人山人海。寶蓮禪寺齋堂旁有賣小食，甜點、豆腐花很受歡迎，齋菜也相當有名，菜色多、口味好，可在參觀寺廟時，順便買好齋券，若想安靜吃頓齋飯，只得避開人多的用餐時間。

另外，從寶蓮禪寺往茶屋方向走約10分鐘，每天的日出到日落，都能看見許多在戶外的木刻佛經群，叫作心經簡林，在這裡，彷佛置身經書的世界中。遠遠看像簡林，一根根排列在一起，令人有股莊嚴肅穆的感覺。

開心玩

如欲食用齋菜，可在寺內購買套票，每人約港幣60元。建議在前往昂坪360觀光的同時，可到寶蓮禪寺來趟宗教之旅。

寶蓮寺甜點

大澳漁村 M2C1

東方威尼斯之稱的香港小漁村

大嶼山大澳

1. 於中環6號碼頭（港鐵香港站E1出口，穿過國際金融中心商場），搭乘渡輪直達梅窩，再轉搭1號巴士前往大澳。
2. 從寶蓮禪寺，也可直接搭從昂坪到大澳的巴士。
3. 於東涌市中心搭乘11號巴士前往。

大澳是個小漁港，位於大嶼山的西北方，近年來漸有許多外國觀光客來此遊玩。這裡最有名的就是海鮮乾貨、蝦醬、蝦膏、茶果和棚屋。大澳的居民多靠海為生，店家製作的蠔乾、鹹魚和蝦醬等都非常到地，尤其蝦醬雖然味道重，但拿來炒菜最適合了。另一種好吃的茶果，是將糯米蒸熟後來包東西的甜點，甜而不膩，也很便宜，可以一次吃好幾個小茶果。至於「棚屋」，它是建在水上，先用堅固的木柱做地基，再在上面建房子，許多大澳人都是住在這種特別的屋子，可以好好參觀一下。

南丫島 M2D3

遠離城市的大自然度假之旅

南丫島

於中環4號碼頭（港鐵香港站E1出口，穿過國際金融中心商場），搭乘渡輪前往南丫島榕樹灣或索罟灣，約花30分鐘時間。

船票港幣14.5元（週一～六）/（港幣20元（週日和國定假日）

港星周潤發的出生地南丫島，是香港的第三大島，位於香港島西南方，據說是香港最早有人居住的島嶼，有著純樸漁村和天然風景。島內禁止任何四輪車進入，假日吸引了許多的歐美人士和香港年輕人前來遊玩。榕樹灣和索罟灣是南丫島兩個入口，其中以榕樹灣較熱鬧，當地居民多居住在這裡。

這裡最值得推薦的就是海鮮，新鮮的海產加上便宜的價格，每到週末假日總有不少饕客來此享用海鮮大餐。這裡也適合走路健行，最受歡迎的路線是榕樹灣到索罟灣這條線，徒步約2小時的時間。

開心玩

1. 位在榕樹灣洪勝爺海灘的建興亞婆豆腐花，一碗滿滿的豆花加上薑汁糖水，有種純樸的美味，旁邊放有一個盒子裡裝有黃砂糖，加入豆腐花裡，別有一番好滋味。
2. 若想吃海鮮，因多是時價，最好事先問清楚價錢。

長洲 M2D2

週末假日最受歡迎的休閒區

長洲

於中環5號碼頭（地鐵香港站E1出口，穿過國際金融中心商場），搭乘渡輪前往長洲，需花35～60分鐘的時間。

外表像個啞鈴的長洲島，位在香港島的西南方。島上有一棟長洲綜合大樓，裡面聚集了2百多個的飲食、購物攤位，是飲食、購物的好地方。島上最為人知的，是在每年農曆4月或5月舉辦的傳統節慶太平清醮，就是當地人稱的包山節。這個時候活動的最高潮，就是搶包山活動，每年這時都吸引了不少香港人和觀光客前來。

開心玩

香港電影《麥兜》中曾出現搶包山的情節，什麼是搶包山？搶包山是民俗慶典太平清醮中的活動，通常會將印上「壽」字的蓮蓉包堆成一座高山，然後在活動的最後一晚，舉辦搶包子的活動。據說搶得越多，並且是位在越高位置的包子，就能獲得越大的福氣，所以每年都吸引許多人搶奪。現在已成為長洲最大的民俗慶典，來此的當地人和觀光客日漸增多。

集夢想、歡樂的遊樂世界

M2C2

香港迪士尼樂園

- 香港大嶼山迪士尼樂園
- 183-830
- 10:00～20:00（依季節有所差異）
- 一日門票（成人門票港幣539元，3～11歲孩童港幣385元， 65歲以上長者港幣100元）。
- 地鐵中環站搭乘東涌線，至欣澳站，再轉搭迪士尼線至迪士尼站，約40分鐘車程。

2005年9月開園的香港迪士尼樂園，是全世界第5個，也是距離台灣最近的迪士尼樂園。全區包括「美國小鎮大街」、「幻想世界」、「探險世界」和「明日世界」4個主題園區，以及「香港迪士尼樂園酒店」和「迪士尼好萊塢酒店」2大優質飯店。

幻想世界中，有黑暗中搭乘小船探訪不同神奇國度的「小小世界」、欣賞如華麗頒獎典禮般的「米奇金獎音樂劇」、乘船和小熊維尼一起進入探險之旅的「小熊維尼歷險之旅」和「瘋帽子旋轉杯」、「灰姑娘旋轉木馬」等。美國小鎮大街則有黑巫婆的煙火表演「魔咒焚城」、鬼怪靈魂不時神出鬼沒的「大街詭異酒店」和猶如置身夢想童話世界的「星夢奇緣」等。探險世界則有「森林河流之旅」和如鬼屋般的「森林魔塚」等。重頭戲明日世界有可體驗變成黑暗妖魔的「整鬼化妝間」、一路尖叫到底的「驚心動魄太空山」、「馳車天地」和翱翔天際的「太空飛碟」等。

在每天下午3點半起，陸續有受歡迎的歡樂迪士尼遊行，晚上8點開始（冬天是7點半），還有華麗的煙火表演，所有喜歡的迪士尼卡通人物，都會出面在眼前。遊樂設施以外，來迪士尼樂園絕對不能錯過各個禮品店，店中以迪士尼人物設計的T恤、帽子、馬克杯、文具，其中包裝精美的糖果，絕對是送禮自己吃兩相宜。看到這麼多有趣的遊戲和愛不釋手的精緻禮品，你是不是打算開始計畫香港迪士尼之旅呢？

開心玩

除了當天到樂園門口購買門票外，另可在地鐵香港站香港迪士尼樂園售票處直接購票（週一～五09:00～20:00，週六～日和假日09:00～17:00）、香港OK便利商店、太平山頂凌霄閣和星光大道購票處、網路購買，詳情可參照官方網站的資訊http://park.hongkongdisneyland.com。

1. 如果在迪士尼樂園來不及買小禮物也別失望，在香港國際機場裡，通過海關查檢（收回港簽的那一關）後往裡面走，立刻可以看到迪士尼專賣店，雖然物品沒有樂園裡多，但五花八門的禮物夠你挑選的了。
2. 若住在迪士尼樂園裡的酒店，可從機場站搭乘機場快線到青衣站，轉搭地鐵東涌線至欣澳站，再轉迪士尼線至迪士尼樂園，約30分鐘車程。

美人魚原子筆

澳門

購物、美食、博奕、度假村 一天玩透透～

融合了東、西方文化、藝術和建築的澳門，一直以來吸引許多觀光客來此度假。巴洛克風格的教堂、地中海色調的南歐建築、純樸的中國式廟宇！東方面貌加上歐洲情調，使這個小城充滿了東西合壁的獨特浪漫風味。

玩

澳門吃買玩

如果你是從香港旅遊行程中抽出一天時間來澳門，即使澳門大眾運輸工具很方便，但因各個景點都有一段距離，如何在最短的時間內達成遊覽名勝景點、吃美食和購買小禮物的目標，那你一定要做好行前功課，才能輕鬆遊玩。大三巴、議事亭前地、旅遊塔等是素負盛名的景點，威尼斯人、新濠天地、漁人碼頭則是這些年來新開發的景點，美食好店更不缺，都很值得一遊！

議事亭前地 M9b2

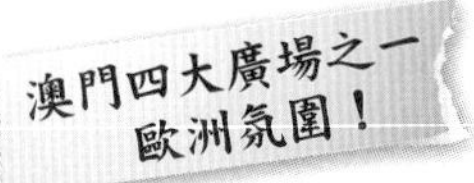

澳門新馬路

澳巴10、10A、11、12、18、19、21A、22、25，新巴2、3、3A、4、5、6、7、8、8A、9、9A、16、26A、28B、33

在新馬路站最熱鬧的一區下車後，馬上映入眼前的就是議事亭前地的largo do senado廣場，地面全部用碎石子鋪成波浪形的圖案，一路延伸到大三巴牌坊，波浪形地磚是拍照的好景。議事亭前地俗稱噴水池，坐在廣場中的噴水池旁往四周看看，周圍的建物，一半以上都是19世紀末至今的百年歐式建築，如民政總署大樓、仁慈堂等，彷佛置身在歐洲。

開心玩

可在旁邊的澳門旅遊局旅遊諮詢處拿些澳門旅遊的資料、地圖、巴士路線指南等。

400多年歷史的天主教堂

玫瑰聖母堂 M9b1

澳門新馬路議事亭前地旁

澳巴10、10A、11、12、18、19、21A、22、25，新巴2、3、3A、4、5、6、7、8、8A、9、9A、16、26A、28B、33

又叫玫瑰堂，它有著淺黃色外牆、綠色門窗、白色浮雕，外觀相當搶眼，這是由比葡萄牙人更早來亞洲傳教的西班牙傳教士於1587年所建的，教堂外觀共分3層，每層樓的裝飾浮雕都不同。

17世紀時的禦敵堡壘

大砲台 M9a1

參照議事亭前地的路標，步行約10分鐘

（853）2856-9808

澳巴10、10A、11、12、18、19、21A、22、25，新巴2、3、3A、4、5、6、7、8、8A、9、9A、16、26A、28B

還沒走到大三巴牌坊會先看到大砲台，這裡原是個祭天台，是17世紀時耶穌會的信徒建造的，擁有22管大砲，還曾經擊退過來襲的荷蘭人。1966年這裡開放給人參觀後，成了大家休閒的好去處，砲台上有塊綠地，旁邊放著古砲喜歡在此看風景，天氣好時還可以看見南海，目前還在此設置氣象觀測站。

澳門觀光的象徵必訪！

大三巴牌坊 M9a1

參照議事亭前地的路標，步行約10分鐘

澳巴10、10A、11、12、18、19、21A、22、25，新巴2、3、3A、4、5、6、7、8、8A、9、9A、16、26A、28B、33

是聖保祿教堂的遺址，澳門八景之一。原為聖保祿教堂，1602年由耶穌會會士興建，總共花了35年才建造完成。然而1835年的一場大火幾乎燒燬了整個教堂，只剩下這面石牆，就是現在的大三巴牌坊，牌坊上的雕塑訴説著天主教在亞洲傳教的故事。在欣賞完牌坊上的雕塑後，可進到牌坊後參觀已修復好的地下墓穴，墓穴裡安放著殉教徒的遺骨，夜裡可以登上大三巴旁的樓梯一探美景。

開心玩

1. 「三巴」一名，來自於葡萄牙文「聖保祿」（S.Paulo）的中文譯音，加上「大」字，代表最大的教堂。
2. 大三巴牌坊上的浮雕，每層都有特殊的意義，像由上往下數的第三層，有一聖母瑪麗亞像，雕像兩旁則有牡丹和菊花兩種花朵圍繞，前者代表了中國，後者則為日本。

澳門漁人碼頭 M9A2

澳門新口岸友誼大馬路及孫逸仙大馬路

(853) 8299-3300

24小時

澳巴10、10A、11、18, 19、21A、33，新巴2、3、3A、4、5、6、7、8A、26A

$ 澳巴10、10A、10B，新巴1A、3、3A、8、12、28B、28BX、28C、32

這是第一個仿照歐美國家的購物中心和主題公園。它結合了各國美食、禮品和名牌購物、聲光娛樂等，讓你在一個地方就能輕鬆玩樂，待一整天。最特別的是看到多國有名的建築，像唐城、可容納1600人的羅馬劇場、有遊樂設施的火山、娛樂場的巴比倫宮殿、凱薩塔，還有羅馬館、威尼斯館、阿姆斯特丹館等，彷彿體驗了一趟世界之旅。這裡除了有各國料理外。還有懷舊一條街和中國藝術館可參觀。

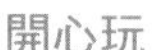
開心玩

這裡距離港澳碼頭不遠，可步行來此。漁人碼頭裡面有遊園車，藍色的要收費，約澳門幣15元；黃色的是穿梭在唐城和巴比倫娛樂場的接駁車，不需付費，可多加利用。

澳門博物館 M9a1

澳門博物館前地112號

(853) 2835-7911

10:00～18:00（最晚入館17:30），週一休息

澳巴10、10A、11、18, 19、21A、33，新巴2、3、3A、4、5、6、7、8A、26A

$ 成人澳門幣15元，5～10歲兒童、學生和六十歲以上長者澳門幣8元，5歲以下兒童免費，每月15日免費開放。

澳門博物館是位於大砲台上面、大三巴牌坊旁邊，一共有3層，是1998年4月時對外開放參觀。一樓是收藏關於澳門早期的文物，2樓是關於澳門民間藝術與傳統的呈現，3樓則為當代澳門的特色文物，豐富的中西文化典藏，可以讓參觀者對澳門的今昔多一分了解。

澳門旅遊塔 M9B1

在最高點
飽覽澳門美景

🏠 澳門觀光塔前地

☎ （853）2893-3339

🕘 10:00～21:00（週六、日和國定假日09:00～21:00）

💡 可在大三巴前搭乘澳巴18，或港澳碼頭搭乘澳巴23，在旅遊塔下車。

$ 觀光層（包括58樓觀光主層和61樓室外觀光廊)門票成人澳幣120元，65歲以上長者和11歲以下兒童澳幣60元。

2001年興建完成的旅遊塔，位在澳門半島的南邊，塔高338公尺，是亞洲第8，全球第10大高塔，可以飽覽珠海的風景，近年來已成為澳門最主要的觀光景點之一。入內參觀，可以利用娛樂中心裡的電梯抵達位於地下旅遊塔入口和售票點，買票後再搭乘電梯前往觀光主層。此外，旅遊塔還設計了一系列像空中漫步般的冒險刺激活動，膽子大的人不妨試試「笨豬跳（澳門幣2,488元）」、「高飛跳（澳門幣2,488元）」、「空中漫步X版（澳門幣588元）」和「百步登天（澳門幣2,488元）」等遊樂設施，通常第二跳比較便宜。詳細價格可看官方網站訊息。

開心玩

旅遊塔觀景台以上有一個小酒廊與一個旋轉餐廳，是賞夜景的好地方，旋轉餐廳需預定。

在58樓的觀光主層看風景，因為是在有空調的室內環境，類似一般的展望台；61樓的是屬戶外，感覺較刺激，膽小者要考慮一下。

媽閣廟 M9B1

澳門祭祀媽祖
最早的寺廟

🏠 澳門媽閣廟前地

☎ (853)2857-2365

🕘 07:00～18:00

💡 **如果從議事亭前地前去，可在新馬路上搭乘澳巴10、10A、11、18、21、21A路巴士，或者搭乘新巴2、5號路線，都在媽閣總站下車。**

原名媽祖閣，俗稱天后廟，建於1488年，距今已有500多年歷史，是澳門地區最古老的中國寺廟，也列入世界文化遺產。它位於澳門東南方，是從前葡萄牙水手登陸的地方。相傳天后又名娘媽，時常保佑出海的漁民平安歸來，魚民們為了感念她而建寺祭拜，每年農曆春節和3月23日娘媽誕辰時是媽閣廟香火最鼎盛的時候，這時來參觀的人，要有人擠人的心理準備。

開心玩

據說媽閣和澳門的英文名稱「Macau」名稱來源有關，話說當時葡萄牙航海家來到澳門時，進入媽閣廟，因為將當地人說的媽閣聽成了馬交，所以才稱為Macau，可見媽閣廟在澳門歷史上的重要性。

黃枝記雲吞麵 M9b2

半個世紀歷史的老麵店

澳門議事亭前地17號

（853）2833-1313

08:00～23:00

澳巴10、10A、11、12、18、19、21A、22、25，新巴2、3、3A、4、5、6、7、8、8A、9、9A、16、26A、28B

鮮蝦雲吞麵、撈麵

門上懸著黑色招牌，印上大大金黃色的黃枝記店名，感覺是家優雅的餐廳，每次來尤其用餐時間，都是門口大排長龍。這是家已有50年歷史的老舖，每次來因為客人多都坐不到1樓的位置，只有到2樓與人併桌的份。有名的是鮮蝦雲吞麵和撈麵，這裡用的麵都是用全蛋做成的細麵，和我們一般吃的麵不同。先煎過再煮的乾撈麵味道特別，還贈送一碗清湯。

營業百年以上的老店

義順牛奶公司 M9b2

澳門新馬路60號

（853）2857-3638

09:00～23:00

澳巴10、10A、11、12、18、19、21A、22、25，新巴2、3、3A、4、5、6、7、8、8A、9、9A、16、26A、28B

薑汁燉奶、雙皮燉奶

雖然香港也有分店，但來到澳門還是要先試一下！位於議事亭前地，很容易就能找到的義順牛奶公司，最有名的甜點莫過於雙皮燉奶了，其他像薑汁燉奶、鮮奶糊等甜點也不錯，值得注意的是，幾乎每個客人還會多點一道豬扒飽，酥酥脆脆口感還不錯。

禮記士多 M9a1

澳門賣草地街13號（前往大三巴牌坊的路上）

11:00～24:00

澳巴10、10A、11、12、18、19、21A、22、25，新巴2、3、3A、4、5、6、7、8、8A、9、9A、16、26A、28B

涼瓜汁、西柚汁、水梨汁、芒果奶等

炎熱時來澳門，絕對要來一杯！這家店從1994年開業到現在，時間雖不算太長，但每天排隊買新鮮果汁的人龍可是頗長，但為了喝一杯甜度夠、新鮮味美的大杯鮮果汁排再久都值得。西柚汁、水梨汁、芒果奶等都很好喝，現在還有賣零食、海味等。

料多實在的新鮮果汁

最大方的試吃
吃飽飽逛澳門

大三巴肉乾街 M9a1

澳門大三巴街（前往大三巴牌坊的路上）

11:00～21:00

澳巴10、10A、11、12、18、19、21A、22、25，新巴2、3、3A、4、5、6、7、8、8A、9、9A、16、26A、28B

牛肉乾、豬肉乾等

在澳門大三巴牌坊附近的這條大三巴街，開了很多家肉乾專門店，全部現場炭燒，香味四溢，不少遊客均聞香而來購買。店家大方的給遊客試吃，從街頭吃到街尾幾乎都飽了。不過因台灣不可帶肉食回國，建議讀者們在當地嘗嘗過癮即可。

澳門鉅記手信 M9a1

澳門伴手禮
提袋率最高食品店

澳門大三巴街 20A號、23AA-23AB號、24A-24B號（前往大三巴牌坊的路上）

（853）2893-0530

11:00～24:00

澳巴10、10A、11、12、18、19、21A、22、25，新巴2、3、3A、4、5、6、7、8、8A、9、9A、16、26A、28B

脆花生糖、花生軟糖、哥里夫紐結糖等

澳門鉅記手信在澳門有許多家分店，最熱鬧的是位在大三巴街（靠近大三巴牌坊）的店，幾乎整條小街都是挑選伴手禮的觀光客，又有免費試吃，包你能買到送禮的點心。商品很多，分成大小尺寸包裝，還有許多禮盒組，包裝很精美，買起來較方便。

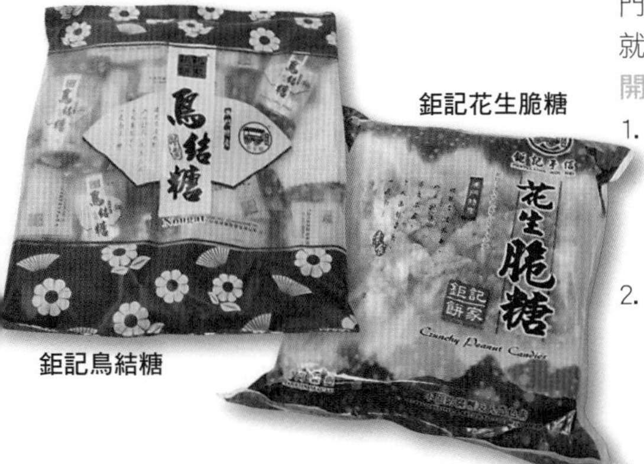

鉅記花生脆糖

鉅記鳥結糖

澳門聞名豬扒包

大利來記咖啡室 M9C2

澳門氹仔巴波沙總督街18號

（853）6689-1343

12:00～18:30

新巴11、22、30在官也街站下車步行

豬扒包

大利來記豬扒包在澳門聞名10幾年，秘訣是炸豬扒及焗硬豬包都是用柴爐，所以豬扒、豬包特別香口，據説每天可賣500多個，假日更多達800個，每天下午約3點半出爐，但早在下午一開始，門前就有人排隊了，大約1小時就賣完了，要吃得趁早。

開心吃

1. 去大利來記交通比較麻煩，可在去威尼斯人或新濠天地時，順路搭計程車轉往，車費約澳門幣60元。
2. 現在要吃豬扒包不必跑遠了，它在威尼斯人度假村內有設攤賣囉！也是下午3點才開賣。但單價比較貴些！每個包30元。

咀香園餅家 M9b1

老字號的蛋卷餅店
購禮最佳場所

澳門新馬路209號（議事亭前地前面大馬路的對面）

（853）2835-6788

10:00～22:00

澳巴10、10A、11、12、18、19、21A、22、25，新巴2、3、3A、4、5、6、7、8、8A、9、9A、16、26A、28B

老人牌沙丁魚、現做鳳凰蛋卷、杏仁餅

新馬路上的這家店因位在大馬路邊，生意特別好，店內總是人擠人，每個人手中都選購相當多的零食點心。咀香園餅家為澳門最老字號的蛋卷餅店，澳門的蛋卷跟台灣不一樣，是把蛋卷皮折成四方形，像個小袋子，裡面包了肉鬆，外面撒些海苔裝飾，就是鳳凰蛋卷。另有老人牌沙丁魚罐頭，也是有名伴手禮。

小禮品 M9a1

價格便宜選擇多

前往大三巴牌坊路上的小店舖

約10:00～20:00

澳巴10、10A、11、12、18、19、21A、22、25，新巴2、3、3A、4、5、6、7、8、8A、9、9A、16、26A、28B

明信片、風景磁鐵、杯子

如果你覺得停留的時間較短暫，無法到各處逛街買東西，不妨在大三巴牌坊附近的藝品店或傢俬店（就是賣木盒、傳統藝品，小家具）買些小東西，像大三巴牌坊模型、顏色異常亮麗且大小尺寸兼具的葡國雞玩偶，都是既可愛又富有當地特色的東西，就算買多了也不覺得重。

體育用品店 M9a1

正品、過季商品大集合

議事亭前地通往大三巴牌坊的數條小斜坡道路

約11:00～21:00

澳巴10、10A、11、12、18、19、21A、22、25，新巴2、3、3A、4、5、6、7、8、8A、9、9A、16、26A、28B

運動鞋

從議事亭前地通往大三巴牌坊的數條小斜坡道路上，奇異的開滿了很多家折扣較低的體育用品店，各種鞋類樣式齊全，只有衣服、褲子的尺寸容易斷碼，不過，還是值得挑選。

澳門最新的
綜合度假區

新濠天地 M9C2

澳門澳門路氹連貫公路

（853）8868-6688

11:00～21:00

澳門港澳碼頭一樓出口，過地下道至大馬路對面，搭乘免費接駁車

位在澳門威尼斯人度假村酒店的對面，是一集合酒店、娛樂、購物和美食的綜合度假區。這裡有20家餐廳酒吧、流行名牌、數家酒店，其中包括了受年輕人喜愛的Hard Rock酒店。圓形的天幕劇院內上演聲光科技影片，是來到這裡的人不可錯過的。

大型的商場內絕對少不了美食和購物。這裡除了單家的餐廳，還有集合各類平民美食的「饕食天地」，可以品嘗到澳門、香港和歐美風的美食，價格實惠。而購物商場，大家常聽到的國際一流品牌、珠寶名店、年輕人常逛的服飾用品，花一天的時間都逛不完。建議大家不妨逛逛在Hard Rock酒店一樓的Rock Shop，裡面的搖滾商品都是台灣買不到的。

開心玩

你可以將澳門威尼斯人度假村酒店和新濠天地行程放在一起，逛完其中一家再步行到對面即可，省了交通費。

集酒店、商場、博奕娛樂
歐式風格超有度假風

澳門威尼斯人度假村酒店

M9C1

澳門氹仔金光大道™望德聖母灣大馬路
(853) 2882-8888
11:00～21:00
澳門港澳碼頭一樓出口，過地下道至大馬路對面，搭乘免費接駁車（紫色的巴士）

2007年8月28日才開幕的澳門威尼斯人度假村酒店，完整重現義大利水都威尼斯的巨型建築，它是亞洲單棟大樓最多客房的飯店，擁有最大型賭場、最完整的娛樂天地，以及大型購物中心的多元度假勝地。這裡最特別的是仿義大利威尼斯風光的威尼斯廣場、大運河、各式美食的琳琅美食廣場，以及集合國際名牌的購物區，可以說飲食、娛樂、購物通通包。晴空萬里的威尼斯廣場中，可以看到聖馬可廣場、鐘樓和人工運河等名勝。其中最受大家歡迎的，莫過於搭乘義大利正宗貢多拉船（Gondola Ride），傾聽義大利船夫悅耳悠揚的歌聲，在浪漫的氣氛中暢遊運河。

廣場上四處還可見到街頭表演或假人塑像，相當熱鬧。美食廣場就像我們百貨公司的美食街般，販售各式平民美食，在此可以便宜地吃到澳門和香港美食。

另外，還有亞洲最大型豪華的賭博娛樂場，分成帝王殿、金麟殿、鳳凰殿和赤龍殿，各種博奕遊戲都有，彷佛置身美國拉斯維加斯豪華賭場。更別忘了有名的太陽劇團表演、足球戶動員地「體驗曼聯」和兒童天地，全家人都在此充實度過假期。

開心玩

1. 賭場規定兒童不得進入，父母記得前來時需將小朋友安置於他處。
2. 搭乘貢多拉船遊大運河，是來到這裡不可錯過的活動。成人票價澳門幣約108元，孩童門票澳門幣約80元，可在貢多拉禮品和售票廊（2301號舖和2660號舖）內購買門票。貢多拉船船夫共約50多人，男女皆有，都有好歌喉，讓乘坐更加浪漫，別忘了拍照喔！
3. 除了世界級名牌店外，另有些特色小店不買太可惜了，像「貢多拉禮品專賣店」、「Boutique V」，專門販售與貢多拉船相關的禮品，像船伕的條文T恤、貢多拉猴子、馬克杯等，製作精美，最適合買來作伴手禮送人。

認識澳門

1. 地理

澳門特別行政區是由澳門半島、路環、氹仔和路氹城四個部分組成的。其中澳門半島的北端和大陸連接，和香港間若以搭乘噴射飛船、新世界第一渡輪來看，航程約1個多小時，距離香港很近，所以很多香港人週末會到澳門度假。而前往香港旅遊的人，也可以抽出一天時間來往澳門香港，相當方便。

2. 歷史

澳門曾為葡萄牙殖民地，1999年回歸中國，成為澳門特別行政區。

3. 語言

葡萄牙語、廣東話、英語和國語在這裡都可以通用。

4. 氣候

每年的1～2月最冷，氣溫可至10℃以下，屬乾冷氣候。3～4月容易下毛毛雨，到處都很潮濕。5～10月天氣炎熱潮濕，還可能出現暴雷或暴雨。一年中最適合旅遊的時候，就屬10～12月了。

5. 時差

澳門和香港、台灣一樣都沒有時差，時間相同。

6. 電壓

和香港一樣都是220V（伏特）／50Hz（週波）。

7. 電話

以手機直接撥打回台灣，與香港相同，只要先撥001（可依個人習慣撥其他如002、006號碼）+國碼886+個人電話號碼。不過當你一入境澳門時，手機的簡訊就會嗶嗶響，打開簡訊一瞧，你所屬的電信業者會告訴你如何利用手機撥電話回國。在當地打電話回台灣，則撥00886＋區號＋電話號碼。

8. 貨幣

澳門的官方通用幣是澳門幣，但對偶爾來玩一天的觀光客來說，也可以使用港幣，價值一樣，也就是港幣1元＝澳門幣1元。

簽證和通關

關於澳門簽證方面，持中華民國護照入境澳門，可免簽證停留30天。若由香港至澳門也不需簽證，但從澳門回香港，就需一次港簽，所以至少要有兩次港簽才能港澳兩地遊。另外，旅客進出澳門，除例行檢查外；通常不需辦理報關手續。若有疑問，可打電話至澳門特別行政區旅遊局台灣辦事處（02）2546-6086查詢。

澳門旅遊資訊

香港到澳門的主要方法

從香港前往澳門最主要的交通工具有兩種，一是搭船，以噴射飛航和新世界第一渡輪為主，另一則是搭乘直昇機，所需費用較高。

1. 搭船前往

香港→澳門

搭乘地點是上環信德中心3樓港澳碼頭搭乘噴射飛航（Turbo JET），約1小時可到達，24小時都有船。最新資訊可參考官方網站https://service.turbojetbooking.com/webbooking2/，目前票價如右：

	香港→澳門		澳門→香港	
	豪華位	普通位	豪華位	普通位
平日（日航）	港幣約326元	港幣約164元	港幣約315元	港幣約153元
週末和假日（日航）	港幣約348元	港幣約177元	港幣約337元	港幣約166元
平日、週末和假日(夜航)	港幣約369元	港幣約200元	港幣約358元	港幣約189元

九龍尖沙咀→澳門

搭乘地點是在尖沙咀海港城附近的中國客運碼頭搭乘新世界第一渡輪，也可來往香港和澳門。平日707:00～20:30，周六日和假日至24:00，約每30分鐘一班，最新資訊可參考官方網站http://www.nwff.com.hk/。目前票價如右：

	尖沙咀→澳門		澳門→尖沙咀	
	豪華位	普通位	豪華位	普通位
平日（日航）	港幣約326元	港幣約164元	港幣約315元	港幣約153元
週末和假日（日航）	港幣約348元	港幣約177元	港幣約337元	港幣約166元
平日、週末和假日(夜航)	港幣約369元	港幣約200元	港幣約358元	港幣約189元

機場→澳門

搭乘地點：在香港國際機場第五層空海轉駁櫃位搭乘機場噴射飛航（Turbo JET）。每日10：00～21：15都有船，約每45分鐘一班，最新資訊可參考官方網站https://service.turbojetbooking.com/webbooking2/，票價如右：

香港國際機場⇄澳門

	成人	兒童（2至12歲以下）	兒童（2歲以下）
普通位	港幣約254元	港幣約196元	港幣約140元
豪華位	港幣約407元	港幣約303元	港幣約203元

2. 搭乘直升機

由空中快線直升機有限公司經營，搭乘地點是上環信德中心外港客運大樓的直升機坪，只要16分鐘就可以到達。每天09:00～23:00航行，約每30分鐘一班。票價約港幣2600元，繁忙日再加收港幣約200元。詳細資訊參考官方網站http://www.skyshuttlehk.com/。

市區內的大眾交通工具

澳門的市內交通主要是以巴士和計程車，或者某些景點商場可搭乘免費的接駁車前往，可省下交通費。巴士可用卡和投現金，計程車則使用現金。

1. 巴士

在澳門旅遊，搭乘巴士相當方便且經濟，各車站均有以中、葡文說明的路線牌。巴士從早上6點到晚上12點都有行駛，班次也算密集。目前的巴士系統有大型和小型巴士，也就是一身鮮黃的新福利巴士和橘紅色的澳門巴士兩家，整日行駛在市區的大街小巷中。票價上，在澳門市區乘坐公共汽車每位2.5元，往氹仔3.3元，往路環4元，往黑沙海灘5元，往澳門國際機場3.3元。車上不設零錢找換，要自備零錢。

開心玩

建議你在出澳門機場或後港澳碼頭，於出口巴士站牌旁的票亭購買一張新福利的澳門通卡，只要儲值約50元港幣，就可以輕鬆用一天還有找呢！直接在巴士上寫有「澳門通」的卡機感應即可，但要記得只能坐新福利系統的車，若要搭乘澳巴，只能現場投現了。

2. 計程車

計程車有黑色和黃色，起程價為13元澳門幣，以後每180公尺加收1.5元，停車候客收費每分鐘1元，如有大件行李，每件則是加收3元。若到離島地區，還需加2元。

開心的澳門一日遊2種行程建議

喜歡購物、吃美食、買土產和拍紀念照的人

漁人碼頭→威尼斯人度假村酒店→新濠天地→大三巴

由於在澳門的時間短短不到一天，所以早點搭船到澳門，可替自己爭取到更多觀光的時間。建議到上環信德中心搭乘08：00的噴射飛航，約9：00就可以到澳門。可先走路到附近的漁人碼頭參觀，那裡是24小時服務，所以不用擔心太早沒有開門。

首先，從下船的碼頭步行至漁人碼頭，它是澳門首個主題式大型娛樂景點，包含了各式各樣的美食、購物及娛樂的地方。因為地方廣大，建議到處拍拍照然後逛個2小時，就可走回港澳碼頭。碼頭大門口對面有許多購物商場的免費接泊巴士，可搭藍色車身威尼斯人度假村酒店巴士前往該處，那裡除了有大運河購物中心及美食外，還可享受彷彿置身在歐洲的貢多拉河。這兒的美景讓你的相機捨不得關機。走出威尼斯人度假村酒店，旁邊就是新濠天地，集合購物商場、美食區和賭場，建議這兩個地方逛個3～4小時即可。接下來可搭車前往澳門最有異國特色的地方——大三巴，走在這裡令人感覺充滿了異國的風情。這裡除了有澳門最知名的地標大三巴牌坊，也有令人試吃到不亦樂乎的手信街（土產街），可在這盡情試吃後順便採買些送人或自己吃的土產，像澳門鉅記手信、咀香園餅家等等，買完這些土產後就可以搭乘巴士回到港澳碼頭搭船回到香港，結束時間雖短卻玩得開心的澳門一日行程。

喜歡戶外刺激、博奕休閒活動的人

媽閣廟→澳門旅遊塔→新濠天地→威尼斯人度假村酒店

約9：00抵達澳門港澳碼頭之後，走出大門往右走，就可以看到許多公車站牌。可先搭車前往媽閣廟（天后廟）參觀，建議停留30分鐘即可。接下來可前往澳門旅遊塔，搭乘電梯上58樓及61樓欣賞全澳門的美景，建議停留1小時。如果想要參加笨豬跳、高飛跳等活動，建議先上官方網站查詢是否需先預約（http://www.macautower.com.mo/），才不會敗興而歸。最後可再搭乘新濠天地免費接泊車到新濠天地，以及旁邊的威尼斯人度假村酒店試試賭氣，或是看場太陽劇團的秀，建議停留4～5小時。最後可搭乘威尼斯人的免費接泊車到港澳碼頭搭船回到香港，結束這有趣豐富的澳門一日行程。

關於香港的零零總總

About Hong Kong

好吃、好玩又好買的香港，一直名列台灣人最喜歡且最常前往旅遊的地區之一。要為你香港的初體驗，抑或第2次、第n次香港之旅做個完整的計畫嗎？前往香港之前，一定要先了解關於旅遊方面的資訊！

認識香港

簡單了解香港的地理歷史、語言、氣候等，為香港行程做準備。

地理

香港位在中國大陸的東南方，總面積1,103平方公里，主要是由香港、九龍、新界和其他約260多個島嶼組成，島嶼中以大嶼山、南丫島和長洲的面積最大，也是除了香港、九龍和新界外觀光客最常前往的旅遊景點。

歷史

無論從現在人民的食衣住行育樂、建築、藝術等方面來看，香港是個融合了中西文化的地方，這可以從清朝鴉片戰爭說起，中國的戰敗導致香港在南京條約中割讓給英國，然後是九龍，最後則是新界，展開為期百年的殖民地歲月，不過也因此使香港搖身變成歐美人士眼中東方最燦爛的一顆明珠。

1997年英國歸還香港，香港回到祖國懷抱，成為中國的特別行政區之一，施行「一國兩制」的政治制度，在經濟、社會上享有高度的自治。

語言

除了廣東話和英語之外，這幾年來大部分的香港人即使說不好，也都聽得懂普通話了，所以說國語也可以通！

氣候

香港和台灣相同，都屬於溫暖潮濕的亞熱帶氣候，對台灣人來說是再熟悉不過，像7～9月也是颱風季節。如果你還是不放心天氣，在前往旅遊之前，可至香港天文台網站查看最新的氣候，做好旅遊行前的準備。

通常每年3～5月中旬易下雨和起霧，5月下旬～9月中天氣較熱且多雨，7～9月要注意颱風。9月下旬～12月上旬氣候舒適，最適合去旅遊。12月中旬～2月則容易下小雨、寒冷。

時差

香港和台灣沒有時差，時間相同。

電壓

香港的電壓和台灣不同，是220V/50Hz，而且插頭是3根針，形狀也較不同，所以在香港若想使用台灣的電器，可以先去買個插頭轉換器或萬用轉換插頭。一般在電器行、機場或當地飯店可以買到，不過價格較貴，可以到香港的五金行、便宜商品店或電器行購買，一個約港幣5元，價格很划算。也可以詢問飯店是否有提供。

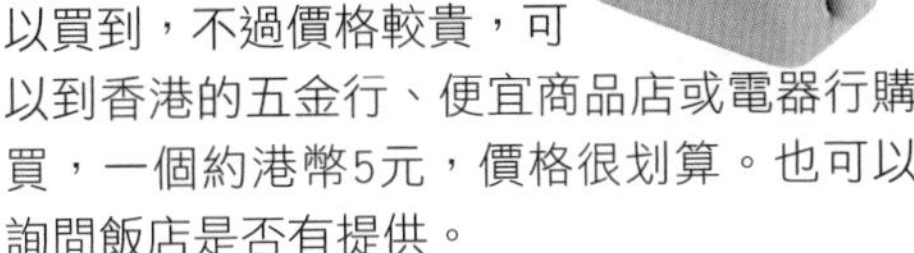

10元港幣

20元港幣

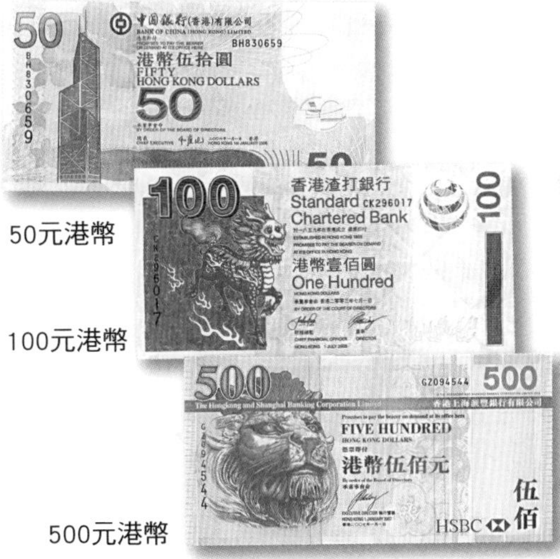

50元港幣

100元港幣

500元港幣

電話

1. **香港打回台灣：**在香港以手機直接撥打台灣，只要先撥001（可依個人習慣撥其他如002、006號碼），再撥國碼886，再加上個人電話號碼即可，例如：001+886+910-888-888。不過現在多家業者有推出節費方案，像每次進入香港，在機場就可能收到電信公司的簡訊，告訴你如何撥打比較便宜，建議可嘗試。

   若打一般公用電話或飯店電話，001和國碼相同，只需再加上區碼和個人家中電話即可，例如：001+886+2+2888-8888。

2. **台灣打到香港：**香港的國碼是852，沒有區碼，再加上香港當地電話，打到香港例如：002（現在還有其他家，可依個人喜好選擇）+852+0300-8888。

貨幣

目前香港發行鈔票的銀行有渣打、匯豐和中國銀行三家，鈔票面額區分為港幣1,000元、500元、100元、50元、20元和10元。硬幣則有港幣10元、5元、2元、1元、5角、2角、1角等。

樓層介紹

不知你逛商場時，有沒有常被樓層介紹上的指示弄得頭昏腦脹？由於香港曾為殖民地，樓層標示多是英國式的，如果你先搞懂，就不會發生跑錯樓的狀況了。

香港式	台灣式
地庫 (underground floor)	地下樓 像我們的B1或B2
地下、GF (ground floor)	1樓
1樓、1F (first floor)	2樓
2樓、2F (second floor)	3樓

簽證和行程選擇

前進香港前，除了持6個月以上有效期限的護照外，必須辦理進入香港的簽證，目前香港的簽證分為電子簽證、網上快證和香港簽證，其中香港簽證辦裡的工作天數較長，讀者需注意。

辦理港簽

辦理地點、時間、費用

1.電子簽證

香港放寬台灣民眾赴港入境簽證手續，從2012年9月1日起，台灣民眾已經可以上網免費申請香港簽證，只要填好資料，完成申請後馬上就可以用印表機自行列印出簽證，全程不到10分鐘，實在非常方便。那麼該如何辦理呢？

第一步：先符合「在台灣出生，或在台灣以外地區出生但曾以台灣居民身份來港；及並無持有由台灣當局以外機關簽發的任何旅行證件「台灣居民來往大陸通行證（俗稱「台胞證」）、由香港特別行政區（香港特區）入境事務處簽發的入境許可證及網上快證除外」。

第二步：準備登記台灣居民預辦入境登記。先鍵入「香港政府一站通」網址https://webapp.immd.gov.hk/content_ver2/parreg/html/tchinese/declaration.html，再一步步依照指示輸入登記詳情即可。記得填寫前，先將護照和身份證放在身旁，以利快速填寫個人資料。若不會填寫，也可參照以下網址https://webapp.immd.gov.hk/content_ver2/parreg/html/tchinese/par_reg_demo.html，裡面有登記教學示範。

第三步：假若登記成功，將完成的「台灣居民預辦入境登記通知書」檔案，以A4白紙列印出來，好好保存，去香港時一定要帶去。

另外，預辦入境登記的有效期是2個月，但如符合一般入境規定，登記人可獲准以訪客身分進入香港2次，每次逗留最多30天。登記人須持台灣居民預辦入境登記通知書和有效期不少於6個月的回台旅行證件至港。

2. 香港簽證

就是快證開放前一般人辦的香港入境許可證，當然現在也仍然保留。若台灣華籍居民想辦的話，得準備回台證件（護照，須有效期間6個月以上）影本、2吋半身照1張、身分證影本、護照影本和舊港簽，透過代辦旅行社代為申請，申請需花7～10個工作天，收費則依各旅行社不一。

這種港簽分為「單次入境」（有效期為90天）、「1年多次」和「3年多次」，不論單次或多次入境，每次則以逗留14天為限。

訪港常客證

訪港常客證是為了方便多次抵達香旅遊、工作的人，而有的貼心服務，旅客若是在過去12個月內經香港機場入境3次以上就可辦理。只要你辦好香港簽證（不是快證喔），外加擁有這張訪港常客證，就能縮短排隊通過海關的時間，尤其是在假日等人潮洶湧時節特別好用。辦裡的方法可先到香港國際機場網上申請www.hongkongairport.com。

行程選擇規劃

第一次去香港很多人會跟旅行團一起出發，旅行團會帶旅客到各個值得一遊的觀光景點，導遊也會解說當地的人文歷史風俗，而若第二次還想在到香港旅遊，建議你不要再跟團了，自己規劃一個3～4天的行程，想吃什麼就吃什麼，想幾點起床幾點買東西都自己決定，這時3有以下種選擇：

1. 團體自由行：

又稱為機酒自由行，即自行選擇適合的航班和酒店，有固定的航班、出發日期，旅客可就現有的出發日期及航班選擇自己可以配合的行程。費用通常較平價，因為旅行社是以團體票定的機位，所以一旦付款了是不能更改行程的，也不能退費。網路上許多旅行社都有銷售團體自由行的行程，如易遊網、燦星、可樂旅遊等。

2.航空公司自由行：

這是航空公司在不同的時間推出來的旅遊行程，在此期間出發該航空公司的大部分航班都可以挑選，搭配航空公司推薦的旅館組成的自由行行程。

費用較團體自由行高，因為時間可以自由選擇，目前華航、長榮、國泰和港龍都有華航精緻旅遊、長榮假期、國泰假期、港龍假期等，你可依自己的喜好和需要，向航空公司搭配的旅行社選購。

3.自己訂機票和酒店：

分開訂機票和酒店大部分是比直接訂機+酒便宜個千元以上，但必須花費比較多時間研究，所以說時間就是金錢（省了費用花了時間）。

訂機票主要有兩種方法，一個是透過旅行社代訂，另外一個是自己在網路上訂票；以上說的網路旅行社都有代訂服務，有時航空公司自己的網站也會有促銷機票。

而常見的訂房網如Agoda、HotelClub、ABC訂房等網站都有繁體中文了，使用上還算簡單，也可以直接上「背包客棧」網站，裡面有機票和旅館的比較系統。然而自己訂房最好還是小心留存記錄，以免不小心聯繫錯誤，到時到旅館沒有訂到房就麻煩了。

香港交通一次通

進入市區的主要方法

當你一抵達香港，驚嚇於香港國際機場的「大」之餘，最快面臨到的問題，就是如何進入市區。最常見的進入市區交通是機場快線、機場巴士和計程車，當然，你可以依票價、所需時間選擇進入市區的交通工具。

1. 機場快線

（機場站⟷青衣站⟷九龍站⟷香港站）

這是最簡單、快速的進入市區的方法了！從早上5點50分～凌晨1點15分都有行駛，每12分鐘就有一班車。

	成人（含65歲或以上）	成人（含65歲或以上）	兒童（3～11歲）
票種	單日和即日來回	來回票	單日和即日來回
機場站⟷青衣站	港幣60元	港幣110元	港幣30元
機場站⟷九龍站	港幣90元	港幣160元	港幣45元
機場站⟷香港站	港幣100元	港幣180元	港幣50元

- 來回票是指1個月內原站往返機場。
- 第二程的「即日來回」免費，是指當天往返機場免費。
- 2人、3人或4人一起購買可打折。

適合第一次到香港旅遊的「機場快線旅遊票」

1. 有分港幣300元和220元兩種票卡，300元卡可搭乘兩趟單程機場快線和3天無限次乘搭地鐵、輕鐵和巴士（機場快線、東鐵線等、羅湖和落馬洲站除外）；而220元僅可搭乘一趟單程機場快線，其餘都一樣。此票卡內含50元押金，離境時記得退費。
2. 許多網友算過香港3天的交通費後，覺得分開買機場快線和八達通卡，比買一張「機場快線旅遊票」划得來，讀者不妨自己精算看看。
3. 搭機場快線到香港/九龍站後，轉搭下一程港鐵市區路線，如果使用八達通卡，是不會扣款的，可善加利用。

機場快速穿梭巴士省錢又方便！

往返香港站

H1 (每20分鐘一班)：

港島香格里拉大酒店 → 港麗酒店 → 太古廣場 → 香港JW萬豪酒店 → 灣仔皇悅酒店 → 香港華美粵海酒店→ 世紀香港酒店 → 萬麗海景酒店 → 香港會議展覽中心

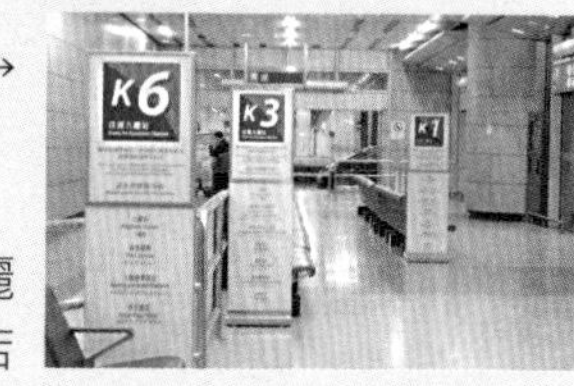

H2(每20分鐘一班)：

銅鑼灣皇悅酒店 → 港島海逸君綽酒店→ 香港麗東酒店 → 城市花園酒店 → 香港銅鑼灣維景酒店 → 富豪香港酒店 → 香港珀麗酒店 → 柏寧酒店 → 香港怡東酒店→ 六國酒店

往返九龍站

K1(每12分鐘一班)：

佐敦站 (柯士甸道) → 紅磡站 → 都會海逸酒店 → 黃埔花園 (德安街) → 九龍海逸君綽酒店 → 香港逸東酒店 → 柯士甸站

K2(每12分鐘一班)：

太子酒店 → 港威酒店 → 馬哥孛羅香港酒店 → 九龍酒店 / 半島酒店 → 香港喜來登酒店 / 尖東站 →朗廷酒店 → 皇家太平洋酒店 / 中國客運碼頭

K3(每12分鐘一班)：

香港金域假日酒店 → 香港尖沙咀凱悅酒店 → 富豪九龍酒店 → 香港日航酒店 → 海景嘉福酒店 → 九龍香格里拉大酒店

K4(每12分鐘一班)：

百樂酒店 → The Mira Hong Kong → 帝樂文娜公館 → 尖沙咀皇悅酒店 → 龍堡國際

K5(每20分鐘一班)：

城景國際 → 九龍維景酒店 → 帝京酒店

萬事通的客務中心

當你經過所有隨身行李的檢查出境之後，在出境大廳中間，會看到一個寫著「機場出境客務中心」的櫃台。這個櫃台可以幫助你完成許多事項，有些人會先在台灣買好機場快線票券等，都可以在這個櫃台換到正式的票，而且也可以在這裡加值八達通卡。離境時，還可以在這裡退還八達通卡取回押金。不過，如果你太晚抵達香港，客務中心櫃台可能只開放一個服務台。

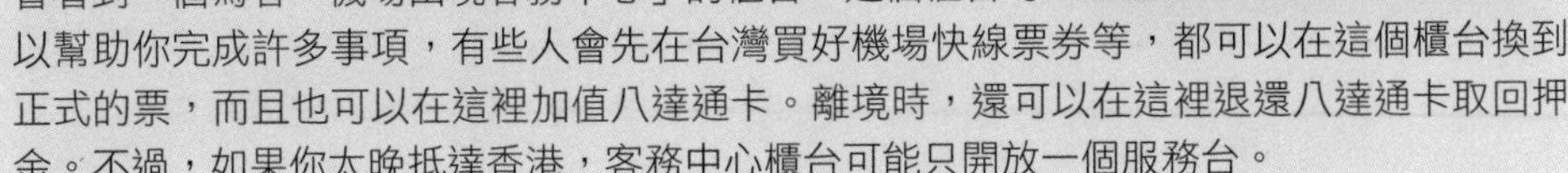

2. 機場巴士

是以酒店、飯店為接載點，有分為「A」線機場巴士，有數條路線，可依欲抵達的飯店附近選擇路線。出抵達樓層的大門後稍往右轉，就可以看到機場巴士的總站。此外，還有「N」線的通宵巴士。機場巴士2條主要的路線如下：

A11(每20～30分鐘一班，單趟40元)：
途經上環、中環、金鐘、灣仔、銅鑼灣、炮台山、北角

A21(每10～20分鐘一班，單趟33元)：
途經旺角、油麻地、佐敦、尖沙咀、紅磡

N11(每30分鐘一班，單趟31元)：
途經佐敦、銅鑼灣、灣仔、金鐘、中環、上環

N21(每20分鐘一班，單趟23元)：
途經旺角、油麻地、佐敦、尖沙咀

其他更詳細的路線可搜尋「機場巴士 香港」

3. 計程車

搭乘計程車，香港稱「的士」，可以抵達任何你想去的地點或飯店。出抵達樓層的大門後稍往左轉，就可以看到計程車停靠站。香港計程車依地區有不同的顏色，像前往九龍、香港島的市區計程車是紅色，往新界的是綠車，往大嶼山的則是藍色。車資方面，加入必須經過的隧道、橋樑費用，到尖沙咀需港幣270元，到灣仔約港幣325元，到中環約港幣330元，到銅鑼灣約港幣335元。此外，若需打開後車廂加放行李，每件行李加收港幣5元。

市區內的大眾交通工具

香港市區裡的交通工具多又完善，除了一般遊客最常使用的地鐵、巴士；叮叮車和渡輪也是一定要嘗試的。

1. 地鐵

這是在香港旅遊時最簡單的交通工具了，目前地鐵的路線，分別為港島線（深藍色，堅尼地城－柴灣）、荃灣線（紅色，中環－尖沙咀－荃灣）、觀塘線（綠色，油麻地－調景嶺）、東涌線（橘色，中環－東涌），以及將軍澳線（紫色，北角－寶琳）、迪士尼線（粉紅色，欣澳－迪士尼），觀光客最常利用的就是港島線、荃灣線和迪士尼線了。

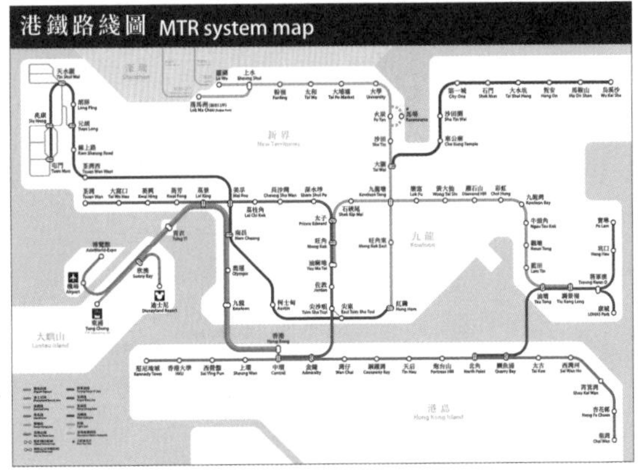

搭地鐵一定要使用八達通卡

八達通卡類似我們的悠遊卡，在香港任何交通工具（地鐵、東鐵、巴士、渡輪、叮叮車、纜車和機場快線）都適用，搭乘地鐵、港鐵還有折扣。在7-11、惠康超市、麥當勞、大家樂和許多商舖也都可以使用，省去了找零的麻煩。

可在抵達香港時在機場櫃台購買八達通，如果班機抵達時間太晚，櫃台已經關門，那就必須到地鐵站櫃台購買了。一般八達通幣值150元，其中100元可以使用，50元是押金，卡內金額若使用的差不多了，可以至地鐵的儲值機或7-11儲值，如果購買卡後3個月內退還卡片需扣除7元手續費，可取回50元押金和卡內剩餘的金額。

八達通的加值方法是：

卡片插入票卡口

放入要加值的港幣紙鈔

確認螢幕頁面資訊

八達通使用方法：

進站時，把卡片貼近感應口。

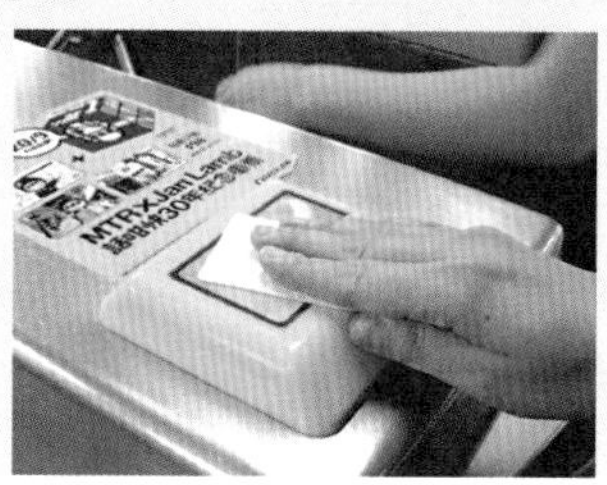

2. 巴士＆小巴

目前主要由3家公司經營，分為專門行駛於九龍地區的九龍巴士、行駛於香港地區的新世界巴士和城市巴士。一般路上也都設有巴士停靠站，站牌上有標明該號巴士的行駛路線，和台灣的巴士很像。這裡的巴士是下車時付車資，因為車上不找零，最好自備零錢或使用八達通卡。

新巴巴士

另外還有小巴，分綠色車頂和紅色車頂兩種，綠頂小巴有固定的停靠站。紅頂小巴則沒有固定的停靠站，想下車時得向司機喊「落車」或「要落」。

※巴士怎麼坐？其實這不難，都是從前門上車、後門下車，車頭的地方標有終點站名和路線號碼。

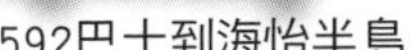

592巴士到海怡半島　　40小巴到赤柱、淺水灣

3. 叮叮車

叮叮車

就是「路上電車」，特別的雙層電車，票價一律港幣2.3元。叮叮車只行駛於香港島，停靠站在馬路的中間，與路人一同行駛於路上，是很奇特的景象。目前有東行線、西行線、往跑馬地等路線。

搭乘叮叮車的最佳觀景座位，是上層的最前面，坐在這個位子可以清楚看到市區的景色非常過癮。

車頭的地方標有路線號碼和終點站名，由後門上車、前門下車，下車時再投幣或刷八達通卡。

4. 渡輪

天星小輪：1898年開始就開始營運的天星小輪，是香港歷史悠久及著名的渡海小輪公司，是行駛於維多利亞港上，連接香港島和九龍的便捷過海工具。近年還被《國家地理》旅遊雜誌列為「人生50個必到景點」之一。搭乘地鐵過海雖然比較便捷，但搭乘天星小輪，不僅能欣賞無敵海上風光，費用又省（中環到尖沙咀地鐵要8.5元），是很有特色的交通工具。目前共有4條路線，分別是尖沙咀－中環、尖沙咀－灣仔、紅磡－中環、紅磡－灣仔。其中尖沙咀－中環段最多人搭乘，成人票價2.5元，時間只需8分鐘。

※ 其實香港和九龍及離島之間還有其他渡輪，如中環碼頭到坪洲、長洲、南丫島和大嶼山等離島，以及當地人比較常搭乘的由北角碼頭到紅磡和九龍城的渡輪。

5. 計程車

除了大嶼山（藍色）和新界（綠色）外，香港島和九龍的計程車都是紅色的，數量非常多。計程車招呼站多設在飯店、商場門口，以及地鐵站周圍，不過也可以在路上攔車搭乘。一般在香港島和九龍計程車起跳價是港幣18元（開始的2公里），之後每0.2公里或等候1分鐘加價港幣1.5元，如果還須過海、過橋或過隧道，還須加錢，行李箱置放行李也須加錢。

6. 鐵路

東鐵線是九廣鐵路的延伸，從紅磡起站，經過九龍西、新界，到達廣東深圳和香港交界的羅湖及落馬洲。經羅湖橋過海關可到深圳，也可連接大陸廣深鐵路直達廣州。

※另有由紅磡到屯門的西鐵線和及馬鞍山地區的馬鐵線兩條新鐵路，是給本地人通勤的列車。

住在香港

酒店及精品旅館介紹 Hong Kong Hotel

尖沙咀

麗思卡爾頓 M2C3
The Ritz-Carlton Hong Kong

★★★★★

香港西九龍柯士甸道西1號 ☎ 2263-2263

2011年3月29日開幕，是目前全球最高的酒店，位於九龍環球貿易廣場102～118層，可提供飽覽維港及城市景致的房間。需搭乘直達電梯到達103層的海景酒店大廳check in。

香港W酒店 M2C3
W Hotels Hongkong

★★★★★

九龍西九龍柯士甸道1號 ☎ 3717-2222

在2008年，世界知名的W飯店選擇在香港九龍站的上方蓋了最豪華的飯店，是亞洲繼首爾、馬爾地夫後的第三間飯店。飯店下層連接圓方商場，名牌商品、各式餐廳、高級超市應有盡有。

半島酒店 M2C3
The Peninsula Hotel

★★★★★

九龍尖沙咀梳士巴利道22號 ☎ 2920-2888

舊翼「主樓」已有近百年歷史，古典貴族氣息濃厚，曾多次入選「世界十大最佳酒店」，新樓則十分現代化，且部分客房除設施豪華外，

更享有無敵海景，觀景窗戶夠大，是許多觀光客到香港旅遊最想住的飯店之一。酒店購物區齊聚數家國際品牌專門店，值得一逛。

香港洲際酒店 M3D3
Inter Continental Hotel

★★★★★

九龍尖沙咀梳士巴利道18號

☎ 2721-1211

位於尖沙咀南端，飯店面維港而建，幾乎所有客房都能充分的看到夜景。最適合情侶、夫妻的浪漫飯店。

YMCA九龍基督教青年會酒店
Ymca-Salisbury Hotel M3C2

★★★

九龍尖沙咀梳士巴利道41號 ☎ 2268-7000

位在半島酒店附近，讓你以較少的住宿金額，也能觀賞到同等的港邊美景。但因訂房者較多，所以必須早點訂房。

前水警總部酒店 M3C2
Hullett House Hotel

★★★★★

九龍尖沙咀廣東道2號 ☎ 2268-7994

建於1881年、優雅的英式殖民風格建築，前身是水警總部，2010年4月以古蹟酒店Hullett House的面貌重現風華，每間房間均

以香港不同的港灣命名，全都有私人露台，套房設計相當精緻，表現出香港不同時期的文化風情。每房每晚定價約2萬元台幣，應該是目前香港最頂級的飯店。

馬可孛羅香港酒店 M3C1
Marco Polo Hongkong Hotel

★★★★

九龍尖沙咀廣東道3號海港城 ☎ 2113-0088

位在海港城旁，附近靠近地鐵站、碼頭，不僅交通方便，鄰近新港中心、中港城、1881等商場，逛街購物超方便。大餐廳、小食堂穿梭大街小巷中，是極佳的住宿選擇區。海港城有3家酒店，都是屬於馬可孛羅集團最靠近天星碼頭的為馬可孛羅香港，中間是港威，最靠近中港碼頭的是太子。

朗廷酒店 M3C2
Langham Hotel

★★★★

九龍尖沙咀北京道8號

☎ 2375-1133

位於北京道上，歐洲宮廷式的飯店裝潢，是鬧區中難得一見的優雅飯店。靠近尖沙咀熱鬧購物區海港城和DFS購物中心，購物相當方便。

皇家太平洋酒店 M3B1
The Royal Pacific Hotel & Towers

★★★★

九龍尖沙咀廣東道33號

☎ 2736-1188

為一連鎖飯店，位於尖沙咀熱鬧的廣東道，飲食購物、交通方面都很便利，旅遊居住的好選擇。

喜來登酒店 M3B2
Sheraton Hotel

★★★★★

九龍尖沙咀彌敦道20號

☎ 2369-1111

位於彌敦道上，靠近半島酒店，居住在此，可以飽覽維港風景，飯店所設的精品街區也很值得推薦。日本觀光客尤其喜歡住在這。

九龍酒店 M3C2
Kowloon Hotel

★★★★

九龍尖沙咀彌敦道19～21號 ☎ 2929-2888

位在半島酒店正後方，與半島為同一集團。交通、購物超便利，房間有點小但卻精緻。

尖沙咀凱悦酒店 M3B3
Hyatt Regency HK Hotel Tsim Sha Tsui

★★★★

九龍尖沙咀河內道18號 ☎ 2311-1234

原就是國際級飯店的凱悦酒店，地理位置佳，現在旁邊又開了一家大型的藝術商場K11，集藝術、購物、餐廳飲食於一地，交通、生活機能極佳，適合第一次去香港自助旅行的人。

金域假日酒店 M3C2
Holiday Inn Golden Mile Hotel

★★★★

九龍尖沙咀彌敦道50號 ☎ 2369-3111

離地鐵站超近，在觀光景點重慶大廈附近。因為是在地鐵站的上方，最適合第一次來香港自助旅行、懶得走太多路回飯店的人。

尖沙咀

華國酒店 M3B3
Hotel Benito

★★

九龍尖沙咀金馬倫道7-7B ☎ 3653-0388

位於尖沙咀熱鬧地區，客房雖不大，但交通、飲食和購物都很方便。

麗景酒店 M3B3
Hotel Panorama Hong Kong

★★★★

九龍尖沙咀赫德道8A號 ☎ 3550-0388

與中環蘭桂坊酒店、銅鑼灣雅逸酒店都屬於隆堡國際酒店集團旗下酒店，旅館高層海景房可欣賞到維多利亞港的景色，擁有時尚的外觀，特別的是飯店內有空中酒吧。40樓的空中花園也可休憩觀景。

九龍香格里拉酒店 M3B4
Kowloon Shangri-La Hotel

★★★★★

九龍尖沙咀麼地道64號

☎ 2721-2111

2010年局部有重新裝修，最受旅客稱讚的是客房內的挑高夠寬廣、觀景窗戶夠大，同時位於尖沙咀的精華地區。

帝苑酒店 M3B4
The Royal Garden Hotel

★★★★

九龍尖沙咀麼地道69號 ☎ 2721-5215

位於尖沙咀中心，前往地鐵站、火車站都只要幾分鐘，附近有許多餐廳、商場。酒店最特別的是有一全長25米的露天游泳池，每間房間的設計也都很精緻。飯店的餅店糕點頗有名。

百樂酒店 M3B3
Park Hotel

★★★

九龍尖沙咀漆咸道南61號 ☎ 2731-2100

這兩年重新翻修，樓下是商場，飯店附近有機場快線接駁巴士、地鐵站，可省下不少交通費，加上住宿價格中等、房間不算小，是網友稱讚CP值不錯的酒店。

The Mira M3B2

★★★★

九龍尖沙咀彌敦道130號

☎ 2368-1111

原為美麗華酒店，後經重新設計而成現在外觀、客房極具設計感的時尚旅店。位於尖沙咀最熱鬧的柏麗購物大道附近，鄰近還有商場、異國料理餐廳。距地鐵站步行只要幾分鐘。

君怡酒店 M3A3
Kimberley Hotel

★★★

九龍尖沙咀金巴利道28號 ☎ 2723-3888

算是老字號飯店，位於尖沙咀熱鬧的諾士佛臺旁邊，適合愛熱鬧的人。離尖沙咀地鐵站約8分鐘。

龍堡國際賓館 M3A2
BP International House

★★★

九龍尖沙咀柯士甸道8號 ☎ 2376-1111

龍堡位在九龍公園和地鐵站出口的附近，交通方便。而且這裡距離機場快線九龍站不遠，無論搭免費接駁巴士或計程車，都不需花太多的時間和計程車資。

海景嘉福酒店 M3B4
Inter Continental Grand Stanford Hotel

★★★★★

九龍尖沙咀東部麼地道70號 ☎ 2721- 5161

雖然位於尖沙咀上，但離地鐵站及彌敦道

熱鬧處步行要12分鐘以上，酒店有穿梭巴士往返尖沙咀地鐵站及天星碼頭，房間大而不貴。

富豪九龍酒店 M3B4
Regal Kowloon Hotel

★★★★

九龍尖沙咀東部麼地道71號 ☎ 2722-1818

這家飯店鄰近九廣鐵路、地鐵、尖沙咀天星碼頭和中國客運碼頭等，交通稱得上方便。尤其要前往羅湖、中國等地的人，住這裡比較方便。

尖沙咀皇悅酒店 M3A3
Kowloon Empire Hotel

★★★

九龍尖沙咀金巴利道62號 ☎ 2685-3000

離尖沙咀地鐵站約13分鐘，飯店有點小，位在君怡酒店和帝樂文娜公館附近。

九龍華美達酒店 M3A3
Ramada Hotel Kowloon

★★★

九龍尖沙咀漆咸道南73號 ☎ 2311-1100

位於尖沙咀東部商業中心，距離地鐵站約走15～20分鐘，鄰近科學館等景點。

海逸君綽酒店 M2C3
Harbour Grand Kowloon Hotel

★★★★

香港九龍紅磡黃埔花園德豐街20號

☎ 2621-3188

距尖沙咀心臟地區雖有一段距離，但位於維多利亞港邊，可欣賞到港邊美景。推薦給純粹想在飯店休閒度假、享受美食的人。

都會海逸酒店 M2C3
Harbour Plaza Metrpolis Hotel

★★★★

九龍紅磡都會道7號 ☎ 3160-6888

在尖沙咀東側，距離熱鬧市區有一段距離，最頂層樓可以居高往下欣賞維港的景色，飯店設有免費接駁前往尖沙咀地鐵站的公車可供搭乘。靠近紅磡體育館，看演唱會首選。

九龍地區精品及小型酒店

香港馨樂庭亞士厘服務公寓 M2C3
Citadines Hongkong Ashley

九龍尖沙咀亞士厘路18號

☎ 2262-3062

地點極好的酒店式公寓，房間不大但相關配備都有，還有一個小型廚房，可煮東西和微波食物。有無限網路、免費室內電話，以及可以看到許多中外電影的智能型衛星電視，可惜隔音設備稍差。

晉逸酒店-寶勒 M2C3
Butterfly On Prat Hotel

九龍尖沙咀寶勒巷21號

☎ 3962-8913

價格較便宜的連鎖旅館，房裡有微波爐，客房的床型只有一張大床SGL 和 DOUBLE，沒有TWIN雙人床。距地鐵站大概要走15～20分鐘。

九龍帝樂文娜公館 M3A3

The LUXE MANOR

九龍尖沙咀金巴利道39號

3763-8888

位於熱鬧的諾士佛臺旁邊，有名的精品旅館，飯店風格特別，適合愛熱鬧的人。離尖沙咀地鐵站約8分鐘。價格較香港區的精品旅館來得便宜。

佐敦、油麻地

彌敦酒店 M4C3
Nathan Hotel

★★★

九龍佐敦彌敦道378號 ☎ 2388-5141

16層樓高的彌敦酒店靠近佐敦地鐵站，交通方便，近年已重新裝潢，外觀更加氣派。

逸東酒店 M4B2
Easton Hotel

★★★

九龍佐敦彌敦道380號 ☎ 2782-1818

位於彌敦酒店旁的逸東酒店，都在彌敦道上，對第一次來住的人很容易找得到。

九龍諾富特酒店 M4C2
Kowloon Novotel Hotel HK

★★★

九龍佐敦彌敦道348號 ☎ 2782-1818

位在尖沙咀熱鬧地段，就是以前的大華酒店。是一15層樓高的建築物，附近還有玉器市場和廟街可逛。

CASA酒店 M4A2
CASA Hotel

★★★

九龍油麻地彌敦道487號 ☎ 3758-7777

這家旅館房間極小，但地理位置極佳，位於油麻地地鐵站上方。服務人員親切、有免費的無限網路，是懶得走路回飯店的人的好選擇。

恆豐酒店 M4D2
Prudential Hotel

★★★

九龍佐敦彌敦道222號

☎ 2311-8222

位於佐敦地鐵站上，交通超便利。且有自己的購物商場，對愛逛街的人來說，最方便不過。

旺角、太子

朗豪酒店 M5C1
Langham Place Hotel

★★★★

九龍旺角上海街555號

☎ 3552-3388

是旺角區最大級、豪華的酒店。酒店下方是著名的購物區朗豪坊，附近旺角地區更是有得逛、有得吃，可以說是夜晚香港最熱鬧的地區。

九龍帝京酒店 M5A3
Royal Plaze Hotel

★★★★

九龍旺角太子道西193號 ☎ 2928-8822

酒店蓋在旺角地鐵站上方，旁邊有大型的新世紀廣場可逛，如果要搭乘火車，這裡距離火車站也近，交通便利。

九龍維景酒店 M5C3
Metro Park Hotel Kowloon

★★★

九龍旺角窩打老道75號

☎ 2761-1711

位在窩打老道上的維景酒店雖不在鬧區正中，但走到新世紀廣場約15分鐘，還有酒店接駁車可抵達旺角或尖沙咀市區。

旺角維景酒店 M5B1
Metro Park Mongkok

★★★

九龍太子荔枝角道22號 ☎ 2397-6683

以前的京港酒店改名，鄰近地鐵太子站和旺角東鐵站。是太子這一區住宿的好選擇。

中環

四季酒店 M6B4
HK Four Seasons Hotel

★★★★★

香港中環金融街8號 ☎ 3196-8888

位於中環商業中心的黃金地帶，是世界性極有名的連鎖飯店。2005年9月起開始接受住房。飯店除了可欣賞夜景外，更以優良的服務出名。

文華東方酒店 M8C5
Mandarin Oriental Hotel

★★★★★

香港中環干諾道中5號 ☎ 2522-0111

位於中環商業中心的黃金地帶。除了可遠眺維港外，便利的購物環境及不輸半島酒店的下午茶，更是令人驚喜的地方。

隆堡蘭桂坊酒店 M8D3
Hotel LKF

★★★★

香港中環雲咸街33號 ☎ 3518-9688

榮獲亞洲最佳精品酒店的蘭桂坊酒店，大多以歐美旅客居多，位於中環的九如坊，無論去上環或中環的熱鬧餐廳、景點都很方便。入駐酒店的房客，可免費享用i-PAD。

晉逸好萊塢精品酒店 M6B1
Butterfly on Hollywood

★★★★

香港上環荷李活道263號 ☎ 2850-8899

地點其實在上環，位置靠近許多知名景點和餐廳，如西港城、文武廟、古董街和PMQ元創方等，方便旅遊。外觀現代、房間不太大。

中環地區精品及小型酒店

晉逸精品酒店-威靈頓店 M6C3
Butterfly On Wellington Hotel

★★★

香港中環威靈頓街122號 ☎ 3962-1688

飯店就位在中環半山扶梯旁的威靈頓和嘉咸街口，交通便捷、機能好，蓮香樓、蘭芳園都進在呎尺近，中國式裝潢極具華麗東方氛圍。

九如蘭桂坊酒店
Lan Kwai Fong Hotel Kau U Fong

★★★★

香港中環九如坊3號 ☎ 2311-6280

和蘭桂坊酒店名字很像千萬別認錯了。這家精品旅店最大的特色是中國式古色古香的擺設，吸引許多熱愛中國文化的歐美旅客。鬧中取靜。

金鐘、灣仔

萬豪酒店 M7C2
JW Marriott Hotel

★★★★★

香港金鐘道88號 太古廣場 ☎ 2739-1111

位於商業及購物中心——金鐘，鄰近購物中心—— 太古廣場。飯店內更有全天候游泳池，讓你紓解疲勞。

港島香格里拉酒店 M7C1
Island Shangri-La Hotel

★★★★★

香港中區法院道太古廣場 ☎ 2877-3838

榮獲2003年亞太最佳商務飯店之一。位於金鐘地鐵站附近，鄰近購物中心太古廣場，購物相當方便。

君悅酒店 M7B3
Grand Hyatt

★★★★★

香港灣仔港灣道1號 ☎ 2588-1234

位於香港會議展覽中心內，是商務人士的好選擇，裡面高達6成的房間可俯瞰維多利亞港海景。

萬麗海景酒店 M7B3
Renaissance

★★★★

香港灣仔港灣道1號 ☎ 2802-8888

位於商業、購物、娛樂中心的灣仔，交通便利。飯店鄰近香港會議展覽中心 。

灣仔維景酒店 M7B3
Metro Park Wan Chai Hotel

★★★

香港灣仔軒尼詩道41-49號 ☎ 2861-1166

為一連鎖企業飯店，位於香港最有名的酒吧街內，可品嘗到不少異國風味美食。

六國酒店 M7B3
Luk Kwok Hotel

★★★

香港灣仔告士打道72號 ☎ 2866-2166

特殊外觀的六國酒店，靠近香港會議展覽中心，適合前來此區洽公住宿的旅客，飯店有接駁車。

銅鑼灣

南洋酒店 M8C1
South Pacific Hotel

★★★

香港銅鑼灣摩理臣山道23號 ☎ 2572-3838

圓柱外觀的南洋酒店位在銅鑼灣中，即使迷路了也可以找得到路。它鄰近各大百貨商場，住宿價格不貴，服務親切。

怡東酒店 M8A2
Excelisor Hotel

★★★★

香港銅鑼灣告士打道 281號 ☎ 2894-8888

距銅鑼灣商場區只需走約10分鐘，這裡還可以看到知名景點午砲的儀式，住在這，在客房內就可以直接看到。

智選假日酒店 M8C1
Express by Holiday Inn Hotel

★★★

香港銅鑼灣霎東街33號 ☎ 3558-6688

距銅鑼灣地底站A出口只要步行約6分鐘，可以說是最接近銅鑼灣鬧區的飯店了，交通四通八達。

珀麗酒店 M8B3
Rosedale on the Park Hotel

★★★★★

香港銅鑼灣信德街8號 ☎ 2127-8888

飯店靠近維多利亞公園，可欣賞到翠綠的美景。飯店有提供接駁巴士至港島區著名的景點。

銅鑼灣

柏寧酒店 M8A3
Park Lane Hotel

★★★★

香港銅鑼灣告士打道310號 ☎ 2293-8888

位於熱鬧的銅鑼灣地區，鄰近sogo百貨，附近除了有許多大型購物中心、專門店外，還有許多道地的香港美食餐廳。如果到香港的目的就是買跟吃，這裡是不錯的選擇。

銅鑼灣皇冠假日酒店 M8C2
Crowne Plaza Hotel HK Causeway Bay

★★★★

香港銅鑼灣禮頓道8號 ☎ 3980-3980

皇冠假日酒店坐落在銅鑼灣與跑馬地馬場交匯處，房間比起一般香港酒店面積稍大，建議可選擇望向跑馬場的景觀房；27樓的空中花園可供房客休憩聊天、觀景。

北角

海逸君綽酒店 M2C3
Harbour Grand Hotel Hong Kong

★★★★

香港北角油街23號 ☎ 2121-2688

四星級的高級酒店，因不是位在熱鬧的一級戰區，住宿價格較為便宜。不過飯店距北角地鐵站不遠，想享受飯店服務的人可以試試。

城市花園酒店 M2C3
City Garden Hotel

★★★

香港北角城市花園道九號 ☎ 2887-2888

距銅鑼灣地鐵站僅2站的距離，飯店有提供接駁巴士至銅鑼灣時代廣場等購物區，購物後也不需大包小包搭地鐵提回飯店。

麗東酒店 M2C3
Hong Kong Newton Hotel

★★★

香港北角電氣道218號 ☎ 2807- 2333

位在北角的熱鬧商業區，搭地鐵前往鄰近的銅鑼灣、中環等站也很方便，住宿價格便宜許多。

北角海逸酒店 M2C3
Harbour Plaza North Point Hotel

★★★★

香港北角英皇道665號 ☎ 2187-8888

四星級的高級酒店，位在近期開始急速發展的北角商業區，交通便利。

港島宜必思世紀軒酒店 M2C3
Ibis North Point

★★

港島北角渣華道138號 ☎ 2588-1111

位於北角的商業區中，客房雖然不大的宜必思酒店，但因距離地鐵站僅1分鐘，對旅客來說佔盡交通之便。

數碼港艾美酒店 M2C3
Le Meridien Hotel

★★★★★

香港南區數碼港道100號 ☎ 2980-7788

2004年開幕，以「藝術和科技」為概念設計每一間客房，是一優質時尚旅店。客房佈置充滿時代感，客房內設有非吸菸房，以及適合殘障人士使用的房間。

天后

銅鑼灣維景酒店 M2C3
Causebay Bay Metro Park Hotel

★★★

香港銅鑼灣道148號 ☎ 2600-1000

是一連鎖飯店，外觀為玻璃建築。靠近銅鑼灣商業中心和購物地區，旁邊則是維多利亞公園。

銅鑼灣海景酒店 M2C3
L' Hotel Causeway Bay Harbour View

★★★★

香港天后英皇道18號 ☎ 3553-2898

位於天后地鐵站出口對面，是一連鎖企業高級酒店，外觀為40層高的現代建築大樓。

港島地區精品及小型酒店

芬名酒店 M7B4
The Fleming Hotel

香港灣仔菲林明道41號 ☎ 3607-2288

位在灣仔的芬名酒店，是一帶有現代設計感的精品旅館。距離灣仔地鐵站出口只要5分鐘可到，相當方便。

莎瑪酒店式公寓 M8B1
SHAMA

香港銅鑼灣羅素街8號7樓 ☎ 2202-5555

莎瑪銅鑼灣分店就在時代廣場旁，地點極佳，樓上有個天台花園可供旅客休憩，內部空間坪數大且每間房都備有齊全的烹飪設備，沐浴用品是寶格麗的喔！

迷你酒店中環 M6D4
Mini Hotel Central

中環雪廠街38號

☎ 2537 4941

酒店位處斜坡路段上，下面就是皇后大道，地點極佳，房間極小，1樓的LOBBY則極大。適合個人旅行且行李輕便的人。

名樂居灣仔 M7C4
Mingle Place Hotel

香港灣仔灣仔道143號

☎ 2838-1109

名樂居在香港地區擁有5家酒店， 分別在上環、中環和灣仔，地點都不錯、房間都不大。灣仔名樂居是香港60年代的「唐樓」改裝，類似台灣的老公寓，沒電梯，住客得爬樓梯，較適合背包客。內部設計以懷舊風為主，歷史相片、復刻藝術品、樓梯間的花飾壁畫，以及以麻將梅蘭竹菊做成的門牌，相當具有特色。極多選擇的中外影片，也讓人看到眼發昏。

LANSON PLACE酒店 M8B3

香港銅鑼灣禮頓道133號

3477-6888

是一家位於銅鑼灣鬧區的精品旅館，一樓大廳的歐式優雅庭院設計讓人放鬆心情，門禁森嚴，旅客手持的住房卡片僅能抵達所住的樓層，多了一層安全保障。

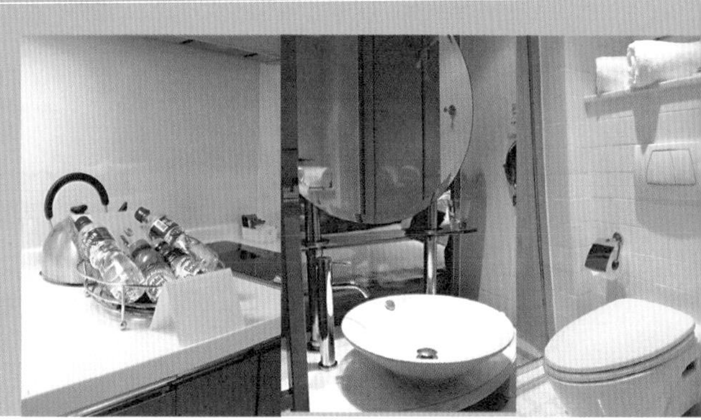

J Plus Boutique Hotel M8B3

香港銅鑼灣伊榮街1-5號

3196-9000

坐落於銅鑼灣的鬧區之中，有著隱密的大門，很有私密空間。飯店內部採名家設計，小小的一個客房內宛若一個家的擺設，讓人能充分放鬆。飯店提供的免費點心亦相當美味。

不能不去的OUTLET

花小錢買時尚

「購物的天堂」是香港給人的一大印象。的確，香港很好買，首先，它到處都有大大小小的購物商場，而且還很集中，讓人逛起來很方便。其次，在這裡可以買到一些國內難見的品牌，尤其是個性設計和新銳設計師的作品，常讓人一飽眼福。而且即使是台灣有的品牌，但這裡的款式、上市的時間，甚至價錢，就是比較多且快。另外，還有個特別的購物樂——香港有許多的OUTLET，就是暢貨中心。

從前的OUTLET給人場地雜亂、購物品質差的印象，在香港你不會碰到這些令人不悅的場景。這些OUTLET專門店將商品分門別類陳列，寬敞明亮的店內空間，變成了血拼的好去處。目前較大級的OUTLET多開在離市區較遠的東涌和海怡半島，以及小部分在市區賣場內，以高折扣買到名牌商品，是你去香港購物不可錯過的行程。

ESPRIT OUTLET中港城店 M3A1

九龍尖沙咀廣東道33號地下及高層地下4～6號鋪
2735-0028
21:30
地鐵尖沙咀站A1出口
服飾、手提包

位於中港城的大門旁的ESPRIT OUTLET，是專門販售休閒服飾的店。像男女服飾、配件、鞋類、包類等一應俱全，甚至出現低到3折的價格，是喜歡購買休閒服飾、又沒有足夠時間前往郊區OUTLET的人的最佳選擇。在旺角彌敦道630號也有一間OUTLET店鋪。

i.t Sale Shop M3B1

九龍尖沙咀廣東道30號3樓72號鋪
2377-9466
12:00～21:00
地鐵尖沙咀站A1出口
VERA WANG、CHRISTIAN LOUBOUTIN、Cacharel、Baby Jane

i.t是香港很受歡迎的服飾集團，旗下代理進口相當多的品牌，多是最受現在年輕人歡迎的日本、歐美等品牌。一般正品店面幾乎遍及各大購物商場，這裡要介紹位於新港中心的i.t Final Sale。店內包含了Tsumori Chisato、Cacharel、Baby Jane、A.P.C、Zucca、Hyoma、Tout a coup、Ray Cossin 等數十個品牌的服飾、鞋類、配件、手提包等商品，讓你買得盡興。不過店內陳設較擠，需仔細挑選。價格多以時間區分，越久前的商品價格越低。

開心買

這類OUTLET的商品大多尺碼不齊全，若能剛好挑選到適合自己的可先拿在手中，最後再決定要不要買。還有貨物出售多不能換貨，購買前需謹慎考慮。

東薈城名店倉 M2C1

開倉拍賣
價格便宜的購物天堂！

新界大嶼山東涌達東路20號

11:00～22:00，依品牌營業時間略有差異

地鐵東涌站　Kate Spade、Bvita等

可以說是全港面積最大的OUTLET的東薈城名店倉，位於東涌，偌大的建築裡，目前進駐了80多個品牌的OUTLET，除了價格低吸引人潮外，商場內挑高的樓層和寬敞的走道，都是這裡的最大賣點。

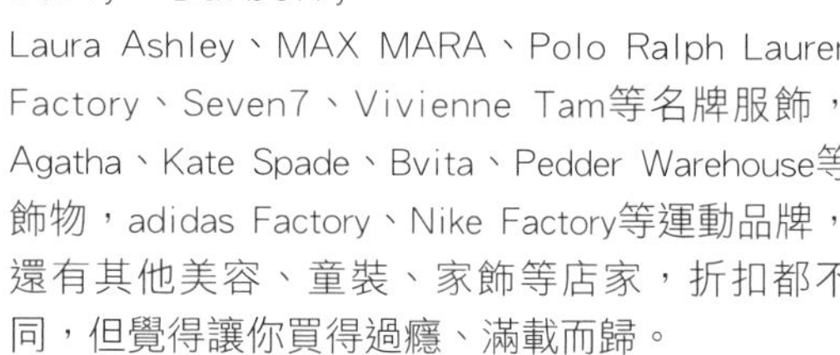

Bally、Burberry、Laura Ashley、MAX MARA、Polo Ralph Lauren Factory、Seven7、Vivienne Tam等名牌服飾，Agatha、Kate Spade、Bvita、Pedder Warehouse等飾物，adidas Factory、Nike Factory等運動品牌，還有其他美容、童裝、家飾等店家，折扣都不同，但覺得讓你買得過癮、滿載而歸。

PRADA OUTLET M2C1

獨樹一幟的
國際名牌OUTLET

香港鴨脷洲海怡半島海怡廣場東翼商場2樓

2814-9576

10:30～19:30（週一～六）
12:00～17:00（週日和國定假日）

1. 搭巴士至海怡半島巴士總站，總站旁邊就是海怡廣場東翼：中環交易廣場搭590，或金鐘(東)巴士總站搭乘590A、90B巴士，或銅鑼灣SOGO百貨斜前方「百德新街、怡和街」巴士站搭乘592巴士。
2. 香港島市區搭乘計程車，約80元港幣以上（外加過橋費5元）。

PRADA皮夾、鞋類、手提包、MIU MIU服飾

香港不愧是國際精品的大本營，連亞洲區僅有幾家的PRADA SPACE WAREHOUSE都選在鴨脷洲海怡半島開了一家OUTLET店。別以為OUTLET就該雜亂，那你更要去PRADA的OUTLET看一下。這裡的商品分門別類、井然有條，PRADA和MIU MIU的各種手提包、皮夾、男女服飾、配件等物品種類多，就和進一般正品專門店一樣，難怪吸引許多來自歐美、日本、韓國的觀光客特別前來挑選。當你進門後必須先將手提包或行李等放在寄物台，這時記得別忘了先取出皮夾、手機，方便和國內朋友聯繫購買樣式和付錢。

歐美日精品 OUTLET大集合

新海怡廣場 M2C3

香港鴨脷洲利榮街2號

10:00～19:00，依品牌營業時間略有差異

1. 於銅鑼灣告士打道 262 號景隆街後「景隆街、告士打道」巴士站搭乘671巴士，至「海怡工貿中心」利榮街下車（每20多分鐘一班）
2. 搭巴士至海怡半島巴士總站，總站旁邊是海怡廣場東翼，可先逛「SPACE WAREHOUSE」，交通方式請見「SPACE WAREHOUSE」，再搭乘計程車到新海怡廣場，車程約3～5分鐘。（2處距離約2-3公里）
3. 香港島市區搭乘計程車，約80元港幣以上（外加過橋費5元）。

Horizon Plaza I.T Outlet、MOISELLE

舊名海怡工貿大廈的新海怡廣場，雖交通不甚便利，但因整棟大樓中充滿了國際、日本名牌的Outlet，以及家具、生活用品、嬰兒服飾和用品、古董字畫等有趣的商品店家，如尋寶般逛著各家店，難怪是外國觀光客最流連忘返的購物區之一。

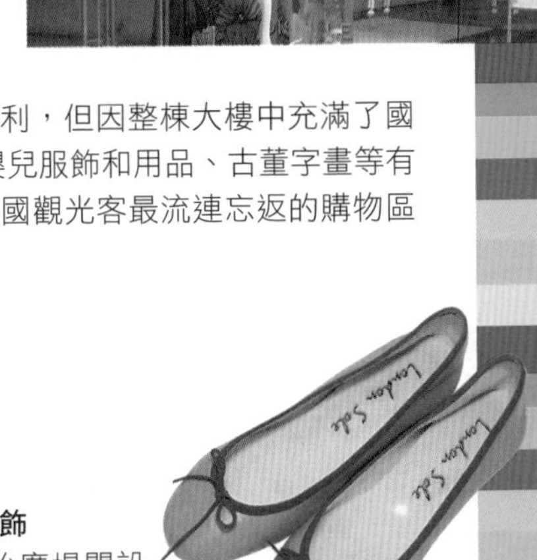

Horizon Plaza I.T Outlet

5樓　2553-8356　10:00～19:00

Repetto芭蕾舞鞋、Tsumori Chisato洋裝、A.P.C.服飾

香港最大的服飾集團之一的I.T，終於也在新海怡廣場開設了一家 OUTLET，吸引了大批年輕人到訪。店內的商品依品牌、種類和尺寸分門別類排列整齊，尤其像鞋類區，依尺寸擺放讓顧客不需胡亂翻找，短時間就能找到自己尺寸的鞋子。店內販售的品牌相當多，如A.P.C、Repetto、Baby Jane、Cacharel、0044、LIMI FEU、VIVAYIOU、RAF SIMONS、Alexander McQueen、 Camper、 Christophe Lemaire、 Gomme Jean Colong、Zucca 等，吸引一眾港、台、日男女。另外，大尺寸腳的女性在此更能以最低價格買到如Repetto的芭蕾舞鞋，更讓人感到超划算、賺到而不虛此行。

開心買

現在市區也有I.T Outlet了。在銅鑼灣皇室堡3樓313-315號舖另有一家很大的I.T Outlet。

JOYCE Warehouse

🏠 21樓 ☎ 2814-8313

🕙 10:00～18:00（週二～六），12:00～18:00（週日和國定假日），週一休息

💬 洋裝

和25樓的連卡佛Lane Crawford Warehouse一樣，Joyce Warehouse也算是元老級的OUTLET。店內販售的商品種類以服飾和手提包為主，尤其洋裝種類最多。主要品牌則有Vivienne Westwood、Zucca、Ann Demeulemeester、Jil Sander 、Anna Sui、 Comme des Garcons、Girogio Armani、Jil Sander、DKNY、Issey Miyake等歐洲和日本的國際品牌，價格依過季時間區分，從3折到7折都有。這裡最特別的是必須在店門口按門鈴才能進入，同時必須寄物，顧客多時排隊試穿需花上較多的時間，如果行程較趕的人，可以先去逛其他家店，有多餘的時間再回來，以免空等太多時間而掃了興致。

連卡佛Lane Crawford Warehouse

🏠 25樓

☎ 2118-3403

🕙 10:00～21:00

💬 鞋子、皮夾

位於新海怡廣場25樓的連卡佛Lane Crawford Warehouse，是很有歷史的OUTLET，佔了一整層的面積，店面相當大，商品種類齊全，包含了Paul Smith、MARNI、CHLOE、COMME DES GARCONS、FRETTE、ETRO、MISSONI 、STELLA McCARTNEY、Marc Jacobs、BCBG、Armani, St. John等眾多品牌的男女服飾、配件、飾品，特別推薦其中的鞋子專區，一層層的抽屜式鞋櫃，陳列了許多高品質的名牌鞋類，經過折扣後的價格絕對讓你感覺物超所值。不過，正因店面較大，選購上需要花較多的時間，加上試穿，多會在此耗上1個多小時。價格則以黃牌、紫牌、黑牌和橘牌不同顏色的牌子來區分折扣，使顧客一目了然。

LCJG warehouse

27樓
2118-2986
10:00～19:00
Juicy Couture

雖說世界性經濟不景氣，但這可不包括OUTLET。2009年才開幕的LCJG warehouse，同樣選在OUTLET大本營的新海怡廣場27樓開幕，馬上就吸引了大批人潮。這裡主要販售以俐落成熟的上班族服飾打響知名度的Club Monaco，還有頗受眾多女性喜愛，同樣是美國品牌，走性感甜美少淑女風的Juicy Couture。其中Juicy Couture在國內定價較高，建議喜歡這品牌的女性一定不要錯過。

Max Mara Fashion Group Warehouse

27樓
2553-7036
10:00～19:00（週二～六），週一休息
Max&Co、Sportmax

這幾年才新開設的店面，是專門販售Max Mara、Max&Co過季商品的OUTLET，另外，還可看見Marina Rinaldi、Sportmax、Penny Black、I blues和Marella、Pianoforte等品牌的商品，很適合一般上班族女性。這裡因店面並不大，相對可以縮短選購的時間。

Bazaar M8B1

香港銅鑼灣勿地臣街1號時代廣場18樓（入口在商場9樓或從地面食通天搭乘電梯）
約11:00～21:00
地鐵銅鑼灣站A出口
@ http://www.thebazaar.com.hk

目前香港有兩家店，分別位於時代廣場和海港城中。bazaar和一般outlet最大的不同在於，每週會有不同的品牌或主題商品清倉，並非傳統在固定地方販售特定品牌的營業方式。優點是品牌選擇多、商品流通快。另外除了服飾、配件之外，也有家電、家飾商品。想要狠準買到心頭好的方法是可先上網看「活動推介」單元，就能知道你去玩的時候有哪些品牌正在清倉拍賣。

開心買：

另一家位於海港城（九龍尖沙咀廣東道7號九倉電訊中心五字樓，kenzo2227號舖側旁或從Marc Jacobs旁搭乘電梯至5樓）。

不能不吃的甜品

許多人喜歡在飯後食用甜食，在香港則稱作「糖水」，走一趟香港，你會發現滿街到處都是這種傳統港式糖水店。專賣豆腐花、涼粉、糖不甩等，以下都是些常見的糖水，在街邊的小店或連鎖糖水店可以吃到。

楊枝甘露

也有人叫它楊枝金露，是芒果塊、葡萄柚果粒和西米露組成的飲品，發記甜品、滿記甜品和大良八記的都很好吃。連超商賣的鴻福堂牌芒果乳酪甘露、鴻星牌的楊枝甘露都美味無比。

涼粉吃起來很像我們的仙草，但加入不同材料就成了不同口味的涼粉，多為四方塊。像發記甜品、大良八記等都有賣好吃的涼粉，滿記甜品的芒果涼粉則是最愛。

多是各類水果加上杏仁豆腐，幾乎是各家糖水店必備的單品。口味清淡，又吃得到當季的水果，很受女性顧客的歡迎。名店糖朝、許留山等都吃得到。

以鮮奶和雞蛋製成、吃起來如同奶酪般滑順，最常見的口味是鮮奶和巧克力。販售燉奶聞名的店有澳洲牛奶公司、義順牛奶公司和石磨坊等店。

說到傳統中式甜品，絕不能忘了帶有濃郁香氣的糊類。像一碗芝麻糊和核桃糊，是冬天飯後最能暖胃的甜品。傳統老店石磨坊的糊類甜品、太子的海記合桃坊甜品都是這類甜品的佼佼者。

糖水

紫米露

將煮得軟爛熟透的紫米（黑糯米）加入煉乳、水果，是很常見的港式甜品，冷熱皆宜，吃完很有飽足感。發記甜品的鮮芒果紫米露、滿記甜品的芒果白雪黑糯米值得推薦。

豆腐花

就是我們一般說的豆花，香港最有名的豆花甜品，有糖朝的木桶豆腐花，是單純搭配甜水食用，其他則有搭配各式水果等。

水果甜品

這是以水果製成的甜品，像許留山的芒果爽、滿記甜品的榴槤忘返、木瓜燉雪耳、士多啤梨西米露等都是。

湯丸

湯圓在香港叫湯丸，裡面通常包有芝麻、桂花等餡料，多以熱食，是冬天暖身的甜品之一。另一種湯丸直接沾著花生粉食用的，叫作糖不甩。

自製研發甜品

許多店家發揮創意，利用各式水果、珍珠、西米露、煉乳等，研發而成美味的創意冰品，佐敦的松記糖水就是這類很受歡迎的店。

果凍

香港的果凍叫作啫喱，是利用果膠粉、洋菜粉和各類果汁液製成的，通常街邊小店買得到，口味豐富，有的甚至還會加入蛋花，很特別。

叉燒撈麵

撈麵其實就是「拌麵」，以瀝乾的熟麵條搭配叉燒肉、牛腩或蝦仁雲吞等主材料，再加入醬汁、調味料拌勻，搭配蔬菜。

乾炒牛河

將滑嫩的牛肉切成片或細條，加入河粉以大火快炒煮熟，再加入蠔油和其他調味料，屬於重口味的菜色。

香港茶餐廳必點美食

香港各類餐飲店多，但其中很大部分是「茶餐廳」。茶餐廳的營業時間很長，通常早、中、晚三餐都有營業做生意，甚至還有開24小時的。這麼長的營業時間，究竟都賣些什麼？奶茶、咖啡等飲品搭配三文治（三明治）、奶油多士（奶油吐司）、蛋塔、菠蘿油包等，以及粥、麵、飯、湯、麵包、三明治，三餐加宵夜都能在這解決，是最平民化的餐飲店。

乾炒豬扒公仔麵

香港最早出品泡麵的公司，以公仔為食品標誌，使得公仔麵成為泡麵的代名詞。公仔麵可搭配不同食材乾炒，像豬扒、海鮮料等。

火腿通粉

火腿細絲搭配義大利通心粉，是很多茶餐廳的早餐飲食，這道菜最有名的是位於佐敦的澳洲牛奶公司。

鮮蝦雲吞撈丁

丁指的是香港特有的泡麵「出前一丁」，許多人將出前一丁當作食材，發展出各式料理。而撈丁則是煮熟瀝乾水份的出前一丁泡麵，為蘭芳園茶餐廳首創。

皮蛋瘦肉粥

又叫「皮蛋瘦」、「有味粥」，是很常見的港式粥品，港式的粥底較為綿密、不見顆粒，食用時可搭配油條。

豬扒飽

豬仔包的另一種受歡迎的吃法，尤其在澳門特別有名！在烤好的麵包中夾入炸豬排（豬扒），茶餐廳中也點得到。

茶餐廳的飲食分為「早餐」、「午餐」、「快餐」、「常餐」和「下午茶餐」這幾種。早餐約在上午11點以前，午餐約在上午11點到下午2點，快餐大多只在中午，常餐多為全天供應，下午茶餐則約下午2點到5點。另說到座位，茶餐廳內的桌子大多是2人、4人方桌或6人、8人圓桌，椅子都有靠背，少見圓凳椅。去茶餐廳吃飯還有一個很大的特色，台灣人也許不太習慣，就是在忙碌時刻還需和其他不認識客人同桌吃飯，通常服務生會指引安排座位，這種「搭檯（併桌）」是司空見慣的事。以下是茶餐廳中常見的飲食！

港式燒臘是許多人的最愛，如果不喜歡單吃一種主菜，可點這種同時加入了叉燒肉、燒鴨、燒鵝或鹹蛋的綜合叉燒飯，通常會附湯汁或飲料。另也有更豐富的八寶飯。

四寶飯

三寶飯

魚蛋粉

魚蛋粉又叫作「魚蛋河」，是以潮州魚丸搭配河粉，再加入鮮美的高湯中煮熟。有的茶餐廳會加入油豆腐、魚板和紫菜等料。

香港茶餐廳必點美食

奶油豬仔包

橢圓形，香港道地的短小法國麵包，只因外型和豬仔的臉有點像，而有「豬仔包」的暱稱，也有人叫它「奶油豬」、「奶油脆豬」。奶油豬仔包是在烤好的麵包中塗抹牛油，是很常見的吃法。

菠蘿油包

菠蘿是香港話中的「鳳梨」，菠蘿包是因其經過烘烤後麵包表面呈現一顆顆脆皮狀而有此名。通常麵包烤好後橫向切開，夾入一片厚牛油（奶油），就成了菠蘿油包。

咖啡

茶餐廳常見飲料，通常冰咖啡的價錢會比熱咖啡來得貴，港式咖啡奶精味不重。

利賓納

香港獨創的飲品。利賓納（Ribena）就是黑加侖汁。檸檬利賓納在利賓納中加入新鮮檸檬片，又叫「檸賓」。茶餐廳裡的檸檬利賓納中會附有1支吸管和長叉匙，在喝之前，可先用長叉匙將檸檬用力擠壓出汁液再喝。

凍檸檬茶

就是冷凍紅茶，通常會加入新鮮檸檬片，可先以長叉匙擠壓出檬汁後再混和一起喝。相較於熱飲，香港的冷凍飲品一般都會貴約港幣2元。

鴛鴦

香港獨創的飲料，七成的咖啡加上三成的港式奶茶（紅茶和鮮奶油）調合而成，冷飲、熱飲皆可。

三文治

就是三明治，也是茶餐廳中看得到的。它是將一般吐司去邊，再烤過（烘底）夾入餡料。特別推薦「牛治」（牛肉三明治），裡面夾的是碎牛肉、餐肉，第一口也許不習慣，但你馬上就會愛上。其他還有蛋治（蛋三明治）、腿蛋治（火腿雞蛋三明治）、蛋牛治（雞蛋碎肉三明治）等等。

菜蜜

西洋菜蜜的簡稱，以西洋菜（watercress）煮水後再加入蜂蜜調製而成，也可加入檸檬汁，就成了檸檬菜蜜，是港澳地區的特色飲品。

蛋撻

就是蛋塔，茶餐廳的蛋塔有酥皮塔底和餅乾塔底兩種，都是茶餐廳的招牌茶點。特別推薦檀島咖啡餅家的酥皮蛋塔，酥皮底香脆酥！

谷咕

在茶餐廳特有的飲料，cocoa巧克力粉飲料的意思，但因巧克力粉帶有些許苦味，所以會加入少許糖或奶，喝起來有點像阿華田。

鹹檸檬七喜

在七喜汽水中加入醃漬的鹹檸檬，兩者中和後的飲料有股獨特的風味。

香滑奶茶

香港的奶茶茶味較重，推薦翠華茶餐廳的熱奶茶、蘭芳園的絲襪奶茶和太興燒味餐廳的凍奶茶，口味香醇滑，可搭配奶油豬仔包或三文治一起吃，可愛的杯子也極有特色。另外各家店都有凍奶茶可喝。

檸檬可樂

可樂加上檸檬片，酸酸的檸檬汁和可樂的搭配，是香港茶餐廳獨特的飲法，讀者不妨試試。

飲茶小講座

幾點飲茶最好？

一般來説，除非是像旺角添好運這種比較晚開門、只賣飲茶點心的店，否則通常都是分成早上7點左右的早茶，以及近中午11點半開始到下午3點的午茶時段，很少有再晚的時段了。

飲茶時該點什麼茶？

一開始服務生都會先詢問你要點什麼茶。像普洱茶味重，但能有效分解食物的油份；茉莉花茶香氣濃郁；壽眉則有股淡淡的清香；烏龍茶茶味甘甜，在台灣很常喝；龍井則味道平穩，可隨自己的喜好來點茶。當一壺茶喝完，可將茶壺蓋底朝上放（仍放在茶壺上），代表請人添茶。

這些飲茶點心超好吃

叉燒包

以肥瘦混合的叉燒肉加入蠔油等調味料製成餡料，再以包子皮包裹。蒸熟後包子的皮會稍微綻開，看得到紅橘色的餡料。因叉燒包體積較大，建議不要第一道菜就吃，否則一下就飽了。

叉燒酥

內餡很像叉燒包，有著多層酥脆的外皮。常見的叉燒酥有三角形、長條形和半圓餃子。而這裡圖示的是米其林餐廳「添好運」的叉燒酥。

牛肉丸

以牛絞肉製成的丸子，但若光吃牛絞肉很容易膩，有些店家會加入提味的陳皮，旺角添好運的陳皮牛肉球值得推薦。

珍珠雞

糯米飯中包有肉類、香菇等餡料，再用荷葉包好蒸熟，蒸好的綿密的糯米飯帶有陣陣荷葉香。另一種糯米雞因體積過大，才有改良版的珍珠雞，份量剛剛好。

入座後為什麼送來一個大碗和熱水？

這時送來的熱水並不是飲用茶水，是讓你洗餐具的。

第一步 先將茶壺的熱水倒入器具中

第二步 以熱水洗一下器具。

第三步 是將洗完器具的水再倒回大碗中，服務人員就會收走。接著點心會陸續上桌。

滿街都是茶樓、海鮮酒家，去香港，怎能不飲茶？飲茶是香港特有的飲食文化，一壺茶搭配幾盤點心，像餃子類、燒賣類、腸粉類、油炸點心類等，家族聚會或帶了一份報紙邊飲茶，飲茶早就成了日常生活的一部分。雖然香港菜餚種類繁多，但一定要去試試正宗的港式飲茶。

魚翅餃

以蝦絞肉和豬絞肉混合成餡料，再放上一些魚翅，屬於高價味的點心。現在有的茶樓以粉絲和素魚翅代替。

菠菜肉餃

有的店家是以菠菜和豬絞肉混合成餡料，有些則是用菠菜餃子皮包成。吃膩全絞肉的餡料，換點加入菜的菜肉餡料吧！

豆豉排骨

切成小塊的排骨加入豆豉、麻油等調味料，蒸熟後排骨柔嫩且滲入醬汁，非常美味，有些店家會加入辣椒。

蝦餃

蝦餃是飲茶餃子點心類最受歡迎的一種，幾乎每一桌都有點。蝦餃中幾乎都是包著整隻蝦仁，吃起來很過癮。

這些飲茶點心超好吃

蝦仁、蟹黃燒賣

燒賣、蝦餃和腸粉，絕對稱得上是飲茶點心三大主角，其中燒賣更是大眾歡迎。在很薄的麵皮中包入絞肉餡料，上面放些蝦仁、青豆。可以搭配薑絲、醋、醬油一起吃。

牛肉、蝦仁腸粉

在以米漿製成的外皮內包入餡料，蒸熟後可搭配醬汁一起吃，常見的餡料有蝦仁、牛肉和叉燒，另也有豬膶（豬肝）為餡料的。什麼餡料都沒有包的是淨腸粉。

潮州粉果

透明水晶的外皮中包著切碎的豬肉、花生、荸薺等餡料，是很受歡迎的小點心。

蘿蔔糕

以蘿蔔絲和米作為糕底，加入切碎的豬肉、香菇或臘腸等餡料。茶樓中有蒸的蘿蔔糕和煎的蘿蔔糕。

糯米包

蓮香樓的招牌點心之一，將肉類餡料等包入大糯米丸子中，蒸熟後食用。

奶皇包

光滑的黃色小包子，內包裹著濃滑的奶黃餡，是飲茶中常見的甜食。一般超市也賣冷凍的，但味道不若茶樓的即蒸即食。

馬拉糕

茶樓中常出現的甜蒸糕，糕中有一顆顆的小洞，蓬鬆、柔軟有彈性。有些店家還會加入牛奶、黑糖等，讓馬拉糕更香。

看懂這些香港字，點菜不再失敗了

雖然大部分的服務人員聽得懂國語，但許多菜單上面仍是港式文字，尤其在茶餐廳、茶水攤、飲茶酒樓、粥品店等，讓人有看沒有懂。以下是比較常見到的港式名稱，大家上館子前可以先參考一下。

甜品、飲料類

士多啤梨：草莓（strawberry）

大菜糕：就是石花菜凍，較一般的果凍硬，早年的庶民甜品。傳統口味有蛋花、椰子汁，流行口味則有柳橙、蘋果等。

木糠：餅乾屑，常見的有木糠布甸。

布甸：布丁（pudding），像西米布甸就是。

朱古力：巧克力（chocolate）

西多士：法式吐司，蘭芳園的西多士塗上厚厚一層奶油，香香甜甜，很適合台灣人的口味喔。只有「多士」二字，是吐司。

西冷：西冷紅茶的西冷（ceylon）是指錫蘭紅茶；西冷牛扒的西冷（sirloin）是沙朗牛排。

利賓納：ribena，黑加侖（黑醋栗）汁。

忌廉：鮮奶油（cream），咖啡加忌廉就是指咖啡中加入鮮奶油。

沙翁：一種很傳統的香港甜點，將麵糰炸熟後沾裹白砂糖食用，很像台灣的傳統甜甜圈，不過沒有中間的圓洞。因麵糰的做法有點類似法國菜中的sabayon，所以取名沙翁。

豆腐花：豆花，糖朝的「原木桶豆腐花」就相當好吃。

咸檸7：鹹檸檬加七喜的飲料。

飛沙走奶：去冰塊和牛奶。

凍檸賓：冰的檸檬加利賓納飲品。

唂咕：在茶餐廳特有的飲料，cocoa巧克力粉飲料的意思，但因巧克力粉帶有些許苦味，所以會加入少許糖或奶，喝起來有點像阿華田。

口者哩：果凍（jelly）

梳乎里：舒芙蕾（souffle），法式甜點。

特濃咖啡：濃縮咖啡（espresso coffee）

班戟：可麗餅（pancakes）、鬆餅，有加入鮮奶油。發記甜品和滿記甜品的水果口味班戟可試試。

涼粉：類似仙草凍，通常加入糖水吃甜的。

雪巴：雪糕（sobet），多以水果、水和糖製成，不同於冰淇淋的口感，吃起來較清爽且不膩。甜蜜蜜甜品專門店的雪巴值得推薦。

雲呢拿：指香草口味（vanilla）

黑加侖子：黑醋栗（black currant），黑加侖汁就是香港才有的利賓納飲品。

楊枝甘露：也有人叫它楊枝金露，是芒果塊、葡萄柚果粒和西米露組成的飲品，發記甜品、滿記甜品和大良八記的都很好吃。

糖不甩：湯圓、元宵搭配糖漿或花生，可吃滿記甜品。

鴛鴦：香港特有的飲料，咖啡加上港式奶茶（紅茶和鮮奶油）調成，也分冷飲、熱飲。

撻：是點心中的塔（tart），常見的有檸檬塔、蛋塔。

菜蜜：就是西洋菜蜜，將西洋菜放入水中煮後加入蜂蜜製成。

點心、菜餚類

三文治：三明治（sandwich），西式早餐的最佳選擇。

公仔麵：即時麵、泡麵，香港泡麵以出前一丁最為人知。

牛什：牛雜，包含牛腱、牛筋、牛肚等，多以滷的方式烹調，在餐廳常見牛雜麵。

牛油：動物性奶油（butter）。

打邊爐：眾人一起吃火鍋，很像我們的圍爐火鍋。

免治牛肉：是從英文的minced beef而來，是指牛絞肉或剁碎的牛肉。

吉列豬扒：吉列是指炸，豬扒就是我們說的豬排。

沙律：沙拉（salad）。

甫魚：大地魚，一般用來熬煮粥底或炒飯，常見的有甫魚麵、甫魚炒飯。

咖央：咖央（kaya）是馬來西以當地的醬汁，椰子和雞蛋製成，吃起來甜甜的，可塗抹在吐司上食用。

奄列：西式的蛋包飯（omelet）。

油炸鬼：是我們一般的油條。

炒牛河：炒牛肉河粉，加入不同配料就有海鮮河粉、蝦仁河粉。

狀元及第粥：白粥中加入豬心、豬肝、粉腸等豬內臟（下水）同煮，將下水改以「及第」的名字加以美化，所以有此名稱。
此外，也叫「三元及第粥」、「及第粥」。

炸兩：腸粉裹油條

烏冬：烏龍麵。

烘底：烤過的意思，像「蛋牛治烘底」就是烤過的吐司夾牛肉蛋。

粉果：以澄粉和水做成透明粉皮，再包入蝦仁、絞肉等餡料，外皮嚼起來有彈性。最有名的就是潮洲粉果囉！

淨腸粉：指單一、什麼都沒有包的意思，像「淨湯丸配薑水」就是薑汁搭配沒有包內餡的湯圓

通粉：義大利通心粉（macroni），筆管狀或彎彎、有洞的通心粉。

通菜：空心菜。

魚片頭：就是魚板，像尖沙咀的雞記有一道炸魚片頭，其實就是炸魚板，可以吃到鮮魚膠質。

意粉：義大利麵（spaghetti）。

艇仔：最早是因為在河面上的小艇（艇仔）販售的粥，所以叫艇仔，而艇仔粥最為有名。鮮美的粥底加入切成小碎的瘦肉、魚肉、油條、蔥花、豬皮、魷魚等料。

窩蛋飯：「窩」有柔滑、多汁 和黏稠的意思，窩蛋是蛋未熟，直接放在飯上面，日式的雞肉蓋飯就是窩蛋飯的一種，而香港最有名的則是「窩蛋牛肉飯」。

撈丁：撈麵，帶有些許湯汁的乾麵。

豬手：豬腳，有嚼勁，香Q且肥瘦適中的最好吃，如映月樓。

豬仔包：麵包呈橢圓形，其實沒有任何豬肉和內餡。因為外型與豬仔有點相似，故得其名。

豬膶：豬肝，尤其是粥品中常見到的的配料。

餐肉：罐頭裝的午餐肉。

雞中翼：雞翅膀。

雞批：就是chicken pie雞肉派。

餸：菜或菜餚的意思，常見到的有「加5元送餸」，是指家5元就送菜的意思。

鵝髀：指鵝腿，「雞髀」、「鴨髀」就是雞腿和鴨腿，常見以燒臘方式烹調。

元朗恆香老餅家

香港軒尼詩道崇光百貨公司B2地庫

2831-8414 約10:00～22:00

地鐵銅鑼灣站D2出口

皮蛋酥是許多老香港人的最愛點心，第一口吃時覺得很怪，再吃幾口就愛上了。皮蛋酥中混著蓮蓉、杏仁、皮蛋、雞蛋，甚至有些人拿來取代月餅食用。

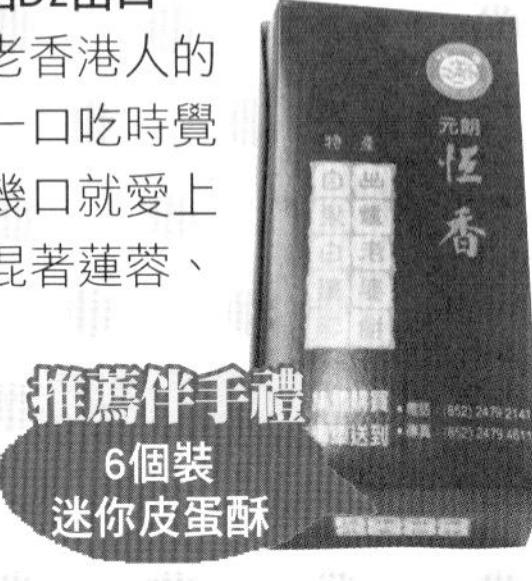

維他奶

香港各大便利商店和超市

$ 約港幣5～12元

1940年上市，是香港知名的老牌子飲料，類似台灣的蜜豆奶風味，樸實的口味、復古的包裝，倍感親切。除了常見的鋁箔包，還有透明瓶裝。另外除了基本款豆奶，還有維他奶黑豆奶、低糖維他奶等可供選擇。

帶我回家吧！香港伴手禮大推薦

奇華餅家迷你皮蛋酥、金腿老婆餅、雞蛋餅

香港銅鑼灣白沙道2號地下B號舖 2890-3678

約09:30～22:00（每家門市營業時間稍有不同）

地鐵銅鑼灣站F出口

一般人聽到奇華餅家自然想到港式月餅，其實他可不只賣月餅而已。店中另外有名的老婆餅、可愛小雞蛋餅，以及台灣少見的皮蛋酥，都是賣得嚇嚇叫的名產。

零食物語香港魚翅味百力滋 香港飲茶蛋撻味蛋卷餅

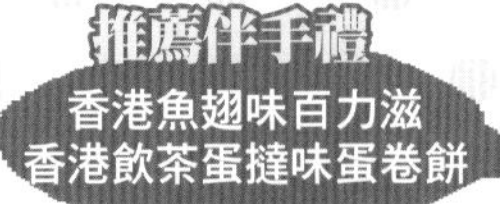

各家零食物語 市區大都10點開始，機場店時間則較早

零食物語是專門販售糖果、零食的店，其中2款很特別的零食——魚翅味百力滋、飲茶蛋撻味蛋卷餅很值得推薦，絕對香港僅有，是買來分送同事的最佳選擇之一。

G.O.D.住好啲筆記本

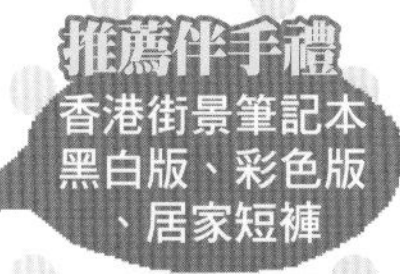

G.O.D.住好啲新港中心店
九龍尖沙咀新港中心廣東道30號

☎ 2784-5555　🕘 12:30～22:30

地鐵尖沙咀站A1出口

住好啲每季必出的長賣商品——街景圖案筆記簿，每次出的圖案不盡相同，但彷彿能看到香港的獨特文化，特別又實用。還有可愛的復古圖案短褲，適合夏季在悶熱的台灣穿。

來香港旅遊除了逛街購物、大啖美食、瘋狂遊樂園，更不能忘了帶些美味可口的食物，或者可愛的裝飾品回來，送給親朋好友和同事們。高級商場的餅乾糕點自然美味，可惜價格有也昂貴，這裡告訴你一些價格實惠的小伴手禮，讓你送得無負擔，朋友收得開心！

雙妹嚜爽身粉、筆記本

香港山頂道118號山頂廣場1樓10號舖

☎ 2849-2387　🕘 10:30～20:30

可達太平山上皆可

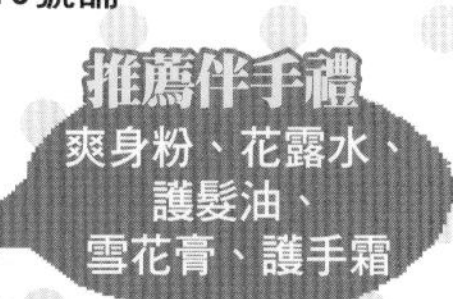

是已經有百年歷史的香港化妝品牌，產品外都印有2個懷舊女性的圖片，在充斥外國品牌的香港辨識度相當高。明星產品有花露水、雪花膏、爽身粉、護手霜等美膚商品。

澳寶一分鐘焗油

各家屈臣氏、惠康超市

$ 6條組合港幣約80元，常有特惠組合，價格不定。

香港話「焗油」是指潤髮護髮的意思。多年前看到留有一頭烏黑長髮的港星琦琦，在訪問中稱讚「澳寶一分鐘焗油」這款價格便宜、到處買得到的護髮乳，自己使用後也覺得超級好用。

帶我回家吧！香港伴手禮大推薦

史蜜夫糖果廠牛奶鳥結糖

香港銅鑼灣禮頓中心雲東街入口禮頓中心店

2890-5555　12:00～22:00

地鐵銅鑼灣站A出口

推薦伴手禮
牛奶鳥結糖

史蜜夫是香港碩果僅存的糖果製造廠，不過沒有門市，這款傳統口味牛奶鳥結糖，奶味濃純、嚼勁夠，是喜歡懷舊口味的人一定要試試的。另一款鮮橙花軟糖聽說是許多香港人小時候的最愛。

優之良品什錦之梅、甘草檸汁薑

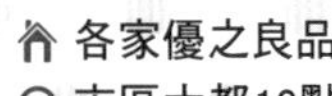

推薦伴手禮
什錦之梅
甘草檸汁薑

各家優之良品

市區大都10點開始，機場店時間則較早

來香港不能不買各種梅類，不管你喜歡哪種梅，只要買一包「什錦之梅」就夠了，裡面包含陳皮梅、雪花梅、化核和順欖、陳皮檸檬、檸汁薑等，是送長輩朋友的不二選擇。

其他還有……

曲奇四重奏
(詳細介紹請見P.145)

文華東方酒店玫瑰果醬
(詳細介紹請見P.102)

陳意齋山楂餅南棗核桃糕
(詳細介紹請見P.94)

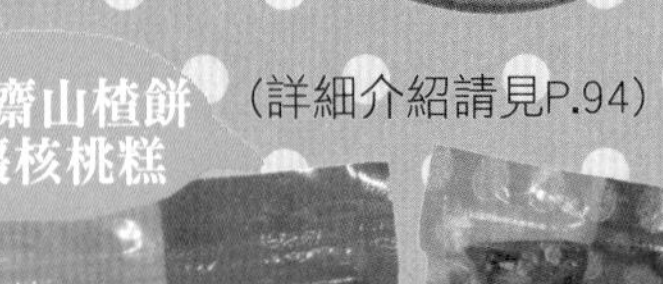

珍妮曲奇餅
(詳細介紹請見P.38)

有利腐乳王豆腐乳
(詳細介紹請見P.139)

無比滴止痕止癢藥水

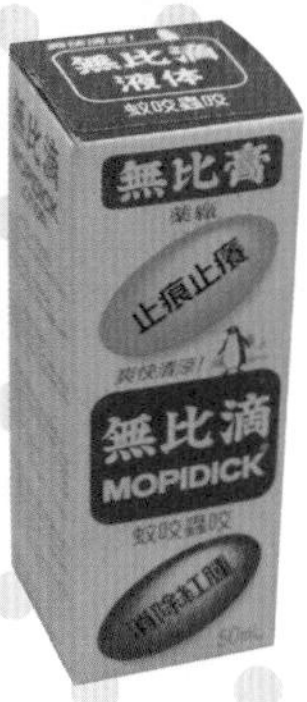

萬寧或藥行

專治蚊蟲咬傷的藥水，可以直接塗抹在被蚊蟲叮咬處，外出攜帶非常方便。如果有皮膚過敏的人，需謹慎使用。

景德行雞碗

香港灣仔皇后大道東126～128號地下

2527-7616

09:00～20:00

地鐵灣仔站A3出口

在周星馳電影中出現過的雞碗，相信粉絲們不會陌生。這種印有公雞的食器，潮樓餐廳也有使用，很有傳統復古特色。這裡除了雞碗系列產品，也看得到小沙鍋等產品。

黃道益活絡油

屈臣氏、萬寧或香港機場

各商場價錢不一，約港幣40～60元

可以活絡筋骨、舒緩簡單的腰痠背痛、肌肉痠痛的黃道益活絡油，幾乎每個香港家庭都有一瓶呢！只是坊間偽品很多，購買時記得要看外盒上有雷射標籤且打上品牌名稱的紅色封條，瓶身有油墨噴上的批號和保存期限，比較不會買到假貨。

泰昌餅家杏仁條
香蕉味軟糕

(詳細介紹請見P.119)

香港仔
852商品

(詳細介紹請見P.124)

德成號特製
鮮椰汁蛋卷
家鄉雞蛋卷

(詳細介紹請見P.123)

80M巴士專門店
模型巴士

(詳細介紹請見P.89)

來惠康、百佳超市搜一搜

除了較大的伴手禮，也可以買些零食分送同事、朋友們，更可以自己慢慢享用，邊吃邊回憶愉快的香港之旅。以下這些小食在惠康、百佳可以找一找喔！

李錦記特級蠔油

$ 約港幣20元

這麼可愛包裝的李錦記特級蠔油，相信大家一定沒看過吧！記得放在行李箱時（不可以隨身帶到飛機上），多用幾層塑膠袋包好，以免溢出。

得力素糖

$ 約港幣12元

這是許多香港人童年的回憶，橢圓形硬糖果中包著一些葡萄糖粉，糖果吃到一半時才能嚐到粉。糖果與粉融合，相當可口。有檸檬、黑加侖（黑醋栗）、青蘋果、芒果等口味。

御品皇牛油蛋卷

$ 約港幣15元

超市內的蛋卷隨身盒，一盒大約6條，算迷你包裝。蛋卷外皮鬆脆，帶有濃郁的奶油味，屬於傳統口味。

多多芝麻糊

$ 約港幣10元

芝麻糊是傳統的港式甜點，幾乎每一家糖水舖都有賣。這一款是香港本地制作的即溶即食包，加入熱水就能食用，非常方便。

嘉頓薄餅
咖哩、香蔥口味

$ 約港幣15元

在香港本地非常有名的嘉頓薄餅，是許多人從小吃到大的餅乾。口味上有咖哩、香蔥（原味）和芝麻，我則喜歡吃風味濃郁的咖哩、香蔥味。

嘉頓手指餅乾

$ 1桶約港幣25元

如手紙般的長條餅乾，包裝紙非常可愛！有小透明桶裝，也有一包裝的，而口味上我看到過的有巧克力、橘子、香蕉和草莓。

珍珍蒲燒鰻魚味薯片

$ 每2包約港幣18元

少見的日本風味薯片，獨特的美味令人感到驚訝。和一般薯片不同的是，必須加入袋中附的蒲燒鰻魚搖搖粉或青芥辣搖搖粉一起食用，才能感受到獨特的魅力。

百奇芒果餅乾條

$ 約港幣12元

百奇、固力可這類零食一向很受歡迎，像泰國有香蕉口味的，香港則看到了這款芒果口味的，可以說是此地限定，最便宜的伴手禮，怎能錯過呢？

魚仔餅

$ 約港幣7元

外形如同一尾尾小魚的魚仔餅是香港最可愛的零食了，脆脆的口感，香香的滋味，是看電視或工作時的最佳零嘴。烤雞和海苔口味都讓我百吃不膩。

非特力白咖啡

$ 約港幣35元

這款來自馬來西亞的白咖啡，在香港很受到喜愛，之前還找過明星林峰代言。口感香醇濃厚，一般香港超市都買得到。

摩天輪、天際100，從空中看香港

最熱門的俯看香港美景地點，除了太平山、維多利亞港邊的高樓層飯店餐廳之外，目前最熱門的就是港島中環的摩天輪和九龍半島圓方廣場的天際100了。所謂距離就是美，我覺得每次在山上、在空中看到的香港，無論日夜都更迷人更晶瑩，你也來試試吧！

中環看景新點，日夜都可以飽覽維港景色

中環海濱觀光摩天輪

- 🏠 香港中環民光街33號，中環九號、十號公眾碼頭外
- 🕘 10:00～23:00，售票截止時間20:45
- 💡 地鐵中環站 A出口，再往中環碼頭方向
  地鐵香港站 A2出口，再往中環碼頭方向
  由尖沙咀天星碼頭搭乘渡輪，往中環的天星碼頭
- $ 港幣100元（大人），港幣70元（學生、3～12歲孩童），港幣50元（65歲以上長者、傷殘人士），免費（3歲以下孩童）

中環碼頭附近的「中環海濱觀光摩天輪」，從遠處就能看到。有二十層樓高，繞一圈所需花費的時間約15～20分鐘，這個巨大摩天輪於2014年年底終於開始營業囉！通常排隊時間10～30分鐘不等。趁著晴朗視線佳的天氣，搭乘之後剛好可以參加旁邊的嘉年華或逛街血拼。這個大型摩天輪一共有42個車廂，每個車箱可以搭乘8～10個人。搭上摩天輪，可以同時在高處欣賞港口海景和櫛比鱗次的壯觀高樓，其中還有一個VIP透明包箱能清楚看到下方，可以試試膽力。摩天輪下方還有飲料販售處，不怕白天搭乘口渴。許多人喜歡上太平山看夜景，若山上人多，不妨來摩天輪，一樣能飽覽百萬夜色。

開心玩

1. 車廂內有的免費Wi-Fi功能，可以輕鬆打卡，即時跟朋友分享開心的照片。
2. 情侶約會或家族旅遊也可包整個包廂：VIP包廂每車廂500元（2～3人）、800元（4～8人）。透明VIP貴賓包廂每車廂1,500元（2～3人）、2,500元（4～8人）。

天際100香港觀景台

九龍柯士甸道西1號環球貿易廣場100樓，入口在九龍機場快線上蓋圓方商場金區2樓

2613-3888

10:00～22:00，最後售票和入場時間是21:00

機場快線接駁巴士K3、K4、K5；地鐵九龍站；8、11、215X、203E、270A巴士至港體九龍站巴士總站

$ 一般價格如下，特別日子價格可上網查詢http://www.sky100.com.hk/

可360度觀賞景色的最佳觀景台

天際100 （SKY100）是目前香港最高的室內觀景台，搭乘直達電梯，60秒就能到達100樓的觀景台，將金錢難買的美景盡收眼底。尤其是360度的設計，走一整圈，可以從各個角度觀賞到九龍和香港島不同的美景。

這裡是除了太平山以外，最適合觀賞景致的地方，冬天還不用擔心戶外天冷。除了景色以外，從搭乘電梯到室內觀景台，一路上可以看到好多個用心的設計，包括利用立體投影和立體圖片搭配文字介紹香港的美食、建築特色和旅遊資訊。

天際100有幾個可愛的吉祥物公仔：代表香港高樓建築群、橘黃色身體的「天仔」；代表友好且超有活力的「功夫黃」李小龍；活潑沈穩、帶著大家到處去玩的路面電車「叮叮」；象徵香港有許多美食的蛋塔「大胃仔」；代表香港電訊發達、長得很像手機的「MO哥」，以及代表香港人溫和地包容各種文化、長得像一枝筆的「精圖文」。每一個玩偶都很有人氣！

場中還可以看到巨型、比人還高大的食物模型，像雞蛋仔、缽仔糕、蛋塔等等，都是觀光客最喜歡一起拍照的道具。人潮洶湧時，基乎都要排隊才能合拍到照片！

門票種類	網路購買預售票	網路或當場購買當日票
成人	港幣142元	港幣168元
孩童（3～11歲）	港幣90元	港幣105元
年長者（65歲以上）	港幣100元	港幣118元
家庭套票（2大人＋1孩童）	港幣390元	港幣396元
孩童（3歲以下）	免費	免費

只要半天的香港主題之旅

香港市區內的交通四通八達，是非常適合自由行旅遊的地方，除了隨意吃、喝和購物，你也可以依照自己喜歡的主題來安排行程。下面推薦幾個我去過的行程，只要半天時間，讓你玩得更加充實。

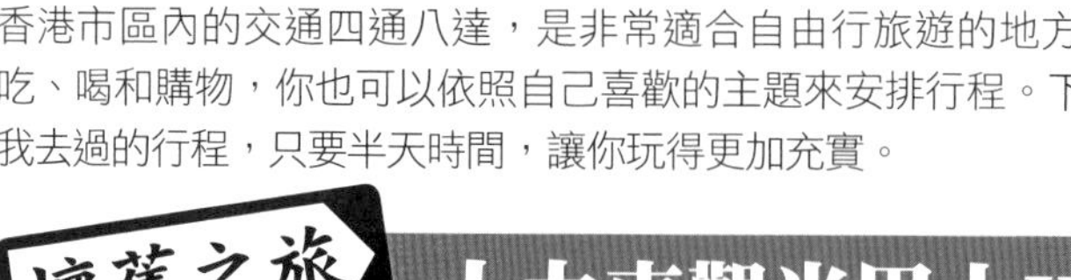

懷舊之旅 人力車觀光巴士H1線

從2009年10月起，新巴巴士公司推出了以懷舊為主題的人力車觀光巴士旅遊行程，叫作「H1懷舊之旅」。這種雙層巴士為了讓旅客能飽覽沿途風景，上層取開篷式設計。從中環天星碼頭為起站，中途經過西港城、孫中山紀念館、舊中區警署、文武廟、樓梯街、香港大學和海味街。所經過的是以上中環區文化古蹟景點以及舊式建築為主。

開心玩：

全天票價港幣50元，可任意上下車；單程收費為港幣8.7元，車程約50分鐘。每天10:00 ~ 17:30由中環天星碼頭開出，平均每班車間隔30分鐘。

動感之旅 人力車觀光巴士H2線

以熱鬧的購物區、商場、現代化有名景點為主，適合愛購物的人。從中環天星碼頭為起站，中途經過灣仔會議中心、金紫荊廣場、灣仔軒尼詩道、銅鑼灣時代廣場、禮頓中心、跑馬地馬場，再回到皇后大道東、金鐘太古廣場、聖約翰教堂、皇后像廣場，最後回到中環天星碼頭。H2每天10:15 ~ 18:45為「日景班次」，每晚19:15 ~ 21:45還有「夜景班次」，可以觀賞到中環的無敵夜景，相當特別喔！

開心玩：

如果購買一天票，可當天不限次數乘坐H1和H2路線，非常划算。

海港之旅 天星維港遊

維多利亞港是東方之珠香港最美麗的海港，想要乘船遊歷海上風光、欣賞港邊高樓大廈群嗎？據說還被《國家地理雜誌》評為「人生五十個必到景點」，那你一定不可錯過天星維港遊之旅。你可以搭上仿1920年代天星小輪外觀的輝星輪，暢遊白天、夜晚的海上風光。

一趟維港遊行程，約60分鐘，經過尖沙咀、中環、灣仔和紅磡，都在維多利亞港內循環。船票從港幣60元到190元不等，分為日遊通、半日通、日夜間單程環遊票，以及最特別的「幻彩詠香江維港遊」，一邊看著燈光秀，一邊在船上享受徐徐海風，是難得的海上體驗。

開心玩：

售票處則有尖沙咀天星碼頭、中環天星碼頭、灣仔碼頭和紅磡（南）碼頭等處，營業時間和票價等最新資訊，可參考天星維港遊官方網站。

賽馬之旅　跑馬地、沙田馬場

曾屬於英國殖民的香港，1842年在跑馬地馬場就曾有過賽馬活動的紀錄。英國人將賽馬活動帶入香港，使賽馬在香港成為合法的賭博活動，也成為香港人假日的娛樂活動之一。跑馬地馬場是香港第一個馬場，位在新界沙田的沙田馬場則是目前舉辦賽馬比賽的主要場地。舉辦賽馬的時間是週三、六或日，週三是夜間比賽，通常在跑馬地馬場舉行。而週六、日下午（選其中一天）的比賽則在沙田馬場舉行。

從未看過賽馬比賽的人，當一進入馬場，鐵定被擠在看台、場邊滿坑滿谷的民眾嚇到，可見賽馬的普及、平民化。一般民眾可在賽前，就像買台灣的樂透、今彩的二合般，先選擇投注方式，填好彩票再付賭錢。常見的投注方式包括買獨贏、位置、連贏和位置Q、單T或四連環。

如果你是第一次玩，可先從簡單的開始，建議買獨贏、位置、連贏和位置Q。獨贏是指選中一場賽事中的第一名；位置是指選中一場賽事中的第一、二和三名；連贏是指選中一場賽事中的第一、二名，順序不對也可以；位置Q則是選中一場賽事中的前三名中的任何兩匹，順序不對也可以。這4種是讓你玩得輕鬆的投注方式。

建議你早點到馬場，可由大螢幕和報紙馬經版了解馬匹狀況，熟悉投注的方式，你的第一次馬場之旅一定有趣難忘。

開心玩：

如何到跑馬地馬場？搭乘叮叮車跑馬地線可直達，或搭地鐵港島線，在銅鑼灣站A出口往南步行約20分鐘。

如何到沙田馬場？可搭乘港鐵東鐵線至馬場站，再步行進入，但注意馬場站僅在賽馬日開放，平日沒有開放。

香港賽馬博物館位在跑馬地馬場快活看台的2樓，裡面有介紹香港賽馬歷史的資料、電影院和禮品區，可免費入場參觀。

來香港吃星星，米其林餐廳大列表

香港被喻為「亞洲美食之都」，除了來自世界各地的美食薈萃之外，本地的茶樓、茶餐廳、大牌檔、粥麵店、燒味店，以及各式海味也都讓人垂涎。

你知道嗎？《米其林指南》自2009年起推出香港版，推薦香港從高級餐廳到平民化小店不同類型的優質餐館，其中許多餐廳的價位很大眾化，別怕口袋不夠深，香港絕對是你吃星星的最實惠選擇。

最新出爐的2015米其林指南（香港、澳門），香港有64家獲選為米其林星級餐廳，其中還包括了5家三星級的高檔餐廳。而台北也有的添好運點心專門店也有3家拿下一星級的肯定，再度蟬聯最便宜的米其林美食王座，其他連鎖店家還包括了台灣人也很熟悉的利苑酒家，更是有多達6家上榜，讓前往香港的饕客們更輕易的可以一嚐美食。

餐廳	地址	電話	菜式	用餐價格	星星數						
					2015	2014	2013	2012	2011	2010	2009
SPOON by Alain Ducasse	尖沙咀梳士巴利道18號香港洲際酒店大堂	2313 2323	法國菜	港幣500元以上	★	★★	★★	★★	★		
欣圖軒	尖沙咀梳士巴利道18號香港洲際酒店地下	2313 2323	廣東菜	港幣150～300元	★★	★	★	★	★	★	
THE STEAK HOUSE winebar + grill	尖沙咀梳士巴利道18號香港洲際酒店地庫	2313 2323	美國菜、牛排	港幣500元以上	★	★	★				
福臨門（尖沙咀）	尖沙咀金巴利道53號8號鋪1樓	2366 0286	廣東菜	港幣100～200元		★	★	★	★		
國金軒（尖沙咀）	尖沙咀彌敦道118-130號The Mira美麗華酒店3樓	2315 5222	廣東菜	港幣200～400元				★	★★		
富豪酒家（尖沙咀）	尖沙咀彌敦道132號美麗華商場4樓C號舖	2736 2228	廣東菜	港幣500元以上	★	★	★		★		
新同樂魚翅酒家	尖沙咀彌敦道132號美麗華商場4樓D號舖	2152 1417	廣東菜	港幣500元以上	★★	★★	★★	★★	★★★		
Morton’ s of Chicago	尖沙咀彌敦道20號香港喜來登酒店4樓	2732 2343	美國菜、牛排	港幣800元以上						★	
南海一號	尖沙咀彌敦道63號 iSQUARE 30樓3001號舖	2487 3688	廣東菜	港幣400～800元				★	★		
阿一海景飯店	尖沙咀彌敦道63號iSQUARE 國際廣場29樓	2328 0983	廣東菜	港幣500元以上	★	★★	★★	★			
香宮	尖沙咀麼地道64號九龍香格里拉大酒店地下1層	2733 8754	廣東菜	港幣150～300元	★★	★★	★★	★★	★	★★	★★
東來順	尖沙咀麼地道69號帝苑酒店B2層	2733 2020	北京菜	港幣200～400元			★				
鼎泰豐（尖沙咀）	尖沙咀廣東道30號新港中心3樓130號	2730 6928	台灣菜	港幣100～150元		★	★	★	★	★	
夜上海（尖沙咀）	尖沙咀廣東道3號馬哥孛羅香港酒店6樓	2376 3322	上海菜	港幣150～300元	★	★		★★	★	★	
胡同	尖沙咀北京道1號28樓	3428 8342	北京菜	港幣400～800元						★	★
唐閣	尖沙咀北京道8號香港朗廷酒店1樓	2132 7898	廣東菜	港幣500元以上	★★	★★	★	★	★★	★★	★★
利苑酒家 (尖沙咀)	尖沙咀東部麼地道63號好時中心地庫2層(尖東港鐵站P2出口)	2722 1636	廣東菜	港幣150～300元				★	★	★	★
海景軒	尖沙咀東部麼地道70號海景嘉福酒店地庫2層(尖東)	2731 2883	廣東菜	港幣200～400元			★	★	★		
利苑酒家 (圓方)	尖沙咀柯士甸道西1號圓方 2068-70 號舖	2196 8133	廣東菜	港幣150～300元				★		★	
Tosca	尖沙咀柯士甸道西1號環球貿易廣場(ICC)香港麗思卡爾頓酒店102樓	2263 2270	義大利菜	港幣500元以上	★	★					
天龍軒	尖沙咀柯士甸道西1號環球貿易廣場(ICC)香港麗思卡爾頓酒店102樓	2263 2270	廣東菜	港幣500元以上	★★	★★					
天空龍吟日本料理	尖沙咀柯士甸道西1號環球貿易廣場101樓	2302 0222	日本料理	港幣500元以上	★★	★★	★★				

餐廳	地址	電話	菜式	用餐價格	星星數						
					2015	2014	2013	2012	2011	2010	2009
玉蕾	紅磡環海街11號海名軒5/F	3746 2788	上海菜	港幣150～300元	★	★					
岡田和生	紅磡環海街11號海名軒5樓	3746 2722	日本料理	港幣400～800元	★						
添好運點心專門店	大角咀海庭道18號奧海城二期G樓72號舖	2332 2896	港式	港幣50～100元	★						
新斗記（佐敦）	佐敦長樂街18號18號廣場地下及1樓	2388 6020	廣東菜	港幣200～400元			★				
明閣	旺角上海街555號香港旺角朗豪酒店6樓	3552 3300	廣東菜	港幣300～500元	★	★	★★	★★	★	★★	★
利苑酒家（旺角）	旺角洗衣街121號	2392 5184	廣東菜	港幣150～300元	★	★	★	★★	★	★	
一點心	太子運動場道15號京華大廈地舖1-2	2789 2280	廣東菜	港幣50～100元				★	★		
添好運點心專門店（深水埗）	深水埗福榮街9-11號地下	2788 1226	港式	港幣50～100元	★	★	★	★	★		
桃花源小廚	上環文咸東街84-90號地下A舖及1樓	2543 5919	廣東菜	港幣300～500元		★	★		★★	★★	★
Upper Modern Bistro	上環差館上街6-14號	2517 0977	法國菜	港幣400～800元	★						
Wagyu Kaiseki Den	上環荷里活道263號中環麗柏酒店地下	2851 2820	日本料理	港幣500元以上	★	★	★		★	★	
志魂 Sushi Shikon	上環蘇杭街29號尚圜	2643 6800	日本料理	港幣500元以上	★★★	★★★					
龍景軒 Lung King Heen	中環金融街8號香港四季酒店4樓	3196 8880	廣東菜	港幣500元以上	★★★	★★★	★★★	★★★	★★★	★★★	★★★
Caprice	中環金融街8號香港四季酒店6樓	3196 8860	法國菜	港幣500元以上	★★	★★	★★★	★★★	★★★	★★★	★★
利苑酒家 (國際金融中心)	中環金融街8號國際金融中心2期3樓3008-3011號舖	2295 0238	廣東菜	港幣150～300元				★			★
國金軒 (國際金融中心)	中環金融街8號國際金融中心2期3樓3101-3107號舖	2393 3933	廣東菜	港幣200～400元				★			
大班樓	中環九如坊18號地下	2555 2202	廣東菜	港幣400～800元				★			
名人坊高級廣東菜	中環九如坊3號中環蘭桂坊酒店1樓	3650 0066	廣東菜	港幣300～500元	★★	★★	★★	★★	★★	★	
鏞記酒家	中環威靈頓街32-40號	2522 1264	廣東菜	港幣200～400元					★	★	★
一樂燒鵝	中環士丹利街34-38號地下	2524 3882	港式	港幣50～100元	★						
文華扒房+酒吧	中環干諾道中5號香港文華東方酒店	2825 4004	廣東菜	港幣500元以上	★	★	★	★		★	
文華廳	中環干諾道中5號香港文華東方酒店25樓	2825 4003	廣東菜	港幣500元以上	★	★		★			
Pierre	中環干諾道中5號香港文華東方酒店25樓	2825 4001	法國菜	港幣500元以上	★★	★★	★	★★	★★	★	
翠玉軒	中環干諾道中8號交易廣場第二座4樓	2525 1163	廣東菜	港幣300～500元	★	★	★	★	★	★	★
L'altro	中環皇后大道中139號The L. Place 10樓	2555 9100	義大利菜	港幣500元以上		★	★				
Amber	中環皇后大道中15號置地文華東方酒店7樓	2132 0066	法國菜	港幣500元以上	★★	★★	★★	★★	★★	★★	★★
CIAK - In The Kitchen	中環皇后大道中15號置地廣場中庭3樓327-333號舖	2522 8869	義大利菜	港幣300～500元	★						
波士廳	中環皇后大道中58-62號振邦大廈地庫	2155 0552	廣東菜	港幣300～500元	★	★					
港島廳	中環皇后大道中9號嘉軒廣場2樓222舖	2526 8798	廣東菜	港幣400～800元				★	★	★	
IL MILIONE	中環夏愨道10號和記大廈地下16-21號舖	2481 1120	義大利菜	港幣500元以上		★					
都爹利會館	中環都爹利街1號上海灘3至4樓	2525 9191	廣東菜	港幣300～500元	★★	★					
利苑酒家（中環）	中環港景街1號國際金融中心商場二期3樓3008號	2295 0238	廣東菜	港幣150～300元	★	★	★		★		
Sushi Ginza Iwa	中環雲咸街8號亞洲太平洋中心30樓	2619 0199	日本料理	港幣400～800元	★		★★				
L'Atelier de Joël Robuchon	中環德輔道中12-16號置地廣場4樓401號舖	2166 9000	法國菜	港幣500元以上	★★★	★★★	★★★	★★★	★★	★★	★★
8 1/2 Otto e Mezzo BOMBANA	中環德輔道中5-17號歷山大廈2樓202號舖	2537 8859	義大利菜	港幣500元以上	★★★	★★★	★★★	★★★	★★		
NUR	中環擺花街1號廣場3樓	2871 9993	歐式	港幣800元以上	★						

金葉庭	金鐘金鐘道88號太古廣場港麗酒店大堂低座	2521 3838 轉 8280	廣東菜	港幣150～300元	★	★			★		★
紫玉蘭	金鐘夏慤道10號和記大廈2樓203室	2524 8181	上海菜	港幣100～200元							★
The Principal	灣仔星街9號地下	2563 3444	西式料理	港幣300～500元	★★	★	★				
Wagyu Takumi	灣仔活道16號萃峯地下1號舖	2574 1299	日本料理	港幣500元以上	★★	★★					
留家廚房	灣仔軒尼斯道314-324號W Square5樓全層	2571 0913	廣東菜	港幣200～400元					★		
甘牌燒鵝	灣仔軒尼詩道226號寶華商業中心地舖	5408 7740	廣東菜	港幣50～100元	★						
利苑酒家（灣仔）	灣仔軒尼詩道338號北海中心1樓	2892 0333	廣東菜	港幣150～300元	★	★	★	★	★	★	
國福樓	灣仔軒尼詩道33號皇悅酒店地庫	2861 2060	廣東菜	港幣300～500元	★	★	★				
Akrame	灣仔船街9號	2528 5068	法國菜	港幣200～400元	★						
杭州酒家	灣仔莊士敦道178號-188號華懋莊士敦廣場1樓	2591 1898	江浙菜	港幣150～300元		★	★	★	★	★	
福臨門（灣仔）	灣仔莊士敦道35-45號利文樓地下3號舖	2866 0663	廣東菜	港幣100～200元	★	★	★	★	★	★★	★
Bo Innovation	灣仔莊士敦道60號嘉薈軒2樓13號舖	2850 8371	廣東菜、創意料理	港幣500元以上	★★★	★★★	★★	★★	★	★	★★
滿福樓 （灣仔）	灣仔港灣道1號萬麗海景酒店3樓	2802 8888 轉 6971	廣東菜	港幣400～800元				★	★	★	
逸東軒 (灣仔)	灣仔港灣道23號鷹君中心2樓	2878 1212	廣東菜	港幣400～800元				★	★	★	
蘇浙匯	灣仔港灣道30號新鴻基中心地下G3－4舖	3528 0228	江浙菜、上海菜	港幣150～300元	★	★	★				
浙江軒	灣仔駱克道300至306號僑阜商業大廈2至3樓	2877 9011	江浙菜	港幣150～300元	★	★					
Mirror Restaurant	灣仔灣仔道199號天輝中心6樓	2573 7288	法國菜	港幣500元以上		★					
利小館	銅鑼灣勿地臣街1號時代廣場地庫2層B217-B218號舖	2602 8283	廣東菜	港幣100～200元					★		
利苑酒家 (銅鑼灣)	銅鑼灣勿地臣街1號時代廣場食通天10樓	2506 3828	廣東菜	港幣150～300元				★			
鼎泰豐（銅鑼灣）	銅鑼灣怡和街68號地舖	3160 8998	台灣菜	港幣100～150元		★	★	★	★		
富豪金殿	銅鑼灣怡和街88號富豪香港酒店3樓	2837 1773	廣東菜	港幣200～400元					★	★	★
Seasons	銅鑼灣恩平道2-38號利園二期三樓308號舖	2505 6228	法國菜	港幣400～800元	★						
何洪記	銅鑼灣軒尼詩道500號希慎廣場12樓1204-1205號舖	2577 6060	廣東菜	港幣50～100元	★		★	★	★		
農圃飯店	銅鑼灣新寧道8號中國太平大廈一期1樓	2881 1331	廣東菜	港幣400～800元					★		
富臨飯店阿一鮑魚	銅鑼灣謝斐道信和廣場一樓	2869 8282	廣東菜	港幣800元以上	★		★		★	★	★
駿景軒	跑馬地宏德街1號英皇駿景酒店1樓	2961 3330	廣東菜	港幣100～200元		★	★		★		
彭慶記	跑馬地奕蔭街25號地下	2838 5462	廣東菜	港幣50～100元	★	★	★				
添好運點心專門店（北角）	北角和富道2-8號嘉洋大廈地下B,C及D舖	2979 5608	港式	港幣50～100元	★	★					
利苑酒家（北角）	北角城市花園9座	2806 0008	廣東菜	港幣150～300元	★	★	★	★	★	★	
粵（北角）	北角城市花園道9號城市花園酒店1樓	2806 4918	廣東菜	港幣150～300元	★	★	★	★			
恒河咖喱屋 (筲箕灣)	筲箕灣筲箕灣東大街59-99號東威大廈11號舖	2560 1268 / 2560 1364	印度菜	港幣100～200元				★	★		
MIC Kitchen	觀塘巧明街102號城東誌二期AIA Kowloon Tower地下	3758 2239	多國料理	港幣300～500元	★	★					
六福菜館	西貢市場街49號	2792 9966	廣東菜	港幣150～300元	★	★	★	★	★	★	
勝記海鮮酒家	西貢西貢大街33-39號地下	2791 9887	廣東菜	港幣100～200元	★	★					
利苑酒家（沙田）	沙田沙田正街18號新城市廣場一期6樓628 &631	2698 9111	廣東菜	港幣150～300元	★	★	★	★	★		
楓林小館	大圍村南道45-47號地舖	2692 1175	廣東菜	港幣200～400元					★		
利苑酒家（九龍灣）	九龍灣偉業街33號德福廣場一期F2號舖	2331 3306	廣東菜	港幣150～300元	★	★	★	★	★		
阿鴻小吃	大嶼山香港國際機場二號客運大樓翔天廊第三層3P116及3P117	3197 9331	潮州菜	港幣50～100元				★			

文青漫步香港

我發現近來的香港慢慢變慢了，或許是來香港多次後不再只流連於尖沙咀、旺角、中環等擁擠的街肆，抑或許是整個世界的風格演變？香港越來越悠閒越來越文青風格了。個性咖啡館和雜貨鋪變多，年輕人或遊客在路上的走路速度不急了。這裡介紹稍稍離開鬧區不遠的幾個小區——中環PMQ元創方、POHO 區，北角旁的大坑，以及舊市區深水埗裡的新風光。當你吃透了買夠了，不妨留半天給它們，你會發現香港不一樣的風情，也會更想再來一次香港，因為，半天不夠流連啊！！！！！

PMQ元創方＆POHO區

中環新地標
休閒和藝術新去處

位於鴨巴甸街與古玩集中地的荷李活道附近、結合了藝文展覽、文創商品、服飾配件，以及餐飲等等多樣面貌的「PMQ元創方」，目前已有100多個店鋪在營運，每到週末，中庭還有市集更添熱鬧，絕對是香港中環的新地標！

而再往西方向走去、近太平山街區的「POHO」區，由好幾家特色咖啡館和藝術品、創意雜貨店組成，也和PMQ元創方一樣都是可悠閒漫步的新去處！

PMQ元創方 M6C3

港島藝術、
生活與創意的新地標

- 香港中環鴨巴甸街35號
- 2811-9098
- 依品牌營業時間略有差異
- 地鐵上環站E2出口、從中環至半山行人扶手電梯步行
- @ http://www.pmq.org.hk/

曾經是香港書院，二次大戰後改建為已婚警察宿舍。於2014年起正式取名「PMQ元創方」並對外開放，這是香港政府與香港理工大學、香港設計中心一起規劃的本地創意大本營，許多店鋪是給香港本地設計師進駐，如此既可培植在地藝術創作者，同時讓居民多一個休閒好去處。

內有Hollywood和Staunton兩大棟建築物，一間一間曾經是學生學習、警員家庭生活的宿舍，現在搖身一變成為概念店、創意工作室、餐廳、手作小店、個人品牌店的藝術複合區，的確饒富新意。有時間，建議你一層樓一層樓慢慢逛，你會看到許多個人創作的服飾、陶瓷器、飾品、家具、雜貨小店，每個品牌都有自己的創作理念。除了店面之外，這裡還設有畫廊、講堂等開放式藝術展覽空間，若剛巧碰上，還可以欣賞到喜愛的創作作品或演講。

以下大致介紹幾家特色小鋪：

設計師雲集的品牌小店，一天都逛不完

位在S107的「Found MUJI」，它是MUJI第一間海外店鋪，與無印良品的日本商品不同的是，「Found MUJI」販售來自世界各地可長久使用的優質用品。

S109、S111有名的設計師品牌「Chocolate Rain」，從服飾、生活居家用品都有賣，更不時有縫紉、繪畫的活動。H301是專售生活家飾品、禮品的「YILINE」，SG09-11是知名品牌「G.O.D住好啲」以及S512的「天天向上概念店」等等。

輕食、咖啡好多認你選，累了就歇會而再出發

這裡也有幾間餐廳、咖啡廳，例如專售土產和港式飲品小吃的大龍鳳（H107）、café Life（S106）、功夫茶舍（S105）等。如果逛累了，可以就近在這裡解決飲食，吃飽繼續再逛。

POHO區 M6B1、B2

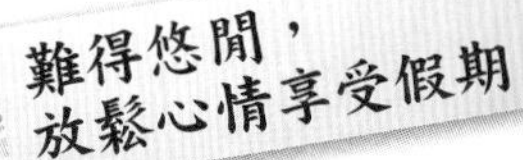

香港上環太平山街、磅巷、普慶坊等處

地鐵上環站A2出口

特色小店、咖啡店

悠閒的午後，漫游半山區小道，一間間雜貨飾品屋、二手店、咖啡輕食店，是暫時遠離塵囂喧擾的香港市區的好地方。由太平山街、磅巷、普慶坊、東街、西街、四方街、普仁街等組成的區域，其中數條英文街名由Po開頭，像是磅巷（Pound Lane）和普慶坊（Po Hing Fong）等，所以稱為POHO區。這裡有的是咖啡店、藝術品、生活家飾、雜貨店，等待你慢慢挖掘。

In Between Shop

香港上環太平山街6B

9677-7815

12:00～19:00（週一休息）

地鐵上環站A2出口

老唱片、飾品

找寶物，
度過一個午後

迷你店面，很像歐美國家常見的小飾品屋。顯眼的藍色大門，這家店雖不大卻很容易找到。小小的店裡陳列許多手藝飾品，有的是手工製作，還有一些具有年代的小商品，像鈕子、胸針、帽子、絲巾和隨身配件等。門外擺放了些平價好貨、二手物品和老唱片等待有緣人人挖寶。常見許多外國人在此挑選。

Amelie & Tuilps 北歐傢俱與古董店

香港上環西街56號

2291-0055

10:00～19:00，週一休息

地鐵上環站A2出口

北歐風飾品、餐具

體驗北歐風居家生活

白色簡潔的外觀門面，乾淨俐落。店中進口許多北歐產品，如果你喜歡北風格家具，像是知名品牌的經典設計椅子、家飾和餐具等居家雜貨的人別錯過了。除了大件擺設，尚有不少實用的生活物品。

PO'S ATELIER與 café deadend

歐式麵包聞名，
姐妹咖啡店也受歡迎

香港上環普慶坊70號、72號

6056-8005、6716-7005

10:00～19:00，週一休息（PO'S ATELIER）
09:30～18:00，週一休息（caf'e deadend）

地鐵上環站A2出口

平～中價（每人約港幣50～100元）

歐式麵包

在步調慵懶的POHO區，想要來點品質和口感佳的歐式麵包，那非得到PO'S ATELIER報到不可。這裡的麵包款式雖然不是很多，但絕不缺經典的歐式麵包、酸麵包等，一嚐便能分出好的麵包。和隔壁的「caf'e deadend」咖啡店是姐妹店，目前咖啡店是POHO區極受歡迎的店面。

CORNER KITCHEN CAFÉ 角落廚房咖啡

充滿異國情調的
露天咖啡座

香港上環荷里活道226號

2547-8008

10:00～21:30（週一～五），09:00～18:00（週六～日），週二休息

地鐵上環站A2出口

平～中價（每人約港幣50～150元）

牛肉漢堡、咖啡、沙拉

黑色瓷磚搭配大片透明玻璃，這家位於街角、裝潢走簡約風格的咖啡店時時都坐滿客人。整間店有兩層樓，一樓是開放式空間，有露天座位，可以享受坐在馬路旁悠閒品嘗咖啡。二樓舒服的沙發椅和布製背椅，可以讓人完全放鬆享用咖啡或餐點。

大坑 鬧區中難得的悠閒一隅，平日午後或假日的最佳新去處

臨近銅鑼灣，只要從地鐵天后站B出口出來，大約行走15分鐘即可抵達，算是交通便利之區。昔日的大坑美食小店藏身巷弄之中，今天依舊是尋味好去處，但在傳統美食之外，新加入了許多西式飲食、咖啡店，新舊餐廳夾雜，自成一區，很像台北的富錦街。巷弄中悠閒安靜的氛圍，是平日午後或假日放鬆的最佳新去處。

民聲冰室

- 香港大坑浣紗街16號地下
- 2576-7272
- 11:00～22:00
- 地鐵天后站B出口
- 平～中價（每人約港幣50～100元）
- 鹹蛋蒸肉餅、口水雞、羔蟹蒸水蛋

平價庶民家常風菜色，路邊吃美食另有一番滋味

鹹魚蒸肉餅

口水雞

這家店樸實的店裝與桌椅，寫在大塊塑膠板上的菜單，沒有新式連鎖店面一致化的裝潢，卻更顯得獨特與生活味十足。用餐時除了一樓店面內僅有的十幾個座位（有時二樓開放），店外會擺設活動桌椅，可以在路邊即刻享用。店內的招牌菜鹹蛋蒸肉餅，堆得像座山的形狀，幾乎人人必點，少了油膩非常下飯。其他家常菜如清爽的口水雞、羔蟹蒸水蛋等都有不少擁護者。

開心吃

避開尖峰時刻12:00～13:30，可以減少排隊的時間。白天店門口會有一蔬果攤，排隊時不妨買個水果邊吃邊等。

Hello Kitty Secret Garden

與超萌Hello Kitty一起享用輕食、咖啡與甜點

香港大坑安庶庇街19號 ☎ 2808 -2868
12:00～21:30（週二～四）、12:00～22:00（週五）
09:00～22:00（週六）、09:00～21:00（週日）、週一休
地鐵天后站B出口 $ 平～中價（每人約港幣70～100元）
各式塔類、玫瑰拿鐵、朱古力杯子蛋糕

木造店門口搭配可愛的Kitty大型娃娃，即使只是路過也想一探究竟。店內約有20個座位，不管桌椅、擺設、餐盤和食物等，都可以看到Kitty的蹤影，是Kitty迷絕不可錯過的小店。這裡的甜點塔類、有Kitty頭圖案的飲品是下午茶的首選，如果肚子餓的話，也有全天可享用的早餐（All Day Breakfast）、漢堡和輕食可食用。但因座位數較少，可得選對時間來，不然會大排長龍喔！

Lab Made分子雪糕專門店

香港第一家分子雪糕

香港大坑布朗街6號地下 ☎ 2670-0071
14:00～24:00（週一～四）、14:00～01:00（週五），
13:00～01:00（週六）、13:00～23:00（週日）
地鐵天后站B出口 $ 平～中價（每人約港幣50元以內）
焦糖醬海鹽牛奶脆脆、紫米露

以液態氮製作、現做、標榜無化學添加劑的雪糕專門店。店內每天供應幾種口味，每兩週會更換新產品，因此每隔一陣子來都可以嚐到新口味，很受顧客的喜愛。不同於一般的冰淇淋，分子雪糕更為綿密、細緻，口感特別，而且濃郁、清爽口味產品皆有。

THE PUDDING NOUVEAU

歐式小店裝潢，甜點窩夫超人氣

香港大坑京街17A地下 ☎ 3426-2696
15:00～23:30（週一～五）、12:00～23:30（週六～日及假日）
地鐵天后站B出口 $ 平～中價（每人約港幣100～200元）
經典英式早餐、法式油封鴨腿配窩夫

推開玻璃門進入，黑白色調裝潢的店內空間雖然不大，但卻坐滿客人。這家歐式小店除了以各種窩夫（格子鬆餅）、甜點聞名，店中也販售鹹食和主餐，像是人氣餐點法式油封鴨腿配窩夫、經典英式早餐、班尼迪克蛋佐煙燻三文魚（鮭魚）等，份量與口味兼具，台灣一般小店少見的油封鴨腿更是不能錯過。喜歡甜而不膩點心的人，推薦酸甜適中的雜莓樂園窩夫、煙燻奶凍等。

開心吃

目前甜點是從15:00開始供應，4款鹹點餐飲供應至晚上20:00，前往前也可先去電詢問。

UNAR COFFEE COMPANY

站著喝的咖啡，享受輕鬆愜意！

香港大坑第二巷4號 ☎ 2838-5231
13:00～21:00（週日、二～四）、13:00～24:00（週五～六）、週一休息
地鐵天后站B出口 $ 平價（每人約港幣50元） 薑汁咖啡、flat white

日本有站著吃的拉麵，這家咖啡店則是以「站著喝的咖啡」聞名，店內不設座位，讓顧客在店門口旁悠閒站著，或者坐在長椅上啜飲。香港生活步調快，但來到這裡，你會得到在靜巷中慢慢品嘗咖啡的片刻舒適，稍微休息一下，再繼續接下來的香港之旅吧！

CAFÉ ON THE CORNER

鬧區靜巷中的歇腳角落

香港大坑京街4號地下 ☎ 2882-7135

15:30～02:00（週一～五）

11:00～02:00（週六）、11:00～01:00（週日）

地鐵天后站B出口

$ 平～中價（每人約港幣50～100元） 酸忌廉芝士蛋糕

有銅鑼灣後花園之稱的大坑，有不特色咖啡店，這家位於小街巷角落的CAFÉ ON THE CORNER便是其中之一。店裝風格簡潔，座位不多，但卻不影響店內舒適的氣氛。除了咖啡，這兒的甜點、簡餐、沙拉都各具風味，其中加了酸忌廉（酸奶油）的芝士蛋糕清爽不膩，是值得推薦的午茶點心。

小甜谷

香港明星都光顧的甜品小店

香港大坑書館街10～11B地下

☎ 2882-6133 11:00～22:00

地鐵天后站B出口 $ 平價（每人約港幣50元）

特濃牛乳燉蛋白、菠蘿蜂蜜雪山、荔汁奶凍

這家甜品店是由香港明星谷祖琳（影、歌、主持）開設的，店面雖不大，但牆面上卻掛滿來捧場的明星的照片，令人印象深刻。店內人氣冰品特濃牛乳燉蛋白，果真吃得到北海道牛乳的濃醇風味；造型特別、口味清爽的菠蘿（鳳梨）蜂蜜雪山，更是炎夏遊大坑，你一定要試試的消暑涼品。

王林記潮州魚蛋粉麵

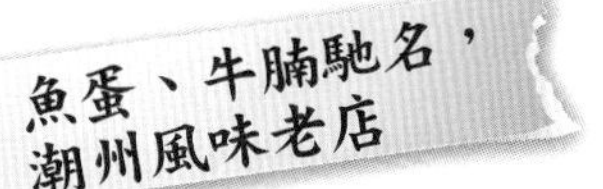

香港大坑施弼街5號地下 ☎ 2608-0522

12:00～22:00（週一～日）

地鐵天后站B出口 $ 平價（每人約港幣50元）

青蔥魚蛋、牛腩河

進入店中，圓桌、圓凳，加上牆上的老照片，古樸風格的裝潢讓人感到懷舊，看得出店家的用心。這家店是以手打魚蛋出名，但除了青蔥魚蛋，我還很推薦魚片、牛腩河、牛肉丸和粗的撈麵。另外，肉質較軟嫩的牛坑腩肉，也很值得品嚐。

炳記茶檔

濃濃大排檔風情，
平價港式傳統美味

香港大坑施弼街5號側

☎ 2577-3117

07:30～15:30（週一～日），週二休息

地鐵天后站B出口

$ 平價（每人約港幣50元以內）

豬扒麵、奶茶

鐵皮屋頂、舊日的綠色外觀，正是許多老港式美味茶檔的標誌。炳記的奶茶曾被CNN選為香港四大奶茶之一，千萬不能錯過。還有這裡經過特別醬汁醃製的豬扒，搭配公仔麵，也是人氣首選，絕對讓你回味再三。

深水埗

體驗香港懷舊風情，文青、觀光客新據點

九龍道
青山道
元州街
福榮街
福華街
長沙灣道
鴨寮街
汝州街
基隆街
大南街
荔枝角道
欽州街
桂林街
北河街
南昌街
石硤尾街
大埔道
巴域街
地鐵
深水埗
→往太子
嘉頓公司
美荷樓
英華女學校
劉森記麵家
維記咖啡粉麵
坤記糕品專家
新香園（堅記）
合益泰小食
添好運
22 Degrees North
阿里皮藝
Café Sausalito

位於九龍太子下一站的深水埗地區，
有多個歷史建築，屬於極早開發地區之一，
之後因城市發展而漸漸沒落。但近幾年來，
由於藝術工作者的進駐、深水埗藝遊區活動的推廣、
美荷樓活化和YHA美荷樓青年旅社營業，
讓這充滿懷舊風情的地區又再次活絡，成為文青、觀光客必去的地方。
以下介紹的是「深水埗吃吃喝喝」、「深水埗文藝散步」之旅。

嘉頓公司

老字號烘焙公司，香港人共通的回憶

九龍深水埗青山道58號嘉頓烘焙中心

2360-3153

11:00～22:00（餐廳）

地鐵深水埗站D2出口

餅乾（門市），餐包、現烤料理（餐廳）

以微笑廚師為商標的嘉頓公司，數十年來以生產許多餅乾、麵包為大家所知。這家位於深水埗的辦公室大樓，1樓門市有賣麵包、餅乾，都是嘉頓的經典食品。另外在閣樓，設有一家復古裝潢、環境清幽的嘉頓餐廳，三文魚（鮭魚）康瓦爾餡餅等各式現焗（烤）料理、西式套餐等，都是很受歡迎的餐點。

美荷樓

公屋原地改建，設施多元化

⌂ 九龍深水埗石硤尾邨41座

💡 地鐵深水埗站B2出口

外觀為H型大樓的美荷樓，是由早年香港民眾居住的公共房屋所改建，被香港政府列為二級歷史建築。這幾年經過重新整頓，目前的美荷樓是由生活館、青年旅社、呼吸冰室、呼吸士多等組成。推薦給喜歡文藝風小旅行的讀者！

美荷樓生活館

重現1950～1970年的生活景象

⌂ 美荷樓1樓與地面

☎ 3728-3500

◷ 09:30～17:00（週二～週日）、週一（公眾假期除菜）
大年初一～初三休息、聖誕夜和農曆除夕15:00閉館

$ 免費參觀

在美荷樓公共房屋原址設立的生活館，是香港青年旅舍協會設立的第一個私人博物館。館中收藏許多1950～1970年的物件、用品等，免費自由參觀，對這段社區生活歷史有興趣的人不妨前往。

少見極具特色的青年旅社

YHA美荷樓青年旅社

⌂ 美荷樓內

☎ 3728-3500

是由原公共房屋改建而成的旅社，目前有129個房間。手繪樓梯與牆面、卡式進出管理，讓旅社更加年輕活力化。另外還設有戶外用餐區、公共活動空間等，各種房型都有，是極有特色的青年旅社。

美荷樓呼吸冰室

懷舊色彩濃厚的食堂

⌂ 美荷樓地下 ☎ 3728-3454 ◷ 07:00～23:00

這家裝潢與擺飾走復古風的冰室，除了一般餐點對外營業之外，還提供每位住客早餐，有中式、港式和西式可以選擇。其中港式早餐，有沙爹牛肉通＋煎蛋多士＋咖啡飲品，份量足且口味佳；而西式早餐是沙拉＋煎腸蛋＋飲品，口味也不遜色。

美荷樓呼吸士多

回到童年的文具雜貨店

⌂ 美荷樓地下

☎ 3728-3500 ⏲ 12:00～22:00

呼吸士多（士多就是「store」的意思），販售各種童玩、具有香港特色的明信片、書籍、在地設計商品等，還有零食、飲料等，置身其中彷彿回到童年的純樸時光。

劉森記麵家

吃不膩的老店，排隊也值得

⌂ 九龍深水埗桂林街48號地下

☎ 2386-3533

⏲ 12:00～22:30

💡 地鐵深水埗站D2出口

$ 平價（每人約港幣50元） 💬 蝦子撈麵、黑牛栢葉、酸蘿蔔

雖然這家店有名的是蝦子撈麵，但我更喜歡餡多料實，每顆都飽滿的淨雲吞，以及任由顧客食用，酸甜適中，可當開胃小菜的酸蘿蔔。還有爽口的黑牛栢葉，搭配撈麵一起吃，更添口感層次和風味。

維記咖啡粉麵

傳統老店的紮實美味

⌂ 九龍深水埗福榮街62號及66號地下、北河街165～167號地下D號

☎ 2387-6515

⏲ 06:30～20:30（週一～五）、06:30～19: 15（週六～日及假日）

💡 地鐵深水埗站B2出口

$ 平價（每人約港幣50元）

💬 豬潤牛肉麵、咖央西多士

一字排開雖然有三家小店面，但用餐時間人潮依舊洶湧。最愛豬潤牛肉麵和豬潤米，豬潤口感軟嫩，湯汁中雖有浮末，但這卻是美味的豬潤精華，令人滿足。你可以依照自己的喜好，將豬潤牛肉搭配米粉、麵、通粉、意粉等。另外店中的咖央西多士，酥脆吐司淋上咖央醬，也是來客必點。

坤記糕品專家

⌂ 九龍深水埗福華街115～117號北河商場地下10號舖（北河街交界）

☎ 2360-0328

⏲ 08:00～23:00

地鐵深水埗站B2出口

$ 平價（每人約港幣30元） 砵仔糕、白糖糕、紅豆糕

這間位於街角的自家手工製糕典店，不論店面或各種產品，都富有濃厚的傳統味，正如深水埗區給人的懷舊風情。一直以來我最喜歡的是清爽的白糖糕、帶有香氣的黃糖紅豆砵仔糕，即買即食相當方便。

新香園（堅記）

馳名蛋牛治，
隨時有得食

⌂ 九龍深水埗桂林街38號A

☎ 2386-2748 ⏲ 24小時營業

地鐵深水埗站C2出口

$ 平價（每人約港幣50元） 蛋牛治、豬手麵

據在地朋友解說，這裡知名的蛋牛治是以新鮮牛肉製作，所以比一般制式罐頭牛肉風味佳，加上「大火、小火」烘底（烤的焦酥的程度）的吐司，當作早餐或午茶都不錯。此外店中另一項人氣餐點豬手麵，份量足、CP值高。

合益泰小食

星級腸粉，
站著吃的美食

⌂ 九龍深水埗桂林街121號地下

☎ 2720-0239 ⏲ 06:30～20:30（週一～日）

地鐵深水埗站C2出口

$ 平價（每人約港幣30元） 腸粉、粉果、豆漿

店裡也有賣炒麵、粥類，但大受歡迎的是一條條入口滑嫩、Q彈的腸粉。從茶餐廳、飲茶到路邊小攤，很多都有販售腸粉，但要說到最好吃，這家小店絕對排得上前幾名。只見老闆在剪好的腸粉撒上香香的芝麻，淋上可口的獨門醬汁，大部分客人購買後，在店旁立刻品嚐。可按照食量選擇大（8條）、中（6條）、小（4條）份量。

22 Degrees North

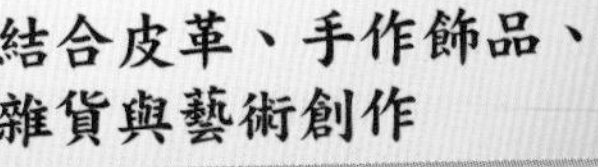

九龍深水埗南昌街88號

2568-1148

11:00～20:30

地鐵深水埗站A2出口

店名是指香港位在北緯22度的意思。這是由三個年輕人合開，一間集合皮革、手作雜貨、藝術展示空間的複合式店面。除了販售皮革類製品之外，更有提供藝術展覽、手作工作室的空間，不時舉辦各類藝文活動。

阿里皮革店

阿里皮藝，專業皮革材料店

九龍深水埗大南街236號 3791-2217

10:30～19:30

地鐵深水埗站A2出口

木造門框、黑色木條的裝潢，門口擺放許多零碼尺寸的皮片，這是家營業多年的皮革專門店。店中除了販售皮革，還有染皮料、皮革製品、生活用品、工具教科書等，喜歡皮革DIY的人可盡情逛逛。

溫馨咖啡店，歇腳好去處

Caf'e Sausalito

九龍深水埗大南街201號 6305-1887

10:00～18:00（週日～一）、09:00～19:00（週二～六）

地鐵深水埗站A2出口

$ 平價（每人約港幣50～80元） 咖啡、點心

當你在深水埗逛得疲倦時，可以喝杯咖啡休息一下。這家咖啡店狹長的店面，店內以各式木製桌椅，擺設簡潔而溫馨。甜點櫃中的點心種類雖然不多，但可口的蛋糕配上一杯香濃的咖啡，度過悠閒的午後。另外也提供三明治、輕食等餐點。

I ♥ Hong Kong